物流运营管理

主　编　卢　琳　钟洪发　刘　伟
副主编　周　晓　杨　晓
参　编　王　鹏

科学出版社
北　京

内容简介

本书从项目实践出发，通过一系列物流企业运营管理项目的解决过程，引导学生学习相关知识和技术。以物流专业学生从创业、企业经营管理到对企业未来发展的思考和规划的历程，设计本书的主体框架结构，将本书的内容分为创建物流企业、物流企业业务管理、物流企业经营管理、物流企业经营发展和物流运营沙盘实训五个项目，并根据他们在企业经营过程中遇到的各种困难、问题和解决过程，设计不同的任务。最后，引入物流企业运营沙盘软件（ITMC），通过在计算机沙盘上模拟一个物流企业的经营管理全过程，帮助学生将所学习的技术和知识进行模拟应用，深化对知识和技术的理解与掌握。

本书适合作为高职高专物流管理专业学生的教材，也可作为商务管理、电子商务等其他相关专业的参考教材或从事物流管理的企业人员的培训教材和参考书。

图书在版编目（CIP）数据

物流运营管理/卢琳，钟洪发，刘伟主编. —北京：科学出版社，2015
ISBN 978-7-03-042908-7

Ⅰ.①物… Ⅱ.①卢…②钟…③刘… Ⅲ.①物资企业-运营管理-高等职业教育-教材 Ⅳ.①F252

中国版本图书馆 CIP 数据核字（2015）第 000382 号

责任编辑：胡云志 / 责任校对：邹慧卿
责任印制：赵 博 / 封面设计：华路天然工作室

科学出版社出版
北京东黄城根北街 16 号
邮政编码：100717
http://www.sciencep.com
北京凌奇印刷有限责任公司印刷
科学出版社发行 各地新华书店经销
*
2015 年 1 月第 一 版 开本：787×1092 1/16
2025 年 1 月第十五次印刷 印张：16 1/2
字数：391 000

定价：46.00 元

（如有印装质量问题，我社负责调换）

前　言

在物流业迅速发展的今天，随着市场竞争压力的增大，物流企业必须建立自己的核心竞争力、采用更先进的方法优化运营流程，并提高管理效率才能在激烈的市场竞争中获得更大的发展空间。因此，各类型的物流企业开始关注自身运营管理的科学化和合理化，通过对资源和流程的最优化配置、应用，提高效率、降低成本、提高服务水平，从而获得更优的市场地位。

物流企业要使自身的管理和流程更加优化，就需要从客户的需求出发，对企业的业务进行流程再造，并用科学的方法对企业的运营管理进行优化，达到以最小的投入得到最大产出和最优质客户服务体验的目标。这就需要企业经营者有先进的物流理念和强大的运作管理能力。

本书是一本从项目实践出发，通过一系列物流企业运营管理项目的解决方案，引导学生学习相关知识和技术的实践应用类教材。作者从多年的教学经验出发，结合所参与的多个物流企业经营管理项目的实践和对物流领域的深入研究，用项目运行的方式开发本教材，通过“任务引入、知识、讲解、模拟设施”的教学设计模式设计教材的内容。教材中采用大量的图表和案例，客观真实地反映出物流企业的运营实际，相信本书的编写能为物流专业学生的学习和物流企业管理人员能力素养的提高起到积极的作用。

本书通过描述一群物流专业的毕业生从创业、企业经营管理到对企业未来发展的思考和规划的历程，设计本书的主体框架结构，将本书的内容分为创建物流企业、物流企业业务管理、物流企业经营管理、物流企业经营发展和物流运营沙盘实训五个项目，并根据他们在企业经营过程中遇到的各种困难、问题和解决方案，设计不同的任务。通过项目和任务的学习与实践，引导学生在物流企业的经营管理过程中，掌握物流企业运营管理的各种先进技术和支撑技术的知识。最后，引入物流企业运营沙盘软件（ITMC），通过在计算机沙盘上模拟一个物流企业的经营管理全过程，帮助学生将所学习的技术和知识进行模拟应用，深化对知识和技术的理解和掌握。

本书由具有丰富教学经验和企业实践经验的教师、企业人士共同编写完成。全书由卢琳、钟洪发、刘伟担任主编，周晓、杨晓担任副主编，其中项目 1 和项目 2 由钟洪发、刘伟编写；项目 3 由杨晓编写；项目 4 由周晓编写；项目 5 由王鹏编写；卢琳统稿。

本书在编撰的过程中，查阅了许多报刊媒体和专业网站的资料，参考了大量的国内外学者和机构的学术研究成果，在此向他们致以诚挚的谢意。

由于作者水平有限，书中难免有不妥之处，敬请读者批评指正，我们将虚心接受并逐步完善。

编　者

2014年11月

目　录

项目1　创建物流企业

教学目标

(1) 了解物流企业建立的基本流程；

(2) 了解物流企业建立过程中各种相关表格的填写；

(3) 掌握物流企业组织结构设计方法。

项目背景

这是几个物流专业毕业的同学，约定毕业五年后一起创业，创建一家现代化物流企业的故事！

上午九点左右，杜川和高虎已经坐在了大学城旁边的咖啡厅中，两人要了两杯蓝山，从五年前青葱岁月一直聊到现今的奋斗人生。在他们侃侃而谈时，咖啡厅门口又出现了一人，此人不是别人，正是他们五年前的另一位挚友林霞。

“你们聊啥呢？”林霞还没坐稳，就先问道。

“聊以前，聊现在，聊以后，对了还聊你了！”杜川笑道。

林霞放下手提包，“聊我？我有啥可供你们俩聊的！”

高虎笑接，“我正和老大聊我们的林大美女是否青春依旧，是否在这段时间能给我们带来一点好消息呀！”

林霞脱下风衣，叫来服务员点了一杯摩卡，“说到好消息，的确有好消息。我最近跑遍了整个城区和城郊的各个大小不同的生产厂商，并制作了一些调查问卷，然后对问卷进行了初步的分析和整理，发现了许多厂商在产品配送这一块都存在缺口，他们目前都希望能够将这一块的业务承包出去。因此，我觉得我们前期规划成立一个运输型的物流企业还是有很大市场的。”

杜川听了林霞的分析很是赞同，“看来咱们的小霞下了不少的工夫，把前期市场调研这块已经基本完成了，既然咱们的想法可行，那接下来我们就着手下一步工作，我相信我们三人定能完成我们的创业梦，我们的企业战略是将运输型物流企业发展成综合服务型物流企业，把我们的市场从国内拓展到国外去！”

高虎激动不已，一把搂住旁边的林霞，“老大，我们信你。那接下来又该咋做？”

林霞扒开高虎的手，重整衣衫，“没错，没错。老大我们接下来就全靠你了！”

任务 1.1　物流企业命名

1.1.1　任务描述

咖啡厅内的三人开始对接下来公司成立工作展开了讨论，高虎挠了挠头发，“老大，你说在公司成立之前，咱们是不是得为我们公司取一个响当当的名字呀!”

杜川笑了笑，“没错，名字是当前第一件事，不过响当当的名字不好取呀。现在我们国家对公司命名这块进行了很多的规定，因此命名这件事情还是得慎重。”

基于以上背景，在遵循相关要求的基础上，为公司取中文名，并说明公司名称的具体含义，要求在学生工作页上写一份 200～500 字的“×××”公司取名说明书，内容应该包括公司的中文名称和英文名称及其含义，简单设计的公司徽标及其含义。

1.1.2　知识拓展

1. 相关概念

（1）物流：物品从供应地向接收地的实体流动过程。根据实际需要，物流是运输、储存、装卸、搬运、包装、配送、信息处理等基本功能的结合。（《物流术语》（GB/T 18354—2006））

（2）物流企业：从事物流基本功能范围内的物流业务设计及系统运作，具有与自身业务相适应的信息管理系统，实行独立核算，独立承担民事责任的组织。（《物流术语（GB/T 18354—2006）》）

（3）物流企业战略：指物流企业根据外部环境和内部环境的变化，为求得物流企业的生存和发展而做出的长远规划。

（4）运输型物流企业应同时具备以下条件：①具备一定规模，主要从事货物运输业务，其中包括货物快递和运输代理两种服务；②可提供的物流服务包括门到门、门到站、站到门、站到站四种；③具有与自身业务相适应的运输设备和信息管理系统；④具有客户要求的物流功能延伸服务。

（5）综合服务型物流企业应同时具备以下条件：①具备一定规模，从事多种物流服务业务，其中包括运输、货运代理、仓储、配送等多种基本业务，以及为客户整合物流资源的运作方案和为客户提供契约性的综合物流服务；②具有与自身业务相适应的机构和人员、运输设备、仓储设施及设备、信息管理系统和客户服务体系；③具备一定运营范围的货物集散、分拨网络。

2. 相关方法

物流企业命名既要凸显公司的特性，简短明快，避免雷同，以防混淆大众记忆，又要体现公司的理念、服务宗旨，充分反映时代内涵。加深大众对公司的形象，为企业塑造一个良好的品牌形象，增加大众对公司的认知度。

1）物流企业命名基本原则

(1) 企业应当依法选择自己的名称，并申请登记注册。企业自成立之日起享有名称权。

(2) 企业名称应当由行政区划、字号、行业、组织形式依次组成，法律和行政法规另有规定的除外。

(3) 企业法人名称中不得含有其他法人的名称，企业分支机构的名称应当冠以其所属企业的名称。

(4) 企业名称应当使用符合国家规范的汉字，不得使用外国文字、汉语拼音字母、阿拉伯数字。

(5) 企业名称核准中，《企业名称预先核准通知书》有效期为6个月，有效期满，自动失效。

(6) 名称由四部分组成：行政区划＋字号＋行业特点＋组织形式。

2）物流企业命名一般性规定

(1) 企业名称不得含有以下内容和文字：有损国家、社会公共利益；可能对公众造成欺骗和误解；外国国家（地区）名称和国际组织名称；政党名称、党政军机关名称、群众组织名称、社会团体名称及部队名称；其他法律及行政法规规定禁止的。

(2) 名称中间使用“国际”字样的，“国际”不能作为字号或经营特点，只能作为经营特点的修饰语，并应符合行业用语习惯。

(3) 使用自然人姓名作为字号的，该自然人应为企业的投资人或股东。（投资人姓名与党和国家领导人或老一辈革命家的姓名相同时，禁止使用。）

(4) 以商标作字号应提交商标所有权人出具的同意函，以及国家相关部门对该商标的认证证明。

(5) 使用“中关村”字样的，应出具“建设中关村科技园区领导小组办公室”的意见。

3. 相关案例

【案例1】

北京凯登公司

公司的名称应能寄托自己的感情和希望。开始，我想过用“中正”，还想到用“天和”，取开门见喜的吉祥意思。但是很多这样动听、美丽的名字都被注册过了。凯登是kingdom的音译，我觉得这个名字很响亮，而且，音译的名字不容易重。它代表着我的愿望，要在自己能力范围内做出一片天地（一个王国）。

【案例2】

全 聚 德

杨寿山，字全仁，是全聚德烤鸭店的创始人。1864年，肉市胡同内有一家山西人经营的杂货铺经营不下去了，杨全仁经人介绍，把杂货铺的铺底子盘了过来，自己开了个挂炉铺。这家杂货铺的字号是德聚全，意思是“以德聚全，以德取财”。杨全仁把这个字号颠倒过来，改为全聚德。全字，暗含着他的名字，聚德，取“以全聚德，财源茂盛”之意。这就是全聚德字号的来历。

【案例3】

柯　达

美国伊斯曼公司的缔造者乔治·伊斯曼当年曾说：“我喜欢K这个字母，它表示一种事物的突出部分和尖端。我用5个字组成一个词，前后都用K，中间任意选其他3个字母，最后拼合的结果是Kodak”。他认为，“柯达”字母少，不易拼错，具有生气和个性等特点。毫无疑问，一种商标绝不仅是来自字典中的某个单词，应该有所创造。

1.1.3 任务实施说明

(1) 实际工作中为公司取名，可以找一本和取名有关的书来看；也可以通过搜索引擎到网上去查一查；还可以请专业的取名公司为公司取名；甚至通过媒体公开有奖征集公司名。

(2) 完成任务后将学生工作页交给老师，由老师评出最有创意的三个公司名称，并有请相应同学与大家分享他所取公司名称的含义，完成任务时间为20分钟。

任务1.2 物流企业登记注册

1.2.1 任务描述

经过三人的一番商量后，公司名称确定为“雷迅物流”，高虎去叙府工商行政管理局领回了《企业名称预先核准通知书》，今天，杜川把大家召集在一起商量公司注册登记的事情。

“公司名称确定下来了，我们今天一起商议一下公司注册登记的工作。”杜川边说边打开了笔记本电脑。

“这些就是我向相关部门咨询注册新公司需要具备的条件与要求的相关资料。”

“这些是有限责任公司的开创条件、股东出资方式和开业要经过的步骤等相关资料，大家看看。”

根据以下知识拓展的内容，为即将成立的物流公司准备一套用于工商注册登记的资料，具体资料样本在老师下发的学生工作页上列出，按照要求帮助杜川等的公司填写。

1.2.2 知识拓展

1. 相关概念

(1) 法人：具有民事权利能力和民事行为能力，依法独立享有民事权利和承担民事义务的组织，是社会组织在法律上的人格化。

(2) 民事权利能力：指法律赋予民事主体享有民事权利和承担民事义务的能力，也就是民事主体享有权利和承担义务的资格，是作为民事主体进行民事活动的前提条件。

(3) 民事行为能力：指民事主体能以自己的行为取得民事权利、承担民事义务的资格。

(4) 股东：股份公司或有限责任公司中持有股份的人，有权出席股东大会并有表决权，也指其他合资经营的工商企业的投资者。

(5) 法定代表人：指依法代表法人行使民事权利，履行民事义务的主要负责人（如工厂的厂长、公司的董事长等）。

(6) 有限责任公司：又称有限公司，是指根据《中华人民共和国公司登记管理条例》规定登记注册，由五十个以下的股东出资设立，每个股东以其所认缴的出资额对公司承担有限责任，公司以其全部资产对其债务承担责任的经济组织。有限责任公司包括国有独资公司以及其他有限责任公司。

2. 相关方法

1) 公司设立的条件

公司设立是指公司设立人依照法定的条件和程序，为组建公司并取得法人资格而必须采取和完成的法律行为。公司设立不同于公司的设立登记，后者仅是公司设立行为的最后阶段；公司设立也不同于公司成立，后者不是一种法律行为，而是设立人取得公司法人资格的一种事实状态或设立人设立公司行为的法律后果。所以，公司设立的实质是一种法律行为，属于法律行为中的多方法律行为，但一人有限责任公司和国有独资公司的设立行为属于单方法律行为。我国法律、法规规定不同企业设定的条件是不同的，具体设立条件见表1-2-1。

表1-2-1 公司设立的条件

<table>
<tr><th>公司</th><th colspan="2">设立条件</th></tr>
<tr><td rowspan="7">有限责任公司</td><td colspan="2">股东人数≤50人</td></tr>
<tr><td rowspan="2">股东出资达到法定资本最低限额</td><td>注册资本最低限额≥3万元</td></tr>
<tr><td>全体股东首次出资额≥Max{注册资本的20%，注册资本最低限额}</td></tr>
<tr><td colspan="2">股东共同制定公司章程</td></tr>
<tr><td rowspan="2">有公司名称，建立符合有限责任公司标准的组织机构</td><td>董事会成员3～13人</td></tr>
<tr><td>监事会成员≥3人</td></tr>
<tr><td colspan="2">具备公司住所</td></tr>
<tr><td rowspan="5">一人有限公司</td><td colspan="2">股东为一个自然人或法人（自然人只能设立一个一人有限公司）</td></tr>
<tr><td colspan="2">注册资本最低限额≥10万元</td></tr>
<tr><td colspan="2">股东制定公司章程</td></tr>
<tr><td colspan="2">公司不设股东会</td></tr>
<tr><td colspan="2">其他内容同有限责任公司</td></tr>
</table>

续表

公司	设立条件
个人独资企业	投资人为一个自然人
	具有合法的企业名称（不得使用“有限”、“有限责任”字样）
	具有投资人申报的出资额
	具备生产经营场所和生产经营条件
合伙企业	合伙人应为两个自然人
	具有书面协议
	具有合伙人实际缴付的出资
	具有合伙企业名称（不得使用“有限”、“有限责任”字样）
	具备生产经营场所和生产经营条件
个体工商户	投资人为一个自然人
	具有投资人申报的出资额
	具备生产经营场所和生产经营条件

2）公司章程的制定

公司章程的概念包括几方面的内容：一是公司章程所规定的内容具有根本性，是对公司及其运作有根本性影响的事项，如公司的性质、宗旨、经营范围、组织机构、议事规则、权利义务分配等；二是成立公司的必备法律文件；三是由发起人起草或委托他人起草，并经股东同意。

（1）公司章程是公司设立的最基本条件和最重要的法律文件。

各国公司立法均要求设立登记公司必须订立公司章程，公司的设立程序以订立章程开始，以设立登记结束。公司章程是公司对政府作出的书面保证，也是国家对公司进行监督管理的主要依据。

（2）公司章程也是确定公司权利、义务关系的基本法律文件。

公司依章程享有各项权利，并承担各项义务。符合公司章程的行为受法律保护，违反章程的行为就要受到干预和制裁。

（3）公司章程还是公司实行内部管理和对外进行经济交往的基本法律依据。

公司章程规定了公司组织和活动的原则及细则，它是公司内外活动的基本准则。公司章程规定的股东权利义务和确立的内部管理体制，是公司对内进行管理的依据。同时，公司章程也是公司向第三者表明信用和相对人了解公司组织和财产状况的重要法律文件。公司章程向外公开申明的公司宗旨、营业范围、资本数额以及责任形式等内容，为投资者、债权人和第三人与公司进行经济交往提供了条件和资信依据，便于相对人了解公司的组织和财产状况，便于公司与第三人间的经济交往。

3）公司注册登记

（1）公司注册登记基本流程。

公司注册流程依次为：查名（确定公司名字）→开验资户→验资（完成公司注册资金验资手续）→签字（客户前往工商所核实签字）→申请营业执照→申请组织机构代码证→申请税务登记证→办理基本账户和纳税账户→办理税种登记→办理税种核定→办理印花税业务→办理纳税人认定→办理办税员认定→办理发票认购手续。

（2）公司注册登记详细步骤。

①办理企业名称核准。

第一步：咨询后领取并填写《名称（变更）预先核准申请书》、《投资人授权委托意见》，同时准备相关材料；

第二步：递交《名称（变更）预先核准申请书》、投资人身份证、备用名称若干及相关材料，等待名称核准结果；

第三步：领取《企业名称预先核准通知书》。

②确定公司住所。租房后要签订租房合同，并且一般要求必须用工商局的同一制式的租房协议，并让房东提供房产证的复印件和房东身份证复印件。房屋提供者应根据房屋权属情况，分别出具以下证明。

a. 房屋提供者如有房产证应另附房产证复印件并在复印件上加盖产权单位公章或由产权人签字。

b. 无产权证的由产权单位的上级或房产证发放单位在“需要证明情况”栏内说明情况并盖章确认；地处农村地区的也可由当地政府在“需要证明情况”栏内签署同意在该地点从事经营的意见，并加盖公章。

c. 产权为军队房产，应提交加盖中国人民解放军房地产管理局专用章的“军队房地产租赁许可证”复印件。

d. 房屋为新购置的商品房又未办理产权登记的，应提交由购房人签字或购房单位盖章的购房合同复印件及加盖房地产开发商公章的预售房许可证、房屋竣工验收证明的复印件。

e. 房屋提供者为经工商行政管理机关核准具有出租经营权的企业，可直接在“房屋提供者证明”栏内加盖公章，同时应出具加盖本企业公章的营业执照复印件，不再要求提供产权证。

f. 将住宅改变为经营性用房的，属城镇房屋的，还应提交《登记附表——住所（经营场所）登记表》及所在地居民委员会（或业主委员会）出具的有利害关系的业主同意将住宅改变为经营性用房的证明文件；属非城镇房屋的，提交当地政府规定的相关证明。

③形成公司章程。在工商局网站下载“公司章程”的样本，修改一下就可以了。章程的最后由所有股东签名，并署名日期。

④刻私章。刻法人代表和其他股东的私章。

⑤办理验资。凭会计师事务所出具的“银行询征函”选择银行开立公司验资户，所

有股东携带出资比例等额资金、工商核名通知书、法人代表和其他股东的私章、身份证、空白询征函表格，到银行去开立公司验资账户。

⑥办理验资报告。银行出具的股东投资的现金缴款单（或进账单）、银行对账单、银行盖章后的询征函由银行寄至会计师事务所，携带公司章程、名称预先核准通知书、租房合同、房产证复印件送到会计师事务所办理验资报告。

⑦申请公司营业执照。有限责任公司设立登记应提交的文件、证件（受理后5个工作日可领取执照）：

a.《企业设立登记申请书》（内含《企业设立登记申请表》、《单位投资者（单位股东、发起人）名录》、《自然人股东（发起人）、个人独资企业投资人、合伙企业合伙人名录》、《投资者注册资本（注册资金、出资额）缴付情况》、《法定代表人登记表》、《董事会成员、经理、监事任职证明》、《企业住所证明》等表格）；

b. 公司章程（提交打印件一份，请全体股东亲笔签字；有法人股东的，要加盖该法人单位公章）；

c. 法定验资机构出具的验资报告；

d.《企业名称预先核准通知书》和《预核准名称投资人名录表》。

⑧刻公章。凭营业执照，到公安局指定的刻章社，去刻公章、合同章、财务章。后面步骤中，均需要用到公章或财务章。

⑨办理代码证。企业法人前往质量技术监督局窗口办理代码证，提供的材料有营业执照副本原件及复印件、单位公章、法人代表身份证原件及复印件（非法人单位提交负责人身份证原件及复印件）、集体和全民所有制单位和非法人单位提交上级主管部门代码证书复印件、单位邮编、电话、正式职工人数、经办人身份证原件及复印件（受理后4个工作日可领取代码证）。

⑩办理税务登记证书。自领取营业执照之日起30日内前往税务登记机关窗口办理税务登记证书，并提交营业执照副本原件及复印件、企业法人组织机构代码证书原件及复印件、法人代表身份证原件及复印件、财务人员身份证复印件、公司或企业章程原件及复印件、房产证明或租赁协议复印件、印章，从外区转入的企业，必须提供原登记机关完税证明（纳税清算表）、税务机关要求提供的其他有关材料。

⑪开设企业基本账户。凭营业执照正本、税务登记证正本、组织机构代码证正本及法人身份证、公章、财务专用章、法人章，去银行开立基本账户。开好基本账户去原验资银行办理验资户销户。

公司注册登记流程步骤以及需提交的相应材料和办理时间如图1-2-1所示。

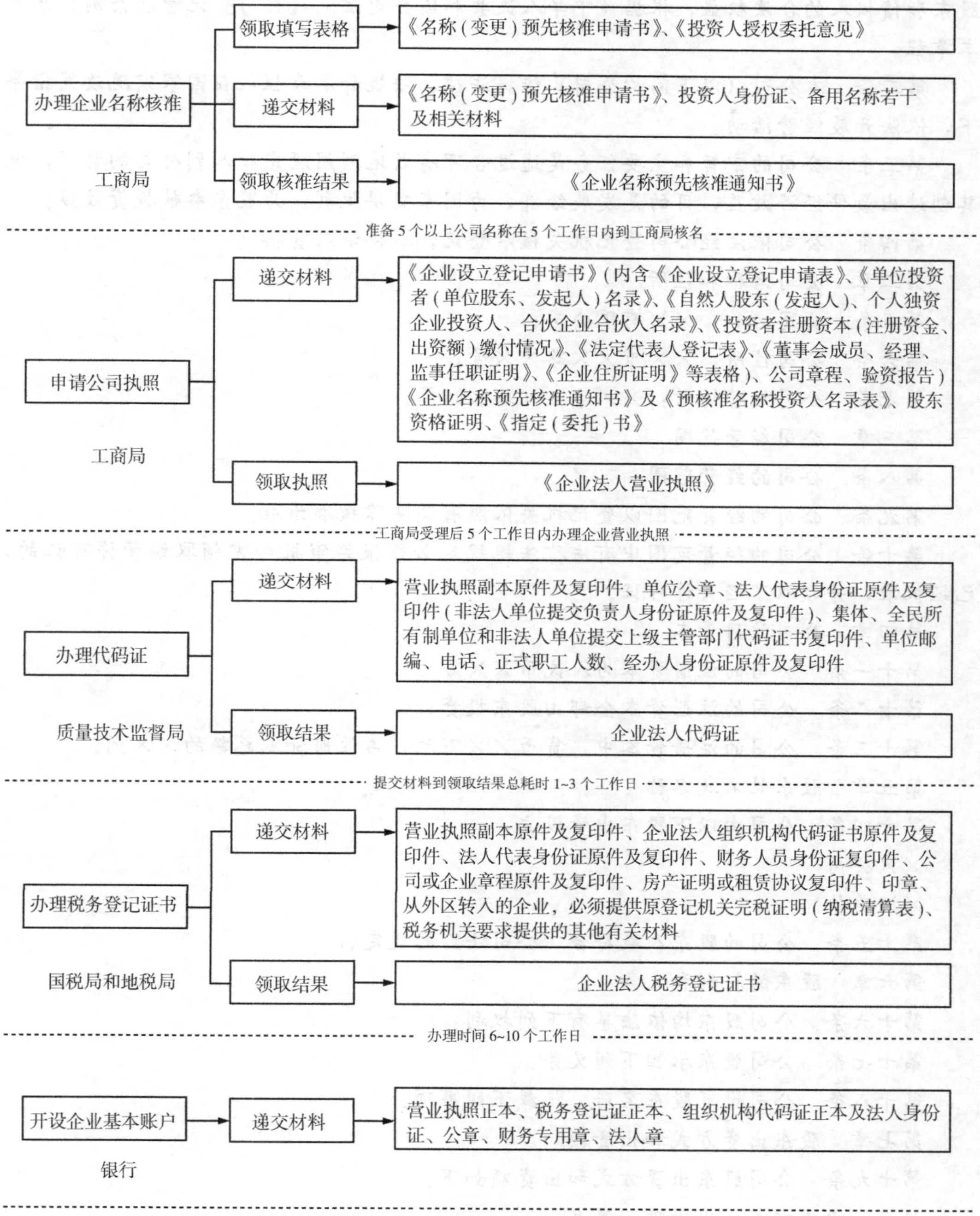

图 1-2-1　公司注册登记流程图

3. 相关案例

“××有限公司”章程结构

第一章　总则

第一条　为适应建立现代企业制度的需要，规范本公司的组织和行为，保护公司、股东和债权人的合法权益，根据《中华人民共和国公司法》、《公司登记管理条例》制定本章程。

第二条　本公司（以下简称公司）依据法律、法规和本章程，在国家宏观政策指导下，依法开展经营活动。

第三条　公司的宗旨和主要任务是通过合理有效地利用股东投入到公司的资产，使其创造出最佳经济效益，目的是发展经济，为国家提供税利，为股东奉献投资效益。

第四条　公司依法经公司登记机关核准登记，取得法人资格。

第二章　公司名称和住所

第五条　公司名称：××有限公司；

第六条　公司住所：××市××路××号；

第七条　公司经营场所：××市××路××号。

第三章　公司经营范围

第八条　公司的经营范围：××。

第九条　公司的经营范围以登记机关依照有关法律核准为准。

第十条　公司的经营范围中有法律法规规定必须报经审批和需领取经营许可证的，已经批准，并领取了经营许可证。

第四章　公司注册资本

第十一条　公司的注册资本为人民币××万元；

第十二条　公司的注册资本全部由股东投资；

第十三条　公司的注册资本中：货币××万元，占注册资本总额的××%。

第五章　股东姓名或名称

第十四条　公司由以下股东出资设立：

××公司

××单位

第十五条　公司的股东人数符合《公司法》的规定。

第六章　股东的权利和义务

第十六条　公司股东均依法享有下列权利：

第十七条　公司股东承担下列义务：

第十八条　公司设置股东名册，记载下列事项：

第七章　股东出资方式和出资额

第十九条　公司股东出资方式和出资额如下：

姓名　出资方式　出资额　签名

××公司　货币××万元

××单位　货币××万元

第二十条　公司经公司登记机关注册后，股东不得抽出投资。

第二十一条　公司有下列情形的，可以增加注册资本：

第二十二条　公司减少注册资本只能是经营亏损。

第二十三条　公司减少注册资本，自作出减少注册资本之日起十日内通知债权人，并于三十日内在报纸上至少公告三次。

第八章 股东转让出资的条件

第二十四条 股东之间可以相互转让其出资。股东向股东之外的人（法人）转让其出资时，必须经半数以上的股东同意。不同意转让的股东应当购买该股东转让的出资，否则视为同意。

第二十五条 股东依法转让其出资额后，公司重新编制新的股东名册。

第九章 公司的机构及其产生办法、职权、议事规则

第二十六条 公司设股东大会，股东大会由全体股东组成。

第二十七条 股东大会会议按出资比例行使表决权。

第二十八条 股东大会是公司的权力机构，依照《公司法》行使职权。

第二十九条 股东大会分为定期和临时会议。

第三十条 股东大会每年至少召开一次。

第十章 公司的法定代表人

第三十一条 董事长为公司的法定代表人。

第三十二条 董事长由董事会过半人数选举产生和更换。

第三十三条 董事长行使下列职权：

第十一章 公司利润分配和财务会计

第三十四条 公司税后利润按下列顺序分配：

第三十五条 公司依法建立财务会计机构和账册、制度。公司在每一会计年度终了时作财务会计报告。

第十二章 公司的解散事由与清算办法

第三十六条 公司有下列情况之一的，予以解散和清算：

第三十七条 清算组织在清算期间行使下列职权：

第十三章 股东认为需要规定的其他事项

第十四章 附则

1.2.3 任务实施说明

（1）公司注册登记相关资料表格填写，按照相关部门的要求完成。

（2）学生工作页的表格的装订按顺序进行，完成后交给老师。

任务1.3 物流企业组织架构

1.3.1 任务描述

在一个多月的时间里，杜川、林霞、高虎往返奔波于工商管理局、会计师事务所、税务局。今天，林霞接到税务局的通知，告诉她可以去领取发票了。林霞从税务局出来后，直接回到了他们临时租赁的办公室，办公室的伙伴看到发票时，高兴地击掌相庆。

“公司的注册登记工作完成了，接下来我们就要着手组建我们的团队了。建立起与

我们公司相适应的组织机构。”高兴之余，杜川开始着手公司建立的下一步工作。

“对呀！只靠我们三人，还不能让公司很好地运转起来。”高虎接着说道。

“虽然不能就靠我们三人，但我们三人是有形成优秀团队的潜质的哟！”林霞嘻笑说道。

“哦？你还有说法？”杜川和高虎同声问道。

林霞看他俩有兴趣，于是娓娓道来。“前段时间，我专门查阅了一些关于如何建设管理团队的资料。国外一些研究指出，一个领导班子中，最好有一个直觉型的人作为天才军师，老大就属于那种直觉型的人，可以带领着我们明确团队的奋斗目标及发展方向，为团队提供动力和约束；有一个思考型的人设计和监督管理工作，思考型的人做事细心、有耐心、有毅力，高虎就是那一个思考型的人；我个人就属于情感型，可以联络和培养职员的责任感。”

“呵呵。不错，看来平时没少看书，也没少关心我和高虎！”杜川随即附和。“所以说我们有了好的领导班子，还需要好的职员，因此，咱们接下来要把我们公司的组织机构建立起来，然后再来引进一些优秀的人才。”

“另外，在组建团队时，有几点需要注意的，一般说来，一个合理的、和谐的人才结构往往是由各种不同年龄段的人才合理搭配所构成的。不同年龄段的人才，他们的心理、生理、智力处于不同的发展阶段，呈现着不同的状态，各有长处和短处。不同年龄的人才相互搭配，有利于互相取长补短，相得益彰。青年人朝气蓬勃，血气方刚，富有创造性，进取精神强烈，精力充沛，很少有旧观念；老年人知识广泛，技术熟练，经验丰富，性格老成稳重，不易感情冲动，遇事多从理性方面考虑；中年人年富力强，处于老、青年的中间，兼有两方面的长处，承上启下。”杜川补充道。

“但是，我们不能把老、中、青概念化、绝对化。一个人的生理年龄往往与他们的智能、科学、技术等年龄是不一致的。在公司里实行老、中、青合理搭配时不能存在一个绝对的界限，应根据人才群体所承担的任务或他们所处的能级层次的不同而区别对待，不同个体的人才要具体、有区别地对待。”林霞强调说。

高虎接着说道：“这确实是我们应该注意的。我们在保持年龄结构基本平衡的前提下，应该多招一些年轻人进来，毕竟我们是一个年轻的企业，需要更多有冲劲的人。在招聘的时候还应注意一个男女比例协调的问题。俗话说，男女搭配，干活不累，紧张的工作之余还需要情趣的调节嘛。男女搭配的队伍比较好带，也比较文明，比如说在一起交流的时候，男士就会注意自己用语的文明，不论男女，在穿着上也会比较讲究。”

“那今天我们先讨论到这里，具体的员工招聘工作，高虎，你就直接负责。至于公司重要部门和重要岗位所急需的专门人才，就由林霞负责。”杜川说道。

“好！”高虎说。

“还有，在团队管理上，上级与下级之间、同事与同事之间要自由、和谐、平等。我们要让每一位员工都感觉到他在团队里很重要，给团队成员充分的自主权，让他们决定该做什么。团队领导要避免和团队成员有直接的冲突，当团队成员之间有冲突时，团队领导应巧妙地化解，维持和谐共处。但是，有时冲突也并非全是坏事，相反，恰当激发良性冲突、避免恶性冲突，还有助于激活企业的创新性管理。越是有竞争性的企业，越是充满活力的企业，内部冲突也越激烈，甚至可以说冲突也越来越成为一种常态。”林霞又补充了几句。

根据以上信息，请帮助高虎和林霞设计一张职位/岗位设置情况表和一张公司的组织架构图。

同时，为了完成以后的课程任务，在此建议各位同学以自由组合的形式，模拟组建公司的运营管理团队。当然，如果在组建团队时，能够尽可能遵循团队组建原则，会为本团队下一阶段的学习带来很多的乐趣。

1.3.2 知识拓展

1. 相关概念

（1）组织结构：企业的组织结构是企业全体员工为实现企业目标，进行分工协作，在职务范围、责任、权力方面的结构体系。

①组织结构的本质是员工的分工协作关系。

②设计组织结构的目的是实现企业的目标，组织结构是实现企业目标的一种手段。

③组织结构的内涵是企业员工在职、责、权方面的结构体系，所以，组织结构又简称为权责结构，这个体系的内容主要包括下面几个部分。

a. 职能结构，即完成企业目标所需的各项业务的工作关系。

b. 层次结构，即各管理层次的构成，又称组织的纵向结构。

c. 部门结构，即各管理部门的构成，又称组织的横向结构。

d. 职权结构，即各层次、各部门在权力和责任方面的分工及相互关系。

（2）组织设计：指对一个组织的结构进行规划、构建、创新或再造，以便从组织结构上确保组织目标的有效实现。组织设计是一个动态的工作过程，包含了众多的工作内容。归纳起来，主要有以下几点。

①确定组织内各部门和人员之间的正式关系和各自的职责——组织图与职位说明书。

②规划组织最高部门向下属各个部门、各人员分派任务和从事各种活动的方式。

③确定组织对各部门、各人员活动的协调方式。

④确立组织中权力、地位和等级的正式关系，即确立组织中的职权系统。

（注意：组织设计可能有3种情况：一是新建的企业需要进行组织结构设计；二是原有组织结构出现较大的问题或企业的目标发生变化时，需要重新进行组织结构设计，如企业经营机制转换后，原有企业组织结构需重新评价和设计；三是组织结构需进行局部的调整和完善。）

（3）人力资源管理：是为完成企业管理工作和总体目标，影响员工的行为、态度和绩效的各种企业管理政策、实践及制度安排，是对企业的人力资源规划、招聘、培养、使用及组织等各项管理工作的总称。

（4）管理层次：指从企业经理到基层工作人员之间体现领导隶属关系的管理环节，即经营管理工作分为几级管理。

(5) 物流整合：指物品流通过程中，有效整合商品移动、储存等物流作业，或者有效整合流通信息（含订单、货运单据、发票等），以提升流通效率，降低流通成本，进而提高顾客服务水准。

(6) 技术：企业在将投入的资源转化为产品和服务的过程中采用的工具、设备、工艺方法、信息决策与沟通系统等，包括生产技术和信息技术。

(7) 直线制组织结构：是指在这种组织结构下，职权直接从高层开始向下“流动”(传递、分解)，经过若干个管理层次达到组织最底层。其特点如下。

①组织中每一位主管人员对其直接下属拥有直接职权。

②组织中的每一个人只对他的直接上级负责或报告工作。

③主管人员在其管辖范围内，拥有绝对的职权或完全职权。即主管人员对所管辖的部门的所有业务活动行使决策权、指挥权和监督权。

(8) 职能制组织结构：按职能来组织部门分工，即从企业高层到基层，均把承担相同职能的管理业务及其人员组合在一起，设置相应的管理部门和管理职务。其特点如下。

①各级管理机构和人员实行高度的专业化分工，各自履行一定的管理职能。因此，每一个职能部门所开展的业务活动将为整个组织服务。

②实行直线—参谋制。整个管理系统划分为两大类机构和人员：

a. 一类是直线指挥机构和人员，对其直属下级有发号施令的权力；

b. 另一类是参谋机构和人员，其职责是为同级直线指挥人员出谋划策，对下级单位不能发号施令，而是起业务上的指导、监督和服务的作用；

c. 企业管理权力高度集中。由于各个职能部门和人员都只负责某一个方面的职能工作，唯有最高领导层才能纵观企业全局，所以，企业生产经营的决策权必然集中于最高领导层，主要是经理。

(9) 事业部制结构：指以某个产品、地区或顾客为依据，将相关的研究开发、采购、生产、销售等部门结合成一个相对独立单位的组织结构形式。它表现为，在总公司领导下设立多个事业部，各事业部有各自独立的产品或市场，在经营管理上有很强的自主性，实行独立核算，是一种分权式管理结构。

(10) 矩阵制组织结构：矩阵制组织形式是在直线职能制垂直形态组织系统的基础上，再增加一种横向的领导系统。矩阵组织也可以称为非长期固定性组织。

2. 相关方法

物流企业组织结构设计如下。

1) 物流企业组织管理层次

从纵向上看，物流企业内部的组织机构可分为若干管理层次。组织机构的管理层次受管理幅度的制约。管理幅度是指一个领导者或管理者能够有效地管理下属人员的可能数量，同管理层次呈反比例的关系，即管理幅度增大，领导下属人员增加，管理层次就减少；反之，管理幅度减少，管理层次便会增加。有效的管理幅度并非一个固定的数值，它受多种条件和因素的制约，如领导者素质的高低、被领导人的素质、管理工作内容的繁简程度等。通过对以上因素的综合分析，可确定出有效的管理幅度。一般而言，应尽可能地在扩大有效管理幅度的基础上，减少管理层次，降低管理费用，加快管理指令的传递速度，提高管理工作的效率。

物流企业组织机构的管理层次一般划分为3个层次（图1-3-1），组成正三角形的层次机构。一般来说，大中型的物流企业为3层管理，即三级管理；小型物流企业则适宜两级管理，即两个管理层次。

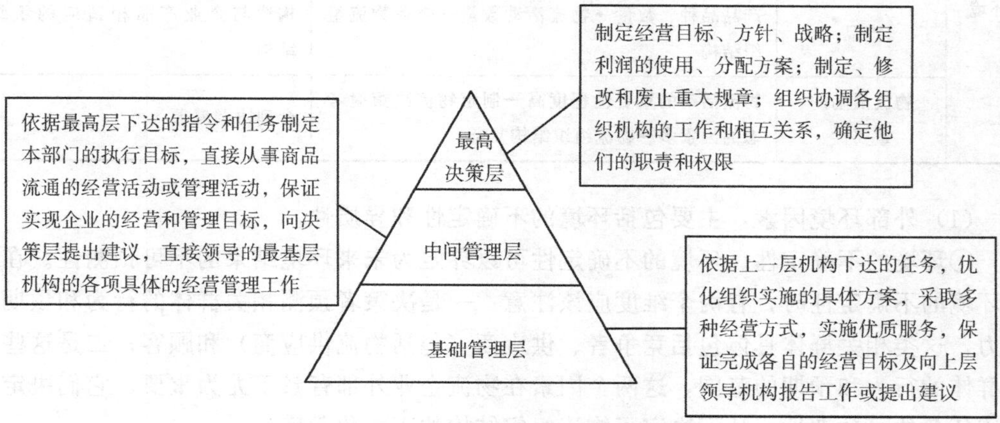

图1-3-1 物流企业组织管理的层次

物流企业无论三级管理还是两级管理，只要是设有两个以上的管理层次，就存在授权问题。只有根据集权和分权、统一领导和分级管理相结合的组织原则，才能保证集中统一指挥、充分调动和发挥中层管理者和基层管理者的主动性和积极性，增强物流企业经营管理者的向心力和创造力，从而达到既有经营的高效益，又有管理的高效率的目标。

2）物流企业组织结构设计的影响因素

组织结构不是固定的、静态的，而是始终处于一种内部与外部、内部与内部之间的调整和适应的运动过程中，所以，在物流企业管理实践中，并不存在一成不变、普遍适用的组织结构，物流企业需要根据自身所处的环境选择“合适的”组织结构。因此，在设计物流组织结构时，要深入分析对其产生影响的内外部环境因素，即权变因素。具体的影响物流企业组织结构设计的因素如表1-3-1所示。

表1-3-1 物流企业组织结构设计影响因素

影响因素		主要影响	适应办法
外部环境	不确定性	不确定性大→物流任务可预期性弱→企业组织结构弹性要求高	采用非正式、职能性组织结构
	异质性	异质性高→物流决策因素多→物流组织结构的规模大、一体化程度高	专门为物流整合而进行组织结构设计

续表

影响因素		主要影响	适应办法
内部环境	组织战略	企业战略实施不同→物流活动的专业化、集中化、一体化→不同的组织结构	构建与企业战略相适应的组织结构
	技术	技术→物流活动的专业化、集中化、一体化→不同的组织结构	构建与企业技术相适应的组织结构
	产品	产品品种、数量→物流活动数量→企业物流组织结构	构建与企业产品相适应的组织结构
	物流活动的重要性	物流活动的重要性程度高→制定物流决策时考虑的因素多→物流组织结构复杂	合理协调需求

(1) 外部环境因素，主要包括环境的不确定性和异质性。

①环境的不确定性。环境的不确定性可以界定为未来环境结果的不可预测性。在衡量环境的不确定性时，有两个维度应该注意：一是决策者预测相关群体的行为和预期的能力，这类相关群体具体包括竞争者、供应商（包括物流供应商）和顾客；二是这些相关群体的行为和预期的范围，这两个因素在物流企业外部背景下尤为重要，它们决定了物流任务的可预期性，从而决定了物流组织结构的正式化程度。

通常情况下，如果组织外部环境的不确定性较大，则意味着物流任务的可预期性较弱，对物流企业组织结构的弹性要求较高，因此，非正式的、职能制的组织结构较适用于物流活动的协调。在这种组织结构中，物流活动的协调主要通过各职能经理之间的非正式沟通、简单的规章制度和程序、常规会议等方式来进行。这种组织结构设计能够在不影响现存权力结构的前提下，支持并实现职能性层级制。反之，如果组织外部环境的不确定性较小，物流任务的可预期性较强，则可以选择较为正式的物流组织结构形式，通过正式沟通、规范的程序和完善的规章制度来进行物流活动的协调。

②环境的异质性。环境的异质性可以界定为组织所处环境的复杂性。如市场、产品供应商、物流供应商以及顾客的数量和类型都各不相同。这种复杂性可以由组织周围相关群体的多样性反映出来，其中，顾客和供应商最为重要。这种异质性的高低也可视客户销售产品或服务的数量而定。需要注意的是，一些从事组织科学研究的学者将这种环境的异质性作为影响环境不确定性的一个维度。这可能是因为决策者预测环境变化的能力会随着环境复杂程度的增大而下降。总之，当环境异质性较低时，运用诸如政策和标准化程序等手段来促进绩效的提高就较为容易。

外部环境的异质性决定了物流决策因素的数量，进而会影响物流组织结构的规模和一体化程度。所以，当组织外部环境的异质性程度较高、物流决策因素增多（通常以企业规模、产品种类或产品复杂性为标志）时，需要专门为物流整合而进行组织结构设计。通常可以选择以物流作业流程为导向的组织设计，具体有两大类：第一类包括以不同的物流任务和机制为基础划分的产品生产单位和部门；第二类则包括物流协调部门、矩阵制的组织结构或者专门的物流部门。

（2）内部环境因素，主要包括组织战略、技术、产品以及物流活动的重要性。

①组织战略。组织战略是影响物流组织结构的重要权变因素。在组织的所有层面，战略和组织结构之间的匹配可以提高组织的绩效。关于物流能力与绩效之间关系的各种研究也表明，物流组织的设计必须与组织战略保持一致，这样才能实现企业的绩效目标。

组织战略对物流组织结构设计的影响具体体现为：实施不同战略的企业，对物流活动的专业化程度、集中化程度和一体化程度有不同的要求，进而选择不同类型的组织结构。例如，如果企业的战略是防卫型战略，则其所处的行业结构和未来发展均视为已知事实，其经营环境相对稳定，企业的产品范围有限，主要采取低成本或高效率的竞争策略，物流活动的正式化和集中化将有利于组织绩效的提高，物流组织结构也多选择机械式。反之，如果企业实行前瞻性战略，则其所处的经营环境具有高度的不确定性，企业的目标通常为使行业结构朝着自己设计的新结构发展，这类企业总是寻找和创造新的市场机会，所采取的竞争战略可能是差别化的，此时，满足客户要求的重要性将远远大于物流活动正式化和集中化所形成的成本优势，物流组织结构的选择也倾向于有机式。

②技术。技术是企业在将投入的资源转化为产品和服务的过程中采用的工具、设备、工艺方法、信息决策与沟通系统等，包括生产技术和信息技术。对于生产技术，企业生产中使用的工艺和流程的数量和种类会影响物流活动的数量和复杂性，从而影响物流组织的规模、集中化程度和一体化程度，其工具和设备的空间安排对上述3个方面也有影响。例如，采用常规技术的企业，物流活动的复杂性较低，程式化和集中化程度较高，相应地，其组织结构的复杂程度也较低，适于采用机械式组织结构。而采用非常规技术的企业，物流活动的复杂性大大提高，程式化和集中化程度较低，因此其组织结构也相对复杂，适于采用有机型组织结构。此外，如果按照流程来设计各种设施和设备的空间布局，物流活动的数量和复杂性都将远远低于按照产品进行的布局设计。

对于信息技术，由于其发展能促使企业同时实现信息处理能力的提高和信息处理成本的下降，并且能增强高层的控制力，使管理幅度变宽，因此，信息技术的使用可以改变物流组织的特征，具有较强处理能力的信息系统能够支持物流活动不断地向合作与联合的方向发展，使一体化物流运作系统成为可能。换言之，对信息技术的采用至少会对物流组织规模、物流组织结构的层级和物流活动一体化等方面产生影响，从而影响物流组织结构。

③产品。物流企业的产品即所提供的服务，物流企业经营产品的数量及其标准化程度是影响物流组织结构的重要因素。物流企业经营产品品种的多少决定了其物流活动的数量和复杂性，进而影响物流组织的规模、专业化程度、集权化程度和一体化程度。企业生产产品的标准化程度或产品的客户化程度会对物流组织的集中化程度和一体化程度产生影响。

一方面，对经营产品品种较多的物流企业，物流活动的数量相应较多且较为复杂，要求较多的协调，相应地，物流组织的规模也较大，专业化程度和集中化程度也较高。反之，生产或经营产品品种较少的企业，物流活动的数量较少且相对简单、协调起来比较容易，因此，物流组织的规模较小，专业化程度和集中化程度较低。另一方面，如果企业产品的标准化程度高，即企业更多地按计划或按库存生产，则有可能集中地对物流活动进行计划和协调，因此，其集中化程度和一体化程度也相应较高。反之，如果企业产品的标准化程度较低，即企业更多地按订单生产，则要求物流活动的计划和协调具有较大的灵活性，因此，其集中化程度和一体化程度也相应较低。

④物流活动的重要性。对不同的企业，物流活动的重要性有所差别。这种重要性可界定为“物流活动在企业价值增值活动中所占的比重”。如果物流成本在总成本中的比重较大，则制定物流决策时所需考虑的因素就多，对合理协调的需求也相应较高，从而需要将物流功能定位于较高的管理层级，以有效保证这种协调。因此，物流活动对企业的重要程度会直接影响物流组织结构的各个方面。

3）物流企业组织结构设计原则

有效性原则：要求企业组织必须是有效率的；合理管理幅度原则：管理幅度指一名管理者能够直接而有效地管理其下属的可能人数和业务范围；职责与职权对等原则；协调原则：物流管理各层次之间的纵向协调、物流系统各职能要素之间和部门之间的横向协调；稳定与适应结合原则。

4）物流企业组织结构设计的内容

物流企业组织设计包括管理层次划分、部门划分、职权划分 3 个方面。

物流企业组织管理层次划分。物流企业组织管理层次划分所涉及的内容主要包括组织的管理幅度、管理纵深、组织层次的分工及其相互关系，还包括各个组织管理层次的职权划分、责任划分以及影响管理层次划分的因素。

物流企业组织管理部门划分。物流企业组织管理部门划分就是要对整个组织的工作进行充分细致的分析，并进行明确的、相应的物流业务性质归类，确定组织中各项任务的分配与责任的归属，以求分工合理、职责分明。

物流企业组织管理职权划分。物流企业组织管理职权划分就是在物流企业组织内进行包括指挥、命令等在内的权力的分配。以下是几种典型的物流组织结构。

（1）直线制组织结构。

直线制组织结构指企业由最高管理者至最低执行者之间的行政指挥系统架构，类似于一条直线，一个下级只对一个上级负责，一个下级也只由一个上级进行管理的组织与管理结构。直线制组织结构与管理结构意味着：企业所采取的管理沟通渠道模式是纯粹的单一或多个的链制管理沟通模式。其组织结构图如图 1-3-2 所示。

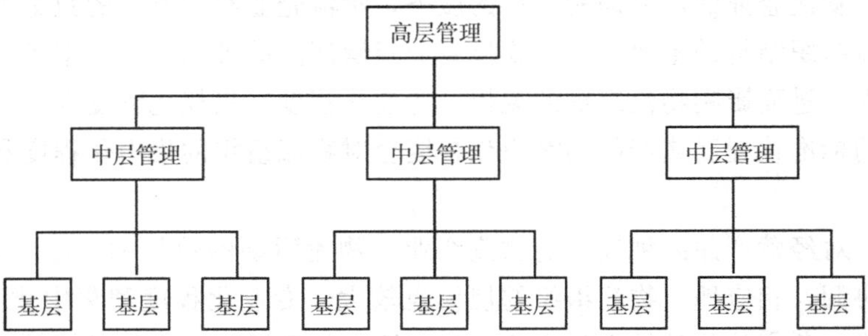

图 1-3-2　直线制组织结构图

从图 1-3-1 可以看出，直线制企业组织结构，基本上决定了企业的管理结构也基本上是直线制管理结构，而由于管理就是沟通，所以也决定和对应了管理沟通的结构模式的基本形态是链制管理沟通渠道模式。仔细分析，直线制组织管理结构与链制管理沟通渠道模式具有以下一些基本优缺点。

优点是一个下级只受一个上级领导管理，上下级关系简明清晰，层级制度严格明确，保密程度好，决策与执行工作有较高效率；管理沟通的信息来源与基本流向固定，管理沟通的渠道也简单固定，管理沟通的速度和准确性在客观上有一定保证。缺点是管理无专业分工，各级管理者必须是全能管理者，各级管理者负担重，但企业较大时，难以有效领导与管理；管理沟通的信息来源与基本流向被管理者死死控制，并且管理沟通的速度和质量严重依赖直线中间的各个点，信息容易被截取或增删，造成管理沟通不顺畅或失误。

(2) 职能制组织结构。

职能制结构起源于 21 世纪初法约尔在其经营的煤矿公司担任总经理时所建立的组织结构形式，所以又称“法约尔模型”。是指最高层的领导者把专业管理的职责和权限交给相应的职能管理机构，由他们在专业管理活动上直接经营指挥业务机构的活动。其组织结构图如图 1-3-3 所示。

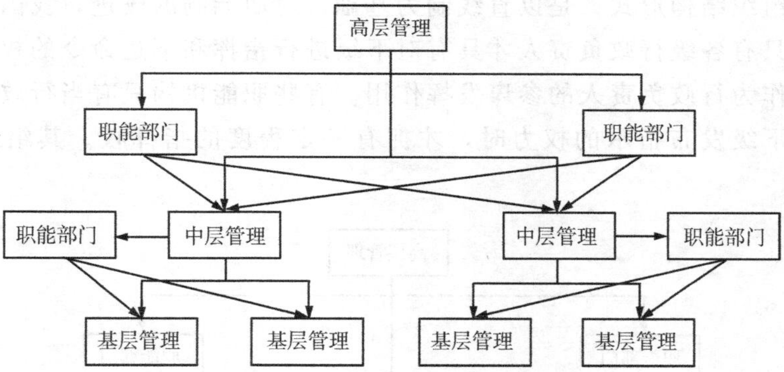

图 1-3-3 职能制组织结构图

观察图 1-3-3，职能制组织结构由于按职能划分部门，职责容易明确规定；此外，职能制组织结构的每一个管理人员都固定地归属于一个职能结构，专门从事某一项职能工作，在此基础上建立起来的部门间联系能够长期不变，这就使整个组织系统有较高的稳定性；还有，职能制组织结构的各部门和各类人员实行专业化分工，有利于管理人员注重并能熟练掌握本职工作的技能，有利于强化专业管理，提高工作效率；最后，职能制组织结构的管理权力高度集中，便于最高领导层对整个企业实施严格的控制。

职能制组织结构除了以上优点外，也存在以下一系列缺点。

①横向协调差。高度的专业化分工以及稳定性使各职能部门的眼界比较狭窄，他们往往片面强调本部门工作的重要性，希望提高本部门在组织中的地位，十分重视维护本

部门的利益，特别致力于提高本部门的工作效率。因此，容易产生本位主义、分散主义，造成许多摩擦内耗，使职能部门之间的横向协调比较困难。

②适应性差。由于人们主要关心自己狭窄的专业工作，这不仅使部门之间的横向协调困难，而且，妨碍相互间的信息沟通，高层决策在执行中也往往被狭窄的部门观点和利益所曲解，或者受阻于部门隔阂而难以贯彻。这样，整个组织系统就不能对外部环境的变化及时做出反应，适应性差。

③企业领导负担重。在职能制结构条件下，部门之间的横向协调只有企业高层领导才能解决，加上经营决策权又集中在他们手中，企业高层领导的工作负担就十分重，容易陷入行政事务之中，无暇深入研究和妥善解决生产经营的重大问题。

④不利于培养素质全面的、能够经营整个企业的管理人才。由于各部门的主管人员属于专业职能人员，工作本身限制着他们扩展自己的知识、技能和经验，而且养成了注重部门工作与目标的思维方式的行为习惯，使得他们难以胜任也不适合担任对企业全面负责的高层领导工作。

(3) 直线-职能制结构。

直线-职能制组织结构又称生产区域制，或直线参谋制。是在直线制和职能制的基础上，取长补短，吸取这两种形式的优点而建立起来的。目前，绝大多数企业都采用这种组织结构形式。是以直线制为基础，对职能制的改进，我国企业多采用这种结构。只有各级行政负责人才具有对下级进行指挥和下达命令的权力，各级职能机构只是作为行政负责人的参谋发挥作用。有些职能机构只有当行政负责人授予他们直接向下级发布指示的权力时，才拥有一定程度的指挥权。其组织结构如图1-3-4所示。

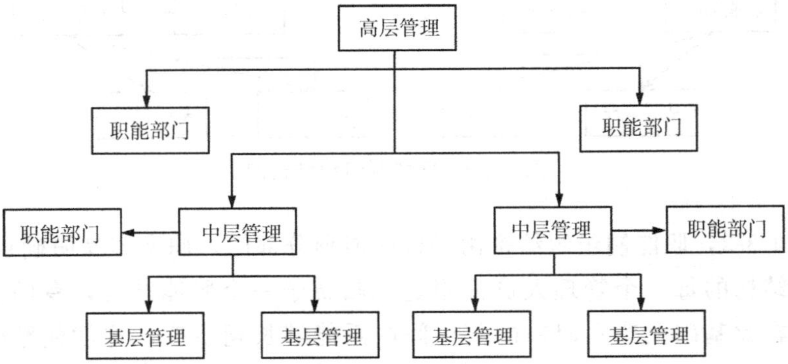

图 1-3-4 直线-职能制结构图

直线-职能制组织结构比直线制组织结构具有优越性。它既保持了直线制结构集中统一指挥的优点，又吸收了职能制结构分工细密、注重专业化管理的长处，从而有助于提高管理工作的效率。

直线-职能制组织结构的内在缺陷具体如下。

①属于典型的“集权式”结构，权力集中于最高管理层，下级缺乏必要的自主权。

②各职能部门之间的横向联系较差，容易产生脱节和矛盾。

③直线-职能制组织结构建立在高度的“职权分裂”基础上，各职能部门与直线部门之间如果目标不统一，则容易产生矛盾。特别是对于需要多部门合作的事项，往往难以确定责任的归属。

④信息传递路线较长，反馈较慢，难以适应环境的迅速变化。

(4) 事业部制结构。

事业部制是总公司下面按产品、地区、业务范围划分事业部分公司。事业部分公司自主经营，独立核算。其特征是：决策权并不完全集中于公司最高管理层，而是分权给事业部，有利于它们统一管理、独立核算；公司最高管理层摆脱了日常事务，集中精力进行重大决策的研究；公司的适应性强；适于规模大，产品种类多，经营范围广，分地区经营，技术上、生产上可以相互独立进行的企业；管理层次多，管理费用高，各事业部协助比较困难，易产生各自为政、本位主义的倾向。其组织结构如图 1-3-5 所示。

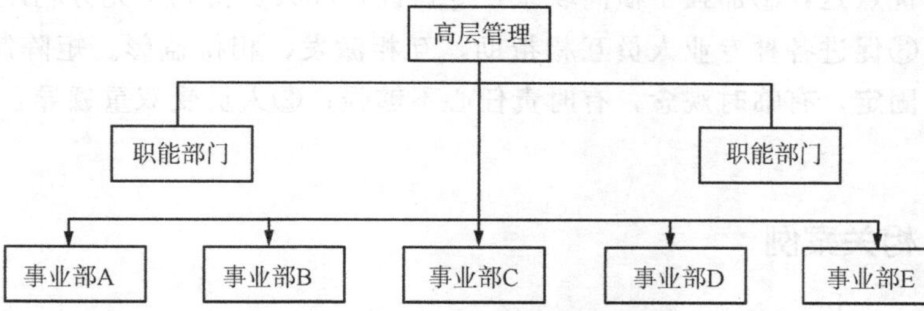

图 1-3-5 事业部制结构图

事业部作为利润中心，既便于建立衡量事业部及其经理工作效率的标准，进行严格的考核，也使企业高层领导容易评价每种产品对公司总利润的贡献大小，用以指导企业发展的战略决策。此外，按产品划分事业部，便于组织专业化生产，形成经济规模，采用专用设备，并能使个人的技术和专业知识在生产和销售领域得到最大限度的发挥，因而有利于提高劳动生产率和企业经济效益。另外，各事业部之间可以有比较、有竞争。由此而增强企业活力，促进企业的发展。最后，各事业部自主经营，责任明确，使得目标管理和自我控制能有效地进行，在这样的条件下，高层领导的管理幅度便可以适当扩大。但是，事业部的相对独立，对一些原本共性的资源的利用，也带来了负面的影响，产生了“内耗”。

(5) 矩阵制组织结构。

矩阵组织是综合利用各种标准的一个范例，是一种横纵两套系统交叉形成的复合结构组织。纵向是职能系统，横向是为完成某项专门任务而组成的项目系统。项目系统没有固定的工作人员，而是随着任务的进度，根据工作的需要，从各职能部门抽人参加，这些人员完成了与自己有关的工作后，仍回到原来的职能部门，如图 1-3-6所示。

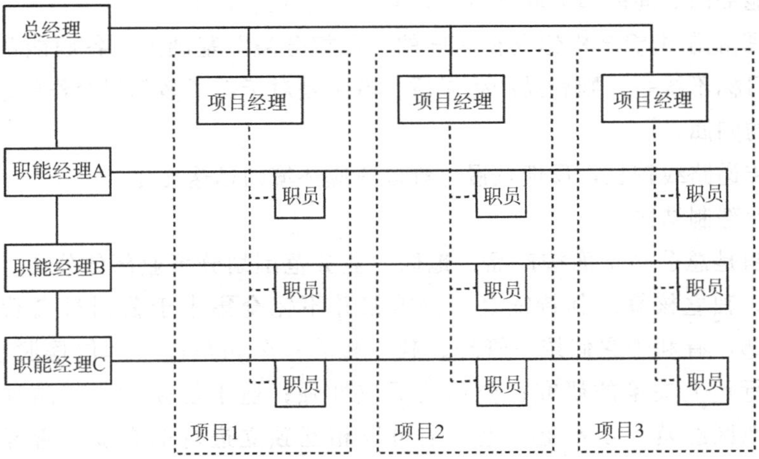

图 1-3-6 矩阵式组织结构图

矩阵制的优点是：①加强了横向联系，专业设备和人员得到了充分利用；②具有较大的机动性；③促进各种专业人员互相帮助，互相激发，相得益彰。矩阵制的缺点是：①成员位置不固定，有临时观念，有时责任心不够强；②人员受双重领导，有时不易分清责任。

1.3.3 相关案例

宝供集团标准职位序列（图 1-3-7）

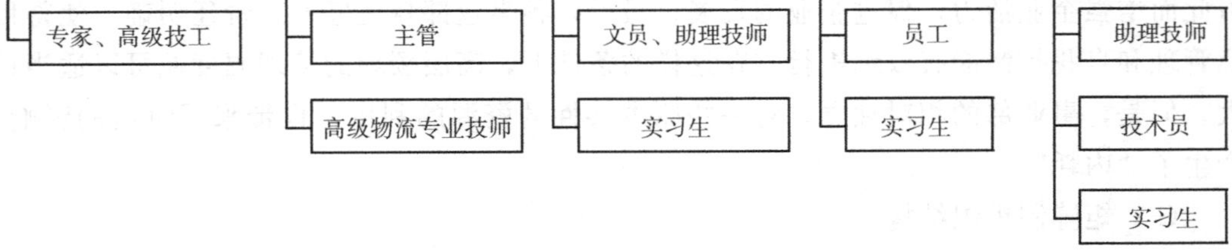

图 1-3-7 宝供职位结构图

标准职位特点：三大层级、三大序列、20 子系列。

(1) 三大层级：战略层、管理层、执行层。

①执行层：按照有规定的制度、流程、作业标准等来操作；需要一定的工作积累，有一定的复杂性，不能随意更换。典型职位：销售经理、客户经理、办事处主管、调

度、技师、助理技师、技工、职能人员、仓管员、统计员、业务员等。

②管理层：管理、指导专业团队，对团队的产出负责；设计、改进、监控作业流程。典型职位：职能总监、下属企业总经理、销售片区总监、客户经理（高级）、职能经理（含客服、采购）、项目经理、高级技师与专员、办事处经理、基地经理等。

③战略层：管理、指导多个专业团队，对整体产出负责；制定、实施、监控专业领域内的发展规划。典型职位：董事长、总裁、副总裁、董事长助理、外部专家（分首席顾问、高级顾问、资深顾问、顾问）、财务总监。

(2) 三大序列：管理（含管理技师、营销、秘书、文员、内勤）、技术（含物流技术、IT技术、项目管理等）、作业（含作业员工、技工等）。

(3) 20子系列。

作业。业务方面：运输作业、仓储作业、配送作业、增值服务作业、设备使用维修作业、客户服务（调度员、统计员、仓管员、业务员、安全员、叉车司机、设备维修技工、客户服务等）。

技术。物流专员、IT技师（系统分析师、软件设计工程师、程序员、软件测试工程师、软件服务工程师、硬件工程师）、项目经理等。

管理。①营销——销售片区总监、销售经理、客户经理等；②职能管理——会计师、审计师、经营分析师、企业发展规划管理、投资管理、市场调研员、运作管理、人力资源管理、资源采购管理、行政事务管理、物业管理、设备管理等；文员：秘书、各类文员、内勤；③管理指挥——总裁、副总裁、职能总监、企业总经理、经理、主管、调度。

1.3.4 任务实施说明

(1) 实际工作中，团队的组建是远远不够的。公司往往会根据发展阶段，对管理团队进行调整，以适应公司发展的需要。许多时候，这种调整是“残酷”的，许多当初创立公司的功臣会被“无情”地淘汰出公司，而且也必须这样。当然，具体到不同的公司，对此的处理也各不相同，有些公司处理得好，能够让他们很好地发挥余热；有些公司处理得不好，则会造成对公司的伤害。因此，刚开始时就设计一个较科学合理的组织结构是非常有必要和有意义的。

(2) 实际工作中，关于团队管理有许多原则可用借鉴和参考，如文化凝聚人、制度约束人、利益拴住人、成就鼓励人的“团队管理20字原则”等。

(3) 完成所有学生工作页内容任务后，交给老师。

【小结】

在建立物流企业项目中，通过三个具体的任务：为新物流公司取名、准备新物流公司注册登记资料、建立团队并且设计新物流公司的组织结构等，了解物流企业建立的基本流程；了解和体会企业团队建设过程；了解几个典型的物流企业组织结构的模式，掌握物流企业组织结构的设计；但是要注意，普遍适用所有企业的组织结构模式是不存在的，企业必须保持环境、组织、战略的动态适应，才能持续发展。同时，关注环境的变化对理解企业的组织尤为重要，物流企业组织的生产与兴旺不是通过单纯的内部调整就能实现的。管理环境与组织绩效有着同等重要的作用。

思考与练习

（1）思考图 1-3-8 所示物流公司的组织结构设置属于哪种形式？

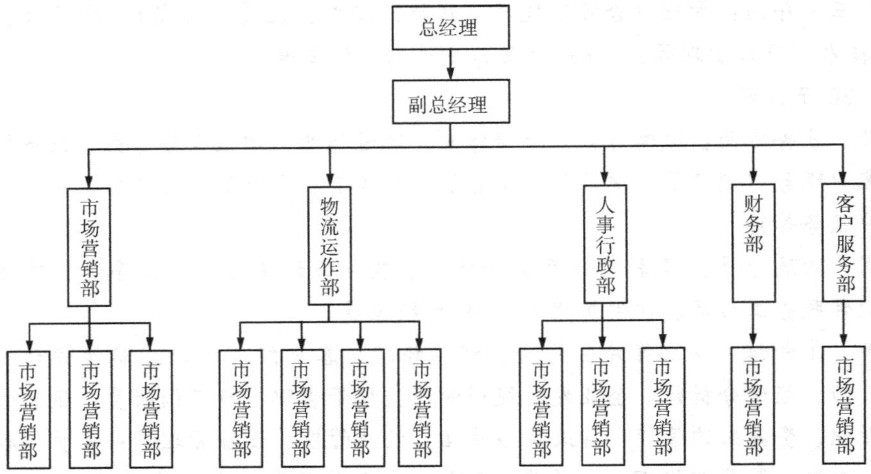

图 1-3-8　某公司组织结构图

（2）联合设备公司（United Fixtures）生产管道装置和设备，其销售额约为 8000 万美元。这家公司最近设立了一个分拨部门来解决物流问题。新上任的分拨部经理对销售和市场副总裁负责，其部门目标是确定客户服务标准，并协调该服务标准与配送计划、生产计划之间的关系。

以前，销售部门为了取悦大客户的要求直接将企业生产的产品从工厂运出，但生产管理人员却常常跟不上进度。新部门成立后，很快就发现了企业的这一瓶颈约束，并着手建立一套系统以更好地协调订单录入、生产计划、基层仓储和运输之间的关系，满足客户的需求。与此同时，为了迎合客户的口味，销售人员又制定出了新方案，从而打乱了原生产计划，采购人员则不停地抱怨新的生产计划对原材料需求的波动太大，情况进一步复杂化。

尽管新部门的成立给运输成本和准时送货带来了积极的影响，但是仍有不少问题存在。例如，公司里大多数与物料流动有关或参与物料流动系统的职能部门认为分拨部门只对改善产成品的分拨系统有兴趣。而分拨经理也因无权控制成品库存心存不满。企业的生产副总裁“负责企业库存管理”，而且并不打算放弃产成品库存的控制权。

面对上述问题，在物流组织设计上你能给该公司什么样的建议？

案例拓展

微型工具公司的一种产品（现场维修个人计算机硬件所使用的工具包）主要通过三种渠道进行销售：①零售店；②客户邮购；③批发商。该厂从供应商那里购买零配件，然后运到工厂进行组装，再把成品运到分拨中心，由分拨中心负责销售订单的履行。有人建议建立适时管理系统（JIT）以提高实物供应渠道和生产中的运作效率。

人们利用计算机模拟整个物流和生产过程，结果表明，使用JIT系统可以大大改善现有作业水平。即毛利可提高106%，库存周转率可从7.2%提高到7.8%，渠道的提前期可从以前的24.2天减少为13.7天。

但是这种看法并不全面。若以一体化的观点统一规划实物分拨和实物供应的整个过程，还有可能有进一步的收获，毛利率可以再提高6%，库存周转率可从7.8%增大到16.3%，提前期可从13.7天缩短到8.9天。

正是一体化管理为企业带来的这些利益，促使企业在组织结构设置中兼顾实物供应和实物分拨活动。

项目 2　物流企业业务管理

教学目标

(1) 掌握物流公司年度经营计划的制订；
(2) 掌握重心法节点选择技术；
(3) 掌握不同运输方式的选择技巧；
(4) 掌握车辆配装和调度的方法；
(5) 掌握配送车辆路线优化技术。

项目背景

经过几个月的忙碌，雷迅物流有限责任公司的建立工作基本结束。2014 年 6 月 22 日，雷迅物流有限责任公司正式挂牌，公司总部设在叙府。

“杜……总，呵呵，平时都直呼其名，现在要改过来，还真有点不习惯!”高虎轻笑道。

“这是我设计的公司组织架构和职位/岗位设置情况，你看看。”

“公司刚刚成立，业务发展处于起步阶段，业务范围和规模相对较小，因此公司的组织结构设计为‘一室三部’，即行政办公室、财务部、运营部、项目部。具体的职位和岗位你可以看这张表。”(表 2-0)

表 2-0　雷迅物流有限责任公司职位/岗位情况表

职位/岗	数量	职位/岗位说明
总经理	1	总揽全局，制定公司发展战略
副总经理	2	协助总经理管理公司各项工作
行政办公室主任	1	负责公司日常接待、信息收集、人力资源管理、安排会议等管理工作
行政秘书	1	承担完成办公室主任安排的工作
财务部经理	1	负责公司资金、利润、成本管理、投资管理和资产运作等
会计	1	负责物流成本核算
运营部经理	1	负责公司物流运营管理
运营调度主任	1	负责公司物流运营调度
运营主管	2	承担具体运营管理工作和运营部经理安排的工作
项目部经理	1	负责公司物流项目开发与管理
项目主管	3	承担具体项目管理和项目部经理安排的工作

“我看看。”林霞也凑了过来。

“我设置了一个总经理职位、两个副总经理职位、一个行政办公室主任职位、一个财务部经理职位、一个运营部经理职位和一个项目部经理职位，以及一些岗位。”高虎说道。

“随着公司业务的发展，我们将适时调整优化公司的组织构架。”

就在公司正式挂牌的前3天，杜川、高虎和林霞就专门讨论了公司的组织机构设计问题，并对三人进行了分工。杜川出任公司总经理，总揽全局，负责公司发展战略。林霞出任副总经理，协助杜川管理公司各项工作，分管公司运营以及财务工作，由于没有招聘到合适的运营部经理，还同时兼任运营部经理。高虎出任副总经理，分管公司行政办公室和项目部，同时还负责公司物流网络建设、设施设备投资采购与管理、发展公司业务等。

除了他们三个创始人外，公司聘请到了三位部门负责人。

张丹丹，担任公司财务部经理，负责编制公司年度财务预算；执行、监督、检查、总结经营计划和预算的执行情况，并提出调整意见；编写公司经营管理状况的财务分析报告等。张经理原就职于叙府一个物流公司财务部，精通物流成本分析。

姚静，担任行政办公室主任，主要负责公司日常事务和人力资源的管理，做好上下联络沟通工作；根据领导意图和公司发展战略，负责起草年度工作计划、年度工作总结和其他重要文稿，牵头组织并协助总经理制定公司发展战略与规划。

蒋智，项目部经理，针对每个物流项目合理规划运输网络，选择运输方式，设计运输线路，制定具体的物流方案；根据物流运营实际情况，调整运营调度计划等。

任务2.1 制定年度经营计划

2.1.1 任务描述

咚咚咚，几声敲门声，将杜川总经理从对未来的遐想中拉回到现实。

“请进。”

行政办公室主任姚静手里拿着一个文件夹走进办公室。

“杜总，有些事情要向您汇报并商量一下。”

杜川微笑着说：“什么事？请坐下慢慢说。”他示意姚静坐下。

“杜总，我们公司刚刚成立，新进了大批员工，他们来自不同的企业，各自做事的行为方式也不尽相同，因此，行政办公室计划对员工进行一系列的培训，让他们了解公司的规章制度，适应新环境，提高公司归属感，加入到公司经营中来。”

“嗯！你们做得非常好，不过要注意在培训中将公司文化考虑进去。虽然公司刚刚成立，文化的形成和积累才刚刚开始，但行政办公室一定要有企业文化意识，随着公司今后发展，要特别注意提炼公司文化，并将其纳入公司的员工培训教育中。”

“是！我们已经制订了相关计划。这是我们根据运营部经理的要求，针对如何制订公司经营年度计划对运营部员工进行培训的大纲，请您审阅。”姚静将培训资料递给杜川。

杜川逐一翻看着姚静放在面前的资料。

“这份培训大纲涉及的内容比较全面，但还要加入一方面的内容。物流经营计划制定出来后，要形成报告提供给上级领导阅览。那么，报告的风格就应该尽量符合读者的口味，投其所好。有些人喜欢报告内容详细具体，篇幅越多越好，而有些人则喜欢报告形式简明，越简单越好，能用图表说明的绝不用文字叙述。因此，针对不同的人，公司年度经营计划要有特色，这些在撰写经营计划书的时候要特别注意。此外，经营计划还要在公开场合展示，需要制作幻灯片。这些也需要进行培训。”杜川说道。

“嗯，其实我们是有这方面的考虑的，您看这就是我们收集整理的关于制订公司年度经营计划的技巧和如何制作好 PPT 的资料。”姚静赶紧补充。

……

根据知识拓展中的物流公司年度经营计划书内容和制订计划的技巧以及 PPT 制作要求，结合公司项目部对明年叙府物流市场现状的调研情况（表 2-1-1），以及公司现有车辆情况：新卡车 10 辆，最大速度 88 千米/时，运载能力 25 吨/车，年运行成本 1196.8 元/车，保养周期 150 天，为公司创立的第一个年度制定一个年度经营计划。

表 2-1-1 明年叙府物流市场现状的调研情况

类型	市场需求预测/吨	各类产品预测毛利率比例/%	最高运输价格/（元/吨）
酒类	5908	31.08	270
机械类	21382	3.41	210
医药化工类	17933	3.47	360
其他	144	66.73	200
合计	45367		

2.1.2 知识拓展

1. 相关概念

年度经营计划是企业根据既定的战略目标和变化的市场，在给定的资源条件下制定的年度经营方案。它是企业各级管理者日常运作与决策的指导和目标，也是股东或上层主管对企业监控和评价的依据。

年度经营计划的特点是时间跨度为 1 年；它要解决的主要问题有三个：一是确定年度目标，二是规划年度经营活动，三是确定经营对策。简单地说，公司年度经营计划就是对下年度的经营进行决策。

2. 相关方法

物流公司年度经营计划书的内容如下。

1）上年度公司经营情况和预估

注：①由于进行下年度计划时，上一年度尚未结束，该项内容可以填报已完成的数据和预计可能完成的数据。②新成立的公司此部分不写。

（1）经营现状分析（截至报告月份的上月底数据）。

①利润指标和合同额指标的完成情况；

②已签订的合同额和实际收款情况、未签订合同的项目情况；

③库存和应收账款的控制情况；

④人员和费用的控制情况；

⑤客户人脉关系状况；

⑥团队的管理情况；

⑦对目前业务发展的思考。

（2）全年业绩预估。

注：预测到年底，公司的经营情况，包括合同额、已执行合同的利润及收款情况、公司的利润情况、与年度任务相比的达成情况等。

2）下年度公司经营目标

（1）核心目标。

（2）目标细分。

3）下年度公司经营计划或策略

（1）公司经营及其趋势预测。

注：重点是对公司所在地区下一年度与公司主营业务相关行业（产业）的市场需求（如明年各项目的情况）、技术动态、竞争状况、人脉关系等外部因素进行分析。

（2）下年度公司经营计划的制订。

注：部分内容由总经理结合公司的情况提出，最终经董事会批准后形成年度计划。

①业务指标计划。

净利润指标；

合同额指标；

收款额指标；

应收账款和库存指标；

费用指标；

公司市场价值。

②产品与技术发展计划。

注：①有自主产品的公司（分公司），要重点阐述计划年度服务产品的发展计划、研发投入预算、服务产品投入市场后的前景预测。②没有自主产品的公司（分公司），要重点阐述计划年度服务产品的选择、选择的理由、计划销售额等。

③业务发展计划。

公司的目标市场；

公司的公路运输物流服务；

公司的铁路运输物流服务；

公司的水路运输物流服务；

公司的航空运输物流服务。

④节点通道网络建设计划。

节点选择（选址）与布局；

通道建设与网络规划设计。

⑤市场发展计划。

品牌发展计划；

形象发展计划；

广告促销计划。

⑥人力资源计划。

年度工作重点；

部门设置与人员配置；

职位管理体系；

教育培训与员工发展体系；

绩效考核体系；

沟通体系（重点是健全各种沟通渠道，加强部门间的沟通，宣传企业文化）；

年度人力资源费用预算。

⑦财务及资金计划。

物流设施投资与设备购置费；

物流设施设备运行使用费用；

固定资产维护费；

利息支出；

其他支出。

⑧内部管理计划。

决策管理；

例会沟通；

过程监控；

责任承担。

⑨经营风险及其对策。

经营风险；

管理风险；

市场风险；

品牌风险。

4）实现目标的保障措施

人力资源保障；

资金保障；

设备保障；

…………

5）制订公司年度经营计划的技巧

在制订公司年度经营计划过程中，有一些技巧和方法值得借鉴和遵循。如果运用得当，可以起到锦上添花的效果。

（1）年度经营计划是在年度经营工作分析和总结基础上而撰写的经营策略和思路，仍然是一个纲领，并不需要非常具体。而每一个具体的细节和思路都需要另外拟订非常详尽的运营调度计划和可执行的方案。因此，具体详细的运营调度计划是要分解到季度或月度来制订和执行的，只有这样才具有现实意义和针对性，与当时公司所处的时间、环境和竞争对手匹配，从而形成更大的“杀伤力”。

（2）目标的设定需要层级加码。服务性公司的经验表明，一般公司对销售人员的指标设定从上级到下一级都会有一定比例的加码提高。这种做法能够保证企业整体目标的完成率乃至超额率。至于加码的比率，因人和企业而异，一般为30%～50%。

（3）要领会公司的整体战略，将公司战略融入年度经营计划中。一般情况下，公司高层管理者在制订年度经营计划时，能够领悟企业的总体发展战略和该战略的进展节奏，而中层管理者和普通员工就会弱一些。如果不进行充分的沟通，每个人盲人摸象般地各干各的，也许费了九牛二虎之力制订出来的计划会“偏离跑道”。因此，在制订年度经营计划之前，应该有一个动员会或者沟通会，把企业的战略和战术思想进行充分沟通，并回答一些疑问，这样制订出来的计划才是“有效”的。

（4）要有一个漂亮的形式，装帧要美观。在年度经营计划的制订过程中，要擅长运用数据、表格和图形，尽可能少用描述性的语言，同时版面设置要合理、条理要明晰，尽可能分段分行分步骤，这样会显得报告节奏感强、逻辑性强。

6）制作PPT的一般要求

（1）模板。公司的PPT应该设置统一模板。

（2）颜色。颜色的搭配要协调，一般不超过四种颜色，除非有更好的颜色搭配，否则不要自造颜色。

（3）字体。线条一般不小于1.5磅，字号一般不小于20磅；文字不要过多，尽可能使用粗笔画字体；有英文时不要全部用大写；凡能用图形和表格的内容就不要用文字。

（4）标题。所有标题风格要一致；标题字号在幻灯片中应是最大的。

（5）单张幻灯片的布局。每张幻灯片的内容不要太多，一般不超过4项；适当留出空白，不要将整张幻灯片都塞满。

（6）整体布局。整个幻灯片的风格和格式要保持一致；应该要有独立的开始页和结束页。

（7）逻辑。有逻辑的PPT才有说服力，因此PPT要有清晰、简明的逻辑。一般最好用“并列”或者“递进”两类逻辑关系；通过标号来表明不同层次的标题，但最好不要超过三层纵深；每个章节之间可插入一张标题幻灯片。

（8）演示。PPT在演示的时候按顺序播放，切勿来回翻播，东找西找。

3. 相关案例

公司年度经营计划书

一、2012年的经营方针

在认真审视公司经营的优势和劣势、强项和弱项（SWOT）的基础上，公司发展战略中心对当前行业的竞争形势和趋势作出基本研判，将 2012 年的经营方针确定为：灵活策略赢市场，扩大规模增实力，加强管理保利润。

经营方针是公司阶段性经营的指导思想；各部门、各商场专卖店和各部门管理的各项经营、管理活动，包括政策制定、制度设计、日常管理，都必须始终不渝地围绕经营方针展开、贯彻和执行。

二、2012 年的经营目标

（一）核心经营目标

2012 年，公司的核心经营目标是：

年度销售实现营业额 105 万元，冲刺目标 125 万元，增长率 19%，保底销售收入 100 万元，年度税后利润 18 万元，增长率 15%，税后利润率 12%，资产回报率 8%，保底利润 12 万元。

在核心经营目标中，利润是能够反映公司经营质量的唯一指标，也是评价和考核经营团队的“核心之核”。

（二）销售目标细分（表 2-1-2）

表 2-1-2 销售目标细分表 （单位：万元）

分类	项目	年度目标	第一季度/%	第二季度/%	第三季度/%	第四季度/%
			20	25	35	30
			20	25	35	30
			20	25	35	30
			20	25	35	30
			20	25	35	30
			20	25	35	30
			20	25	35	30
			20	25	35	30
			20	25	35	30
			20	25	35	30

全年完成业绩：2 亿元（目标 2.5 亿元）

月度平均业绩：第一季度：　　万元，第二季度：　　万元，第三季度：　　万元，第四季度：　　万元

上述销售目标的分解，按《2012 年度销售目标分解表》执行（附件）。

三、主要经营策略

（一）市场策略

要实现销售收入的大幅度增长，扩大市场覆盖面、扩大实质客户群，进而大幅提升订单量，是必然选择。因此，公司将 2012 年确定为“市场拓展年”，投入资金开拓市场和专卖店，发展客户争取订单，对此应将采取措施如下。

1. 全公司必须以市场为导向，以营销为龙头开展经营和管理活动。公司制订相关政策，鼓励公司管理人员参与营销工作。

2. 国内和国外销售部必须整合各项资源，在2012年上半年，采取一切措施，集中精力做好海外客户和国内经销商的开发、签约工作。

3. 海外市场的主攻方向是美国和欧盟，并以“发展中东客户，继续开拓大洋洲及欧洲市场”为目标市场策略。

4. 国内市场应以“强势推进、快速占领”的策略，集中力量发展渠道经销商（计划30家，力争50家），应以“稳步发展、适度调整”的策略发展直营市场。

（二）产品策略

市场策略需要产品策略和价格策略的强力支撑和支持。

2012年公司的整体产品策略是“亲民路线”，即在确保品质的基础上，在设计开发、选材和价格上，始终围绕客户需求，以客户需求为出发点和归属点，以适销对路为原则，降低单张座椅产品的利润，提升总体销量，实现利润总量最大化。为此，应采取下列措施。

1. 国际销售应调整主打产品，从专业鸿基座椅产品向现代产品过渡，以做现代礼堂、影院和公共场所座椅为主。

2. 国内市场的产品策略按产品系列推进：

(1) 针对现代礼堂、影院和公共场所座椅产品，应“加强开发、推陈出新、完善细节”，为满足二、三级市场，适度扩充HJ排椅系列；

(2) 针对课桌椅、等候椅产品，推行“整合资源、全新导入、量力扩展、同步推进”的策略，以行业中等价位推广产品。

3. 生产部应根据上述策略和业务实际需求，制订产品的开发、采购和品质保证的相应计划，采取必要的行政措施，确保产品开发结构和生产结构的调整到位。

（三）品牌与招商策略

品牌是产品营销的催化剂和拉动力。

经过近18年的经营，“鸿基座椅”已经成为行业的优势品牌，具有较强的号召力；在市场上和消费群中具有良好的美誉度。因此，2012年，公司必须集合品牌资源，区分目标客户群，综合运用网络、专卖店、直销、展会等通路，集中力量向海外市场和中国区市场推广“鸿基座椅”品牌。为此，相应措施如下。

1. 国际销售部应以“鸿基座椅”为主打品牌，以展会、网络等通路为手段，以海外采购商和经销商为目标大力开展招商活动。

2. 国内销售部应在中国区市场主推“鸿基座椅”品牌，采用以商招商、广告招商、专员招商、展会招商等手段，面向家具业、影院业、体育场馆、会堂、礼堂和意向投资者五类潜在客户展开强力招商活动。

四、实现目标的保障措施

（一）生产资源保障

1. 公司新增投资100万元，增加生产设备，扩大生产场地或（参股、收购、外发），确保产品生产年度销售实现营业额1.1亿元，冲刺目标1.21亿元和各项营销策略的实现。

2. 生产部作为二线部门，理应成为国际销售部和国内销售部的坚强后盾，必须始终围绕客户要求而不是生产要求运转，必须按照一线部门的产品策略规划和实际订单需求，组织设计开发、物料采购、产品生产和品质控制等各项生产管理活动。

3. 按时交付合格产品，始终是生产管理的核心任务。生产部应订立适宜的品质目标，采取适宜的控制措施，以适宜的品质成本，为经营一线准时提供合格产品。

4. 生产成本特别是材料成本的控制，将是考验生产部各级主管的关键所在，必须列入各部门主管的首要议事日程，必须以非常手段克服和消化各类涨价因素，以降低材料采购成本为突破口，以提升生产速度、提升单位时间产量、采用计件计酬方式为基本点，带动人工成本、能耗成本等在内的各项产品成本的降低，使主营业务的座椅材料成本控制在45%以内。

（二）人力资源保障

“服务、支持、指导”是人力资源管理永恒的宗旨，保障一、二线部门的后勤供给，构建体系、理顺管理，指导核心部门改善人力资源管理，是人力资源部2012年的三大任务。为此，必须从以下四个方面做好人力资源管理工作。

1. 加快人才引进：以《2012年人力配置标准计划》为基础，加快新增人员中的关键职位的引进和流失人力的补充，确保一、二线用人需求；建立人员淘汰和人才储备机制和计划，在2012年5月31日前将应淘汰人员全部淘汰完毕，将储备人才全部引进到位。

2. 加强教育训练：建立培训体系，以素质培训为核心，对公司员工和加盟商进行系统的培训，提升员工和合作伙伴的职业和经营素质。

3. 建立合理的分配体系：建立起对外具有竞争性、对内具有公平性、对员工具有激励性的、包括员工薪资、福利、红利在内的分配体系；并在施行中不断地加以检讨和完善。

4. 建立合理的绩效管理体系：按照“有计划、分步骤、可量化、可持续”的原则，由常务副总经理牵头，以目标管理为基础，建立起工作绩效管理体系，按照分级管理、分层考核的原则，2012年2月1日起，总经理对公司经营团队实施考核；最迟于2012年4月1日起，各部门对中层干部（部门）和基层干部（作业组）施行考核；绩效管理必须与分配体系联动推行，以确保目标管理切实落实。

（三）综合管理保障

市场竞争特别是出口贸易竞争的加剧，必然在技术壁垒上体现，客户必将更加关注体系认证等技术性措施；公司将2012年定义成为未来3～5年的经营发展奠定基础的“管理基础年”，高效顺畅的管理是公司核心竞争力的一个核心。

1. 由常务副总经理主导，集合内外资源，自2012年3月1日起，公司推展“建构管理体系，增强公司体制”活动，用6个月时间，建立起包括营销管理、生产管理、技术管理、品质管理、经济管理等在内的顺畅的、高效的管理体系。

管理体系的建构，必须以“理顺脉络、提升效率”为目标，注重先进性与实战性、阶段性与前瞻性的有机结合，为必要时的体系认证打好基础。

2. 按照分权管理的原则，由经营团队成员负责，大力推进管理团队建设、骨干队伍建设、经营目标落实检讨等工作。

（四）财务资源保障

2012年，公司将为一线部门提供优势财务资源，在广告、人力、费用、收益分配等各项投入上向一线倾斜。与此同时，财务部必须从下列四个方面加大监测和监控力度。

1. 逐步下放费用审批：在2011年已经下放部分权限的基础上，财务部按“编制责任人”的思路，将各类费用的初审权下放给各业务部门副总（经理），以便形成权责对等机制；财务部在费用流向的合理性等方面加强监测。

2. 主导成本降低活动：在设定成本降低目标的基础上，财务人员必须更多地“走出去”，直接参与市场调研，或组织各类专项活动，协助、指导相关部门降低成本。

3. 整合多个专卖店资源：由财务部主导，对乐从专卖店、博览专卖店、郑州专卖店、苏州专卖店等资源的工商、银行、税务、海关资源进行整合，为一线部门提供便捷的财务交流和结算通道。

4. 健全财务监测体系：财务部必须积极参与“建构管理体系，增强管理体制”活动，理顺、健全财务监测体系，重点关注物流活动背后的财务信息流。

（五）组织管理保障

1. 由董事长（总经理）负责，与经营团队签订《目标经营责任书》，明确各责任部门的目标、责任和相应的权利。

2. 由各责任部门副总（经理）负责，2012年2月15日前，对各项目标进行层层分解，并与各级主管鉴定《目标管理责任书》，逐级明确目标、责任、奖惩等。各级主管的《目标管理责任书》统一汇集于人力资源部，实施归口管理。

3. 由财务经理负责，2012年2月15日前，出台《财务预算和成本责任控制办法》，明确各类责任人的成本控制项目、目标、责任和奖惩事项，并每月组织检讨和通报等工作。

4. 由常务副总经理负责，2012年2月15日前，以董事长（总经理）为授权方，与各责任部门副总（经理）签订《安全生产责任书》，明确年度安全生产特别是工伤预防的目标和责任等，确保年度重大事故控制为零。

5. 由营销副总经理负责，组织每月/季“经营目标达成检讨会”，总结成果，检讨差距，研拟对策，跟进结果。

五、总体要求

公司高层清醒地认识到：2012年的经营目标，是在全面权衡和全面分析的基础上制定的，是一个充满机遇和机会的计划，也是一个具有挑战和风险的计划；要将这一理想变为现实，需要全体员工的共同努力。

（一）更新观念，创新管理

公司认为，要达成2012年的经营目标，首先要更新观念，各级主管和全体员工必须彻底摈弃“因循守旧、得过且过、小步前进、作坊经营”的思想观念，以宏观的立场，树立“产业洗牌、不进则退”的危机意识和“发展公司，分享成果”的捆绑意识，在生产管理的流水作业、产品开发的结构系列、采购管理的成本降低、订单评审的菜单管理、后勤保障的服务品质、财务监测的深入一线等各方面，创新经营思维、创新管理模式，为公司经营从作坊工厂向现代企业的彻底转型奠定良好的基础。

（二）切实负责，重在行动

行动，是一切计划得以实现的首要条件；执行，是一切目标得以达成的关键。没有行动和执行，一切都是空谈。

公司要求，各级干部和全体员工以“负责任”的态度做好各项工作，特别是经营团队和中层干部，必须以“责任”主管的立场开展各项工作，不得仍有“功在我责在他”的遇事推诿的恶习和恶行。

公司强调：干部和员工的价值在于行动和执行，公司将以行动力和执行力考察所有干部，对于那些纸上谈兵、不尚作为的干部和员工，将列入员工淘汰计划的首选，首先予以淘汰。

（三）业绩优先，奖惩落实

追求利润最大化，永远是企业经营的灵魂；任何企业的首要社会责任，都是赢得市场，扩大经营，收获利润。

利润是2012年公司经营指标的“核心之核”，销售是实现利润的载体性指标。在这一思想指导下，“业绩定酬，指标量化，逐级捆绑，分层考核”是公司的基本政策取向，也就是说，经营团队以利润为核心指标与公司实施紧密捆绑，中/基层干部和员工以工作业绩指标与上级主管实施紧密捆绑，采用自上而下逐级考核的办法，充分调动全体员工的工作积极性。同时，对于不能胜任本职的干部（包括团队成员）和员工，采取主动让贤、组织调整、公司劝退、末位淘汰等措施，增强造血功能，提升管理体制。

总之，公司希望并要求：所有鸿基从业人员，必须以全新的观念、全新的面貌、全新的行动，投身“打造高效鸿基，实现业绩翻番”的伟大征程中，为公司的跳跃发展作出更大的贡献！

下列文件是本计划书的相关文件或附件。

人力资源
- 组织结构
- 岗位职责
- 人力配置

2012年计划
- 2012年财务预算计划：财务部
- 2012年度人工成本预算计划：财务部
- 年度税后利润分配计划：人力资源部
- 2012年目标经营责任书（经营团队）：营销中心
- 2012年度销售目标分解表：销售部
- 2012年度绩效考核管理办法：销售部、人力资源部

2.1.3 任务实施说明

完成制订公司年度经营计划，向老师提交《雷迅物流公司 2015 年度经营计划》书面、电子文档、PPT 演示文档各一份。

任务 2.2 新增物流节点选择

2.2.1 任务描述

时间匆匆而过，转眼之间，公司成立已经快一年了。在这一年里，公司发展很迅速，业务从酒类运输，开始向其他各行各业拓展，不仅已经在叙府站稳了脚跟，而且开始向周边地区辐射，目前主要的客户分布在叙府周边的五个城市，分别标记为 P_1、P_2、P_3、P_4、P_5，相关情况如表 2-2-1 所示。根据发展的需要，现在新增建设一个针对这 5 个城市客户的中转仓库，产品通过该仓库间接向五个城市供货……今天杜川找来了项目部经理蒋智。

表 2-2-1 公司主要客户情况表

客户点 P_i	运输总量 v	运输费率 r	坐标 x	坐标 y
P_1	2000	0.05	3	8
P_2	3000	0.05	8	2
P_3	2500	0.075	2	5
P_4	1000	0.075	6	10
P_5	1500	0.075	8	8

“公司业务几个月来，发展势头很好，但是这几个区域的客户要求我们的运输时效也越来越高了，你看我们应该怎么解决这个问题?”杜川一如既往地开门见山，指着桌上的物流地图直指问题地说道。

“嗯，确实如此，客户数量增多了，要保证时效性，如果仍然从我们公司现在的仓库出发，这点比较难，我看我们已经有必要重新规划新建一个中转仓库了!”蒋智沉思了一下说道。

“我也觉得有必要，那你就先做一个选址方案出来，我再让公司几个主管讨论一下!”杜川随即说道。

“好的!”蒋智回答。

…………

根据以上信息，请帮助项目部经理蒋智，使用重心法求出仓库的最优选址。(注：根据公司迭代停止标准，前后两次迭代的结果距离差小于 0.3 时即可停止迭代)

2.2.2 知识拓展

1. 相关概念

物流节点选址，是指在一个具有若干供应点和若干需求点的经济区域内，选定一个地址设置物流节点的规划过程。其问题复杂多样，其涉及面非常广。

物流节点的选址，对实际的运营成本与效率有显著影响，也决定了以后规模的扩充与发展。因此必须谨慎地研究和考虑相关因素，按步骤认真进行决策，选定物流节点的选址方案。

运输表法是一种迭代方法，又称运输模型，是用来在 M 个“供应源”和 N 个“目的地”之间决定一个任务分配方法，使得运输成本最小。这是一种可用来进行实施网络选址的优化方法，这种方法实际上是线性规则法的一种特殊形势，其中“供应源”指的是制造产品的企业，而“目的地”则为物流节点。

图上作业法是在运输图上求解线性规划运输模型的方法。交通运输以及类似的线性规划问题，都可以首先画出流向图，然后根据有关规则进行必要调整，直至求出最小运输费用或最大运输效率的解。这种求解方法，就是图上作业法。图上作业法的内外圈流向箭头，要求达到重叠且各自之和都小于或等于全圈总程度的一半，这时的流向图就是最佳调运方案。

2. 相关方法

1）物流节点选址的依据

一般来说，在选择过程中如果已经有预定地点或区位方案，应于系统规划前先行提出，使之成为规划过程的限定因素；如果没有预定的地点，则可先制订系统规划方案，再根据方案选择合乎条件的地址，若实际土地及区块面积受限，则再重新修正系统规划方案。

2）地点选择的限制条件

在选择物流节点地址时，必须考虑物流节点的计划规模，其限制条件如表 2-2-2 所示。

表 2-2-2 物流节点地址选择的限制条件

限制条件	具体内容
土地	面积与使用限制条件
储存物品的性质	危险品、环境污染物质管制规定；防温、防湿、气密性的作业成本
竞争条件，即影响服务水准、营运成本的条件	与供应商及顾客的距离；交通便利性：包括物流中心与交通网的距离、附近交通是否顺畅、周围道路的宽度等；土地成本：各地地价不同，影响土地租金或税款金额，因而会影响营运成本
基础条件	劳动力是否充足？招聘是否容易？上班条件如何？基础建设如水电、道路、电信设施、排水系统是否完备？电脑系统的软硬件资源是否充足？

续表

限制条件	具体内容
自然条件	考虑设置物流中心的气候、温湿度、风向、地震、地质等
行政条件	包括当地政府的行政效率、产业政策与奖励优惠措施等

3）选址的原则

(1) 动态性原则。对环境条件和影响因素要从动态出发，在详细分析现状及合理预测未来变化的基础上对物流中心选址做出决策。

(2) 竞争性原则。物流行业是服务性的行业，用户的选择必将引起物流服务的竞争。不能只考虑成本最低、线路最短、速度最快等因素，还要考虑今后有可能面对的竞争。

(3) 统筹性原则。物流中心的布局与生产力布局、消费布局密切相关，在规划物流中心时，必须统筹兼顾，微观、宏观综合考虑。

(4) 战略性原则。选址规划不可短视，要有前瞻性，制订长远持续的发展规划。

4）物流节点选址的步骤

(1) 收集整理资料，确定物流节点的类型和规模大小。收集交通枢纽、道路网、货运量统计等有关交通运输条件的信息；确定顾客需求服务范围和功能，依据物流节点设计的业务量及成本确定物流节点的经济功能和服务范围及其规模大小。从类型上看，对于加工型物流节点，应使其尽量靠近进口港或者上游生产厂；如即时流通型物流节点，则应离零售地点近一些。一般应以进货与出货产品类型特征及交通运输的复杂度，来选择接近上游点或下游点的选址策略。物流节点的规模过大，就会导致投资回收，效益差，且会导致运输工具过多，带来交通堵塞隐患，使物流服务质量降低。规模过小又不能满足社会经济发展对物流需求的需要，造成资源的浪费。在确定规模时，应从运输网络的通行能力出发，从线路通行密度、运输工具载运能力等多角度进行衡量，确定物流节点规模和占地面积的上下限。

(2) 分析选址内的水文地质、国土、辅助设施等外部条件的有关资料，对拟建物流节点的物流服务区域进行划分。为了减少数据调查的难度、降低用模型计算的复杂度以及减少物流服务中因运输成本的重复计算产生的误差，需对拟建物流节点的服务区域进行划分，将相邻的多个用户合并为一个大的用户来考虑，建立效益和成本模型，预测货运量和分析服务区域在各辐射方向上的货运量和发展趋势。

(3) 物流节点的布局和选址确定。参考有关规划并根据物流节点布局和选址原则，通过比较，找出服务区域内满足要求并以获得最大综合经济效益（最小综合费用）为目标，建立布局和选址模型，进行定量分析，通过理论计算，在满足基本要求的所有备选地址中确定中心的最佳个数和地址。

5）运输表法

运输表法的基本模型中的“供应源”是工厂（已有工厂或准备新建的工厂），“目的地”是物流节点。对于这样一个运输问题，无论用手工计算还是用计算机求解，首先都需要建立一个如表2-2-3所示的矩阵，或称为表格。表中的行和列分别代表工厂和节点（最后一行和最后一列除外），矩阵中的每一个单元中应填入从该单元所在行的工厂向该单元所在列的节点运输的量，其中单位运输成本表示在该单元的右上角。运输成本假定与运输量成正比。有时候不希望或不可能有从某一供应源至某一目的地的运输，在这种情况下，可使该单元的单位运输成本足够大，如其他单元的100倍，这样在模型求解过程中就自然会排除这种选择。在上述模型中，每一行运输量的和应该等于该行所代表的工厂的生产能力，每一列运输量的和应该等于该列所代表的物流节点的需求，分别表示在矩阵的最后一行和最后一列，该生产能力总量还应该等于需求总量。

表 2-2-3 运输矩阵

工厂	物流节点			生产能力
	P	*Q*	*X*	
A	15	27	48	2200
B	27	12	24	2400
C	45	24	9	1700
需求	2100	2100	2100	6300

对于企业，运输成本有时在选址决策中扮演着非常重要的角色，这是因为原料运输或成品运输中均会产生运输成本。所以，运输表法的运用可以使企业在网络设施选址中得到巨大的效益。

实际运用中，这种方法并不能把涉及设施网络选址问题的所有因素全部顾及，而是在设施位置和设施的生产能力给定的条件下，求得最优运输方式。因此，企业的管理者必须对“位置”和“能力”两个因素变量进行多种组合，在每一种组合下分别使用此方法，从而寻求一个最优的运输方式和最佳位置。此外，用这种方法得到的最优选择只是考虑了运费最优，所以还需要考虑投资成本、生产成本以及其他一些定性因素，才有可能得出最后的结论。

6）因素评分法选址

因素评分法在常用的选址方法中也许是使用得最广泛的一种，因为它以简单易懂的模式将各种不同的因素综合起来。因素评分法的具体步骤如下。

（1）决定一组相关的选址决策因素。

（2）对每一因素赋予一个权重以反映这个因素在所有因素中的重要性。

（3）对所有因素的打分设定一个共同的取值范围。

（4）对每一个备选地址，对所有因素设定范围打分；对各因素就每个备选地址进行评级，可分为五级，用五个字母元音 A、E、I、O、U 表示。各个级别分别对应不同的分数，常见的级别分数为：A=4 分、E=3 分、I=2 分、O=1 分、U=0 分。

（5）用各个因素的得分与相应的权重相乘，并把所有因素的乘积相加，得到每一个备选地址的最终得分。

(6) 选择具有最高总得分的地址为最佳的选址。

运用这种因素评分法应注意：在运用因素评分法计算的过程中，可以感觉到，由于确定权数和等级得分完全靠人的主观判断，只要判断有误差就会影响评分数值，最后会影响决策的科学性。

7）重心法选址模型

重心法是一种选择物流节点位置，从而使节点成本降低的方法。它把物流成本看成运输距离和运输数量的线性函数。此种方法将一坐标重叠在地图上确定各点的位置。总体来说，重心法是一种设置单个物流节点的方法，这种方法主要考虑的因素是现有设施之间的距离和要运输的货物量，经常用于中间仓库或分销仓库的选择。商品运输量是影响商品运输费用的主要因素，仓库尽可能接近运量较大的节点，从而使较大的商品运量走相对较短的路程，就是求出本地区实际商品运量的中心所在的位置。

设有 n 个用户，分布在不同坐标点（x，y）上，现假设物流中心设在坐标点为（x_0，y_0）处，如图 2-2-1 所示。

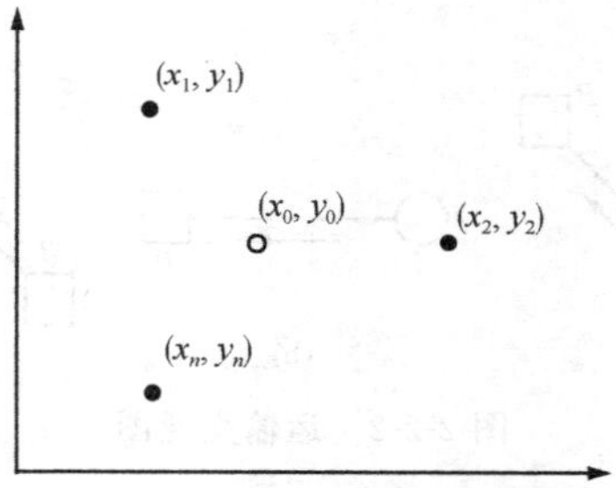

图 2-2-1　重心法选址

$$H=\sum_{i=1}^{n} d_i w_i a_i=\sum a_i w_i\left[(x_0-x_i)^2+(y_0+y_i)^2\right]^{\frac{1}{2}}$$

即使

$$\frac{\mathrm{d}H}{\mathrm{d}x_0}=0,\quad \frac{\mathrm{d}H}{\mathrm{d}y_0}=0$$

成立的（x_0，y_0）即适当的选址地点。

式中，H 为运输总成本；w 为到达节点的运输总量；a 为到已知节点的运输费率；d 为待选节点到已知节点的距离。

d 的求法为

$$d_i=\sqrt{(x_0-x_i)^2+(y_0-y_i)^2}$$

式中，d_i 为物流中心到顾客 i 的直线距离，根据两点间的距离公式求得。

$$x_0=\sum x_i w_i a_i / \sum w_i a_i$$

$$y_0=\sum y_i w_i a_i / \sum w_i a_i$$

式中，x_0 为重心的 x 坐标；y_0 为重心的 y 坐标；x_i 为第 i 地点的 x 坐标；y_i 为第 i 地点

的 y 坐标；w_i 为运到第 i 地点或从第 i 地点运出的货物量；a_i 为运到第 i 地点的运输费率。

最后，将选择求出的重心点坐标值对应的地点作为要布置设施的地点。

8）图上作业法

（1）图上作业法的步骤。

制订一个物流调运方案时，有以下步骤。

第一步，首先编制运输平衡表，在编制时需要做三件事。

①标出需要调出物资的地点(即发点)及发量。

②标出需要调进物资的地点(即发点)及收量。

③求：总发量＝总收量。

第二步，根据平衡表和收点、发点间的相互位置绘制交通图。所谓交通图，就是表明收点和发点间的相互位置以及连接这些点之间的交通线路的简要地图。在交通图上，用圆圈“○”表示发点，将该发点的发量填入圆圈“○”内。用方框“□”表示收点，将该收点的收量填入方框“□”内。两点间的距离，记在交通线路的旁边，如图 2-2-2 所示。

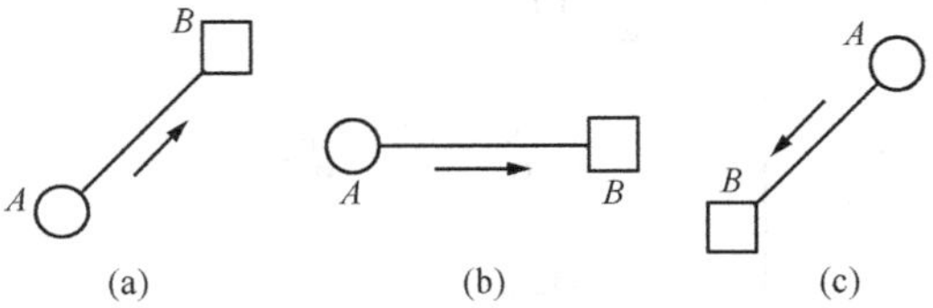

图 2-2-2 运输交通图

第三步，交通图绘制好后，即可在其上面进行物资调运，找出初始调运方案（初始基可行解），作物资调动流向图。

用箭头“→”表示物资调运的方向，称为流向，并规定：流向“→”必须画在沿着线路前进的右侧。把运送物资的数量记在流向“→”的旁边并加括号（），以区别于两点之间的距离数。

（2）图上作业法的注意事项。

在物资运输中，把某种物资从各发点调到各收点的调运方案有很多，但目的是找出吨·千米数最小的调运方案。这就要注意在调运中不要发生对流运输和迂回运输，因此，在制定流向图时，就要避免它们的出现。

①对流：所谓对流就是在一段线路上有同一个物资往返运输(在同一段线路上，两个方向都有流向)，如图 2-2-3 所示。

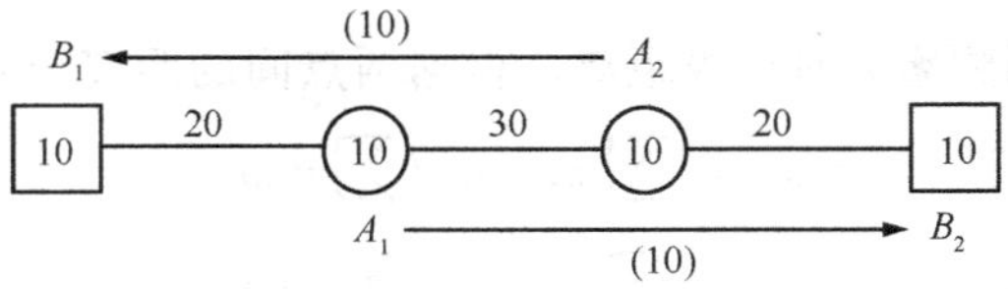

图 2-2-3 对流图

由图2-2-3可以看出，将10吨某种物资从A_1运往B_2，同时又有同样的物资10吨同时从A_2运往B_1，于是在A_1A_2之间就出现了对流现象。如果把流向图改成图2-2-4，即将A_1的10吨运往B_1，而将A_2的10吨运往B_2，就避免了A_1A_2的对流，从而可以节约运输量2×10×30＝600（吨·千米）。

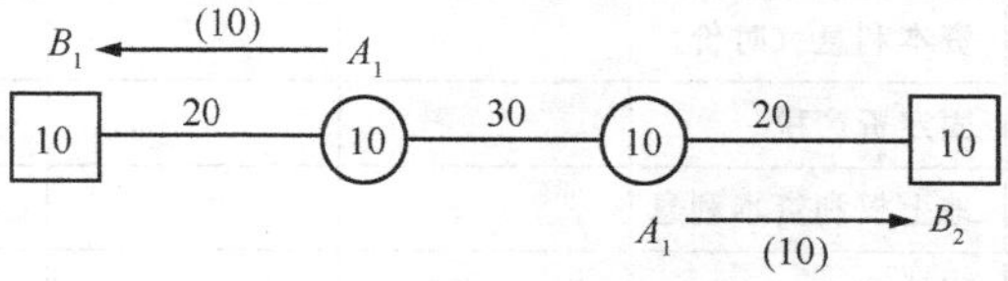

图2-2-4　消除流后的交通图

②迂回：当交通图成圈时，如果流向图中内圈流向的周长（简称内圈长）或外圈流向的周长（简称外圈长）超过整个圈长的一半就称为迂回运输。如某物资交通图如图2-2-5所示。

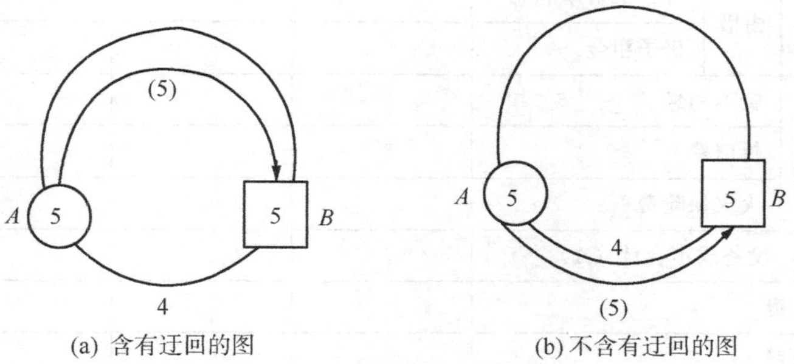

图2-2-5　某物资交通图

由图2-2-5（a）中可以看出，显然它是一个迂回运输交通图，它的内圈长6大于整个圈长的一半5，如果把它改成图2-2-5（b），就避免了迂回现象，可节约运输量5×6－5×4＝10（吨·千米），理论上可以证明，一个物资调动方案中，如果没有对流迂回运输，则该方案就是最优调运方案，即运输量最小的方案。

从以上讨论可以看出，图上作业法的实质就是在一张交通图上寻找没有对流和迂回的最优流向图。

为了贯彻以上原则，则需采用逐步逼近法，即可以先设法作一个流向图，然后再检查它是不是最优的，如果是，问题就解决了；如果不是，就把这个流向图稍微变化一下，这样的变化称为调整。调整后的新流向图所花费的吨·千米数比原流向图的要少一些。然后再检查流向图是不是最优的，如果仍然不是，就再进行调整，直到找到最优流向图。

物资运输的交通图总共分为两类：一类是不成圈的交通图；另一类是成圈的交通图。

9）选址的评估

通常，一般的规划都有备选方案，完成后应该根据原规划的基本方针，以及原规划的基准，如预算、可能完成的期限、效益等评估，并选择最佳方案。最常用的评估法是计算各方案的投资金额以及经济效益，以数字作为选择的基础，如表 2-2-4 所示。

表 2-2-4　方案评估表

费用					原物流中心	第一方案	第二方案	第三方案
配送成本	设备成本	土地	所有	资本利息（低价）				
				资本利息（时价）				
				固定资产税				
			租借	地上权利资本利息				
		建筑	所有	租地费				
				资本利息				
				固定资产费				
				折旧费				
				火灾保险费				
			租借	押金的资本利息				
				房子租金				
		设备	资本利息					
			折旧费					
			火灾保险费					
		设备成本合计（A）						
	营运成本	人工费						
		修缮费						
		水电、煤气、冷暖费						
		商品火灾保险费						
		杂费						
		营运成本合计（B）						
	自家仓库成本合计（$A+B$）$=C$							
委托配送营业中心	仓库费							
	其他费用							
	营业仓库成本合计（D）							
比较（C-D）								
房间容积								
每单位空间的投资额								
累计作业人员								

物流中心的规划千头万绪，各方面的考虑也要很周密，真正进行规划时，应采用团队作业方式，由管理、建筑、机电、信息、物流等各方面的人才组成，互相取长补短。在规划过程中，应按照规划进程进行，以保证质量。

3. 相关案例

考虑在某城市的高速发展区域新开设一医疗诊所，其相关因素权重及专家评分如表 2-2-5所示。

表 2-2-5 某医疗诊所选址的相关因素权重及专家评分

地理位置因素	权重 a	专家评分 b
每个患者行走千米数	0.25	40
设施利用率	0.20	30
紧急出诊平均往返时间	0.20	30
高速交通易达到程度	0.15	40
土地费用与建造成本	0.10	10
员工的偏好程度	0.10	50

请根据以上的资料，求该选址的加权评分。

解 加权评分结果如表 2-2-6 所示。

表 2-2-6 某医疗诊所选址的加权评分

地理位置因素	权重 a	评分 b	加权评分 $a \times b$
每个患者行走千米数	0.25	40	10
设施利用率	0.20	30	6
紧急出诊平均往返时间	0.20	30	6
高速交通易达到程度	0.15	40	6
土地费用与建造成本	0.10	10	1
员工的偏好程度	0.10	50	5
合计	1.00	100	34

2.2.3 实施说明

第一步，忽略距离 d_i，根据中心公式求得待选物流中心的初始坐标 $(\overline{x}_0, \overline{y}_0)$：

$$
\begin{aligned}
\overline{x}_0 &= \frac{\sum_{i=0}^{n} R_i V_i X_i}{\sum_{i=0}^{n} R_i V_i} \\
&= (2000 \times 0.05 \times 3 + 3000 \times 0.05 \times 8 + 2500 \times 0.075 \times 2 + 1000 \times 0.075 \times 6 \\
&\quad + 1500 \times 0.075 \times 8)/(2000 \times 0.05 + 3000 \times 0.05 + 2500 \times 0.075 \\
&\quad + 1000 \times 0.075 + 1500 \times 0.075) \\
&= 5.16
\end{aligned}
$$

$$\overline{y}_0=\frac{\sum_{i=0}^{n}R_iV_iY_i}{\sum_{i=0}^{n}R_iV_i}$$

$$=(2000\times0.05\times8+3000\times0.05\times2+2500\times0.075\times5+1000\times0.075\times10$$
$$+1500\times0.075\times8)/(2000\times0.05+3000\times0.05+2500\times0.075$$
$$+1000\times0.075+1500\times0.075)$$
$$=5.90$$

第二步，根据第一步得到的初始坐标（$\overline{x}_0$，$\overline{y}_0$），计算出这个初始坐标（$\overline{x}_0$，$\overline{y}_0$），到各个客户点（x_i，y_i）的距离 d_i；公式为

$$d_i=\sqrt{(x_i-\overline{x}_0)^2+(y_i-\overline{y}_0)^2}$$

得出距离结果如表 2-2-7 所示。

表 2-2-7 第二步距离结果汇总

d_1	d_2	d_3	d_4	d_5
3.01	4.82	3.29	4.19	3.53

第三步，根据第二步计算出的距离 d_i，进行第一次迭代修正，得到修正后的坐标（$\overline{x}_1$，$\overline{y}_1$）为

$$\overline{x}_1=\frac{\sum_{i=0}^{n}R_iV_iX_i/d_i}{\sum_{i=0}^{n}R_iV/d_i}$$

$$=\left(\frac{2000\times0.05\times3}{3.01}+\frac{3000\times0.05\times8}{4.82}+\frac{2500\times0.075\times2}{3.29}+\frac{1000\times0.075\times6}{4.19}\right.$$
$$\left.+\frac{1500\times0.075\times8}{3.53}\right)\Big/\left(\frac{2000\times0.05}{3.01}+\frac{3000\times0.05}{4.82}\right.$$
$$\left.+\frac{2500\times0.075}{3.29}+\frac{1000\times0.075}{4.19}+\frac{1500\times0.075}{3.53}\right)$$
$$=4.8$$

$$\overline{y}_1=\frac{\sum_{i=0}^{n}R_iV_iX_i/d_i}{\sum_{i=0}^{n}R_iV/d_i}$$

$$=\left(\frac{2000\times0.05\times8}{3.01}+\frac{3000\times0.05\times2}{4.82}+\frac{2500\times0.075\times5}{3.29}+\frac{1000\times0.075\times10}{4.19}\right.$$
$$+\frac{1500\times0.075\times8}{3.53}\Big)\Big/\left(\frac{2000\times0.05}{3.01}+\frac{3000\times0.05}{4.82}\right.$$

$$+\frac{2500\times 0.075}{3.29}+\frac{1000\times 0.075}{4.19}+\frac{1500\times 0.075}{3.53}\Bigg)$$

$$=6.1$$

第四步，根据实际情况的要求，制定判断标准，判断第三步修正后的结果是否符合标准，从而决定是否继续迭代；

初始坐标点（5.16，5.90），修正后的坐标点（4.8，6.1），这两点之间的距离为

$$d_i=\sqrt{(x_1-\overline{x}_0)^2+(y_1-\overline{y}_0)^2}=0.4>0.3$$

所以需要再次迭代。

第五步，重复第二步～第四步，先计算根据第三步得到的修正坐标（$\overline{x}_1$，$\overline{y}_1$），计算出这个初始坐标（$\overline{x}_1$，$\overline{y}_1$）到各个客户点（x_i，y_i）的距离 d_i，如表 2-2-8 所示。

表 2-2-8 第五步距离结果汇总

d_1	d_2	d_3	d_4	d_5
2.62	5.20	3.03	4.06	3.69

进行第二次迭代，继续修正得（$\overline{x}_2$，$\overline{y}_2$）；

将 d_i 代入 $\overline{x}_2$，得

$$\overline{x}_2=\frac{\sum_{i=0}^{n}R_iV_i/d_i}{\sum_{i=0}^{n}R_iV/d_i}=4.6;$$

将 d_i 代入 $\overline{y}_2$，得

$$\overline{y}_2=\frac{\sum_{i=0}^{n}R_iV_iY_i/d_i}{\sum_{i=0}^{n}R_iV/d_i}=6.2。$$

此时，第二次迭代修正的（$\overline{x}_2$，$\overline{y}_2$）与第一次迭代的坐标点（$\overline{x}_1$，$\overline{y}_1$）的距离为

$$d_i=\sqrt{(x_2-\overline{x}_1)^2+(y_2-\overline{y}_1)^2}=0.22<0.3$$

符合需求标准，所以不需要再迭代修正。

所以，最终的计算结果为坐标（4.6，6.2）。

注：迭代停止的标准可以人为调整，如果定为 0.5，则第一次迭代即可满足；如果定为 0.2，则需要进行第三次迭代。迭代停止的标准一般在实际选址应用中可定为 10 千米，即前后两次迭代的结果的距离差距小于 10 千米可认为结果满足标准。

任务 2.3 选择物流运输方案

2.3.1 任务描述

不知不觉已经来到第二个年头，雷迅物流有限责任公司发展得很迅速，已经不是当

年的那个小公司，而是一个有一定实力的集团公司了，业务逐渐辐射到全国主要城市，今天，项目部经理蒋智迎来了一个客户，某电器连锁集团公司物流部经理张华。

“我们集团长期需要从大连运输电器到上海，希望和你们公司签订长期合作协议。”张总开门见山地道。

“哦，那我们是万分欢迎啊！你们大概有多少电器需要运输?”蒋智问道。

“每个月大约有50吨，我们希望每个月能分几次运输，并且每次运输时间越短越好，因为这影响到我们的交货期。”张总回答道。

“好的，从大连到上海铁路线1200千米，公路1500千米，水路1000千米，水路、铁路都可以，我接下来会做一个综合最优的方案，保证满足张总的要求，您看我们是不是可以先把合同签署了?”蒋智一边看手中的资料，一边向张总问道。

“呵呵，好！你们公司我信得过!”张总说道。

接下来请根据表2-3-1，从蒋智制作好的四套备选运输方案中选择出最优的方案。

表 2-3-1　备选运输方案表

方案	方案内容	交货期	运输费用/（元/吨）	其他费用/（元/吨）	装卸次数/次
方案1	公司自行运输，用10吨卡车运输	准备时间1天 运输时间3天	2000	120	2
方案2	用铁路运输	准备时间3天 运输时间3天	3600	200	4
方案3	用船运输	准备时间3天 运输时间4天	1600	240	4
方案4	外包给其他专业联运公司	准备时间2天 运输时间3天	2500	100	2

2.3.2 知识拓展

1. 相关概念

1）铁路运输

（1）铁路货物运输的概念。

铁路货物运输是在相对固定的列车线路上利用铁路设施、设备运货的一种运输方式。铁路货物运输主要承担长距离、大数量的货运。在没有水运条件的地区，几乎所有大批量货物都依靠铁路。所以铁路货物运输是在干线运输中起主力作用的运输形式。

（2）铁路货物运输的作用。

铁路是国民经济的大动脉和发展的基础，在综合运输体系中起着重要的作用。

铁路运输的货物一般是距离长、运输速度慢的原材料。目前在铁路承运的货物中，能源、冶炼、建材等大宗物资占有相当大的比重，仅钢、煤、木、油四大类能源、原材料物资就占铁路货运总量的3/4，其中，煤炭运输一直占铁路货运量的40%以上，全国煤炭产量的60%以上由铁路调运。

铁路也承担着价值低的制成品的运输，且较多地运输至少一整车皮的批量货物。

铁路服务还向托运人提供从散货运输到需要特殊设备的冷冻产品和新汽车的运输。

铁路是港口集疏运系统的骨干。铁路作为港口集疏运的重要方式，具有比公路、水运、全天候、成本低等优势，与港口吞吐的大宗散货、集装箱等主要货类相匹配，所以铁路成为港口集疏运系统的骨干是理所当然的。

铁路运输还提供其他运输服务，如保证一定时间内运到的服务、各种中途装卸服务、上门取货和送货服务、变更卸货地和再托运服务等。

(3) 铁路货物运输的应用。

根据发货人托运的货物数量、性质、体积、状态等条件，铁路货物运输办理种别可分为整车、零担和大吨位集装箱运输。

①整车运输 (full car load，FCL)。所谓整车运输是指托运一批次货物至少占用一节货车车皮进行的铁路运输。一批货物的质量、体积、形状或性质需要以一辆或一辆以上的货车装运的，应按整车方式办理运输。

②零担运输 (less than car load，LCL)。所谓零担货物，是指一张货物运单（一批）托运的货物质量或容积不够装一节货车车皮的货物（即不够整车运输条件）。例如，当托运一批次货物数量较少时，装不足一节货车车皮，这时进行整车运输在经济上不合算，就统一由运输部门安排和其他托运货物拼装后再进行运输，这就是零担运输。

一批货物的质量、体积、形状或性质不需要单独使用一辆货车装运的，而且允许和其他货物配装的货物，可以按零担方式办理运输。零担货物一件体积不得小于0.02立方米。但一件质量在10千克以上时，则不受此最小体积的限制。零担货物每批不得超过300件。

③铁路集装箱运输。所谓集装箱运输是指使用集装箱装载货物，然后通过一种或几种交通运输工具的联合，进行货物运输的一种先进的运输方式。

凡能装入集装箱，并且不对集装箱造成损坏和污染的货物及可按集装箱运输的危险货物均可按集装箱办理。我国铁路集装箱箱型基本分类如下。

按箱型分：1吨箱、5吨箱、10吨箱、20英尺箱、40英尺箱。

按类型分：通用集装箱、专用集装箱。

2) 公路运输

(1) 公路货物运输的含义。

公路货物运输是主要使用汽车，也使用其他车辆（如人、畜力车）在公路上进行客货运输的一种方式。公路货物运输主要承担近距离、小批量的货运以及水运、铁路货物运输难以到达地区的长途大批量货运及铁路、水运优势难以发挥作用的短途运输。由于公路货物运输有很强的灵活性，近年来，在有铁路、水运的地区，长途的大指运输也开始使用公路运输。

(2) 公路货物运输的作用。

公路货物运输满足短途运输的需要。它可以将两种或多种运输方式衔接起来，实现多种运输方式的联合运输，做到货物运输的“门到门”服务。

公路运输在综合运输体系中发挥着“微血管”和“大动脉”的双重作用。

公路运输具有覆盖广、通达深的优势，其触角可延伸到社会的各个角落，恰似综合运输体系中的微血管。

随着高速公路以及公路国道干线网中高级公路的不断增加，公路运输在综合运输体系中的功能将不断提升。除了担负传统的短途运输，以及其他运输方式进行集散运输外，通过高速公路，公路运输还将担负起城市间、区域间的大规模直达运输，形成新的运输“大动脉”。

3）水路运输

（1）水路运输的概念。

水路运输是指利用船舶、排筏和其他浮运工具，在江、河、湖泊、人工水道以及海洋上运送旅客和货物的一种运输方式。水运主要承担大数量、长距离的运输，是在干线运输中起主力作用的运输形式。在内河及沿海，水运也常作为小型运输工具使用，担任补充及衔接大批量干线运输的任务。

（2）水路运输的作用。

水运的基础为江河湖海等“天然航道”，投资少、条件便利、通航能力限制小。以内河运输为例，其成本仅为公路运输的1/3。

水运可以实现长程、巨量运输，一次性成本投入，非常适合大宗货物的运输。在开导国际贸易中具有不可替代的位置，从古至今都是沿海国家经济往来的主要载体。一些国家水路运输的货物周转量占各种运输方式总货物周转量的10%～20%，个别国家超过50%。

（3）水陆运输的主要形式。

①沿海运输。是使用船舶通过大陆附近沿海航道运送客货的一种方式，一般使用中、小型船舶。

②近海运输。是使用船舶通过大陆邻近国家的海上航道运送客货的一种运输形式，视航程可使用中型船舶，也可使用小型船舶。

③远洋运输。是使用船舶跨大洋的长途运输形式，主要依靠运量大的大型船舶。目前远洋运输主要以集装箱船舶运输、大型散货船运输和大型油轮运输为主。

④内河运输。是使用船舶在陆地内的江、河、湖、川等水道进行运输的一种方式，主要使用中、小型船舶。内河运输常见的运输形式主要有拖船运输和单船运输。拖船运输是指自身有动力装置、用于拖带其他船只或浮体的船，在国内习称拖轮。

4）航空运输

（1）航空运输的概念。

航空运输是使用飞机或其他航空器进行运输的一种形式。航空运输工具主要是飞机。

航空运输最大的优势是速度快，符合当今时代的快节奏需要。随着国民经济的发展和人民生活水平的提高，航空运输将不再是其他运输方式的点缀，将在国内长途旅客运输和国际旅客运输中担任重要角色；并且，随着货物运输结构和社会经济需求的演变，航空货运正以高于客运发展的速度快速增长，成为航空运输的新增长点。

航空最适合承担运量较少、距离大、对时间要求紧、运费负担能力较高的任务。

(2) 航空运输的作用。

航空货物运输比其他运输方式更快。可以使进出口货物抢行市，卖出好价钱，增强商品的竞争能力，对国际贸易的发展起到了很大的推动作用。

航空货物运输适合鲜活易腐和季节性强的商品的运输。这些商品对时间的要求极为敏感，如果运输时间过长，则可能使商品变为废品，无法供应市场；季节性强的商品和应急商品的运送必须抢行就市，争取时间，否则就会变为滞销商品，滞存仓库，积压资金，同时还要负担仓储费。采用航空运输，既可保鲜，又有利于开辟远距离的市场，这是其他运输方式无法相比的。

航空运输是国际多式联运的重要组成部分。为了充分发挥航空运输的特长，在不能以航空运输直达的地方，也可以采用联合运输的方式，如常用的陆空联运、海空联运、陆空陆联运，甚至陆海空联运等，与其他运输方式配合，使各种运输方式各显其长、相得益彰。

2. 相关方法

运输方案的选择，特别是中长线运输方案的选择是一项非常复杂的工程，既要考虑所要运输商品的种类、数量、运输的时间要求，还要考虑承运商的运输能力、运输成本、装卸成本、商品安全、交货方式，以及运输距离、不同运输方式的要求等。那么如何在这些错综复杂的因素中理出一个清晰的头绪，使我们在选择运输方案时能有规律可循，有模型可以参考呢？我们认为，可以从分析影响运输方案的因素入手，进一步分析运输方案的成本结构，然后设计一个选择方案的基本模型，以此来帮助我们选择一个比较合适的运输方案。

分析影响中长线运输方案的因素的方法如下。

要选择一个合适的运输方案，首先必须对影响运输方案的相关因素有一个全面的认识，不仅要了解这些影响因素的种类，而且还要了解这些因素对选择运输方案的影响力有多大。可以把这些影响力进行一定的量化，以方便分析，即用重要性分值来反映影响力的大小，影响力大的重要性分值就大，影响力小的重要性分值就小。

由于影响中长线运输方案的因素有很多，这里只把常见的基本因素列出来，同时分析这些因素在选择运输方案时的重要性，可以根据自身的运输环境和运输要求来给这些因素的重要性赋一个分值（不同的运输环境和运输要求，这些分值可以不一样）。根据相关统计资料的研究表明，如果设定所有因素重要性分值总分为100分的话，那么各因素的重要性分值如表2-3-2所示。

表2-3-2 影响中长线运输方案的基本因素及其重要性

基本因素	代号	重要性分值	排名
运输商品种类和规格	Y1	10	4
运输商品数量	Y2	8	5
交货日期	Y3	32	1

续表

基本因素	代号	重要性分值	排名
运价和装卸费用	Y4	20	2
服务质量	Y5	12	3
运输里程	Y6	3	8
运输速度	Y7	7	6
可达性	Y8	2	9
商品安全性	Y9	4	7
业务便利性	Y10	2	9
合计	100分		

由表 2-3-2 可以看出，在运输方案选择中，最具影响力的是交货日期，其次是运输费用和服务质量等，这说明在选择运输方案时，首先要满足客户交货时间的要求。在这个前提下，再去考虑运输成本、承运商的服务质量、运输商品的种类、运输商品数量等因素。在这些因素里，比较方便量化的是运输成本，那么在对比完交货期后，可以把运输成本计算出来，进行进一步对比，然后对其他辅助因素进行相对量化对比。最后把各种因素都结合起来，进行综合评价分析。

合理运输能降低物流费用，提高物流速度，是发挥物流系统整体功能的中心环节。所以，如何搞好运输工作、开展合理运输，不仅关系到物流时间占用的多少，而且还会影响物流费用的高低。不断降低物流运输费用，对于提高物流的经济效益和社会效益，都有着重要的作用，而且，对于物流管理者，今天商品运输的竞争特性，意味着将有更多的机会从运输提供者那里获得更好的服务项目或更低的成本。

各种运输方式都有各自的优缺点，比较如下。

(1) 对各种运输方式的优缺点加以比较。

在企业发货给配送中心、分销商、批发商和最终消费者的运输实践操作中，一般说来，主要有如下五种运输方式可供选择：铁路运输、汽车运输、船舶运输、航空运输和管道运输。

为了提高运输的作业效率和经济效益，表 2-3-3 对这些运输方式的优缺点进行了比较，企业可按各自的实际情况，有选择地进行运输决策。

表 2-3-3 五大运输方式的优缺点

运输方式	优点	缺点
铁路运输	特别适合大指的远途运输	企业无法按照自己需要的时间装运
汽车运输	特别适合中小批量的短途运输	受路况影响较大（如交通堵塞或事故）
船舶运输	特别适合大量散货的长途运输	速度慢，受海洋气候或港口状况影响
航空运输	速度快，更适合高价值或急货	成本高，受天气或机场状况影响较大
管道运输	专业性较强，更适合特殊产品	成本太高

(2) 各种运输方式的成本结构比较。

接着分析各种运输方式的成本结构，详见表 2-3-4。

表 2-3-4　五大运输方式的成本结构对比

运输方式	固定成本	变动成本
铁路运输	高	低
汽车运输	高	适中
船舶运输	适中	低
航空运输	低	高
管道运输	最高	最低

如果将固定成本和变动成本加以折中，那么，运输成本最低的应该是水路运输，因此，远距离大宗产品的运输大多采用水路运输，如国际运输中的远洋运输。

其次是管道运输和铁路运输。但因管道运输只限于某种特殊商品，如石油、煤炭、液状和粉末产品；而铁路运输因包装便利、直达性能、运输网络等原因，国内运输大多采用公路运输，除非是距离过长才采用铁路运输而放弃公路运输“门到门（door-to-door）”的便利。

(3) 各种运输方式的速度、成本、便利性和运载能力的综合比较。

如果按速度、成本、便利性和运载能力来比较各种运输方式，并加以排列，则如表 2-3-5所示。

表 2-3-5　各种运输方式运输特点比较

比较项目	排列 1	排列 2	排列 3	排列 4	排列 5
速度	航空	公路	铁路	水路	管道
成本	水路	管道	铁路	公路	航空
便利性	公路	铁路	航空	水路	管道
运载能力	水路	铁路	管道	水路	航空

对表 2-3-5 进一步排列，可得表 2-3-6。

表 2-3-6　各种运输方式综合特征评分表（分数越低越好）

比较项目	铁路	公路	水路	航空	管道
速度	3	2	4	1	5
可行性	2	1	4	3	5
可靠性	3	2	4	5	1
能力	2	3	1	4	5
频率	4	2	5	3	1
合计	14	10	18	16	17

从运输方式的综合因素考虑，首先是公路运输。其次是铁路、航空、管道和水路。因此，除了进出口大宗货物只能采用水路运输外，企业一般都选择公路运输作为其货物

运输的首选运输方式，除非距离较远才采用铁路运输，或价值高、体积小、易腐烂、客户要求迅速交货的产品才选择航空运输。

3. 相关案例

物流运输招标案例

1. 投票邀请函

邀请函内容大致如下：公司简介。我公司自2001年成立以来，秉承“诚、信、和”的企业精神和务实稳健的经营作风，取得了可喜的成绩，特别是近年来，公司的销售业绩连年以倍数增长。为给业务快速发展提供一个好的物流基础平台，满足物流服务向纵深化、精细化方向发展的需求，现诚邀拥有良好配送网络资源、具有先进管理水平和强烈服务理念的运输商参与我公司2012年全国部分城市的物流运输项目的招标，并最终成为我们的合作伙伴，希望贵公司的加入，使我公司物流服务水平能更上一个台阶。

2. 招标内容

(1) 配送区域范围。

本次招标的区域配送范围有九个，分别为：湖南、广东、广西、江西、河南、贵州、湖北、重庆、上海。

(2) 服务要求。

提供从我公司到达以上各城市将货物直接送到顾客手中（包括住宅楼）期间的服务，具体服务要求如表2-3-7所示。

表2-3-7 服务要求

序号	服务项目	备注
1	提供将来配送内的配送服务。送达时限：见附一	★
2	暂存货物的地方和服务，必须符合产品储存的要求，不得与其他货物同存、同运	★
3	车况良好，干净，符合塑管类运输要求	★
4	配送系统开放时间为365×24小时	★

注：备注中带有“★”的项目为供应商必须提供的服务，如供应商不能提供“★”部分的任何一项请不要应标

(3) 服务指标。

供应商必须符合下列服务水平。如果无法达到以下指标，请在投标书上注明，如表2-3-8所示。

表2-3-8 服务水平指标

指标	服务水平	备注	比率/%
计划执行率		按时执行订单数/收到的订单总数×100%	100
订单准时完成率		准时到货的订单数/收到的订单总数×100%	≥98
货损率		货损金额/配送货物总金额×100%	1%
客户投诉率		投诉的订单数/配送订单总数×100%	2%
客户投诉的回应时间	0.5小时	从接到投诉至有效回复的时间	99%

注：配送过程中发生的货损，承运商必须按照产品出厂价赔偿

3. 服务产品的相关资料

介绍运输产品的特点。

4. 投标资格要求

(1) 具有独立的法人资格，投标人注册资本金要求达到100万元人民币以上。

(2) 具有相关资质证明及业绩证明。

(3) 遵守中华人民共和国相关的法律、法规和有关规定，具有良好的信誉和诚实的职业道德。

(4) 具有履行合同所需的财务、技术能力及良好的履行合同的记录。

(5) 有依法纳税的良好记录。

(6) 符合国家交通运输规定的相应技术标准和安全标准。

(7) 参加投标的单位必须提供能证明其符合上述投标条件和具有履行合同的能力的资料。

(8) 招标文件的报送和联系方式。

(9) 投标截止日期：2011年12月19日下午5时整。

(10) 各供应商提供投标文件时，请提供书面和电子版各一份，书面投标书需加盖骑缝公章。

(11) 电子版文档以Word的形式，报价部分必须采用Excel模板格式。

(12) 同时，如有仓库必须提供仓库照片，各证件也必须提供扫描文件。

(13) 文字资料送达的地址。

(14) 其他联系资料：邮箱、联系电话、传真、公司网址等。

5. 开标及中标通知

开标时间：2012年10月30日。

开标地点：公司小会议室。

送达时间要求如表2-3-9所示。

表2-3-9 送达时间要求表

序号	目的地	送达时间/小时
1	湖南省	12
2	广东省	36
3	广西壮族自治区	36
4	江西省	36
5	湖北省	36
6	贵州省	54
7	重庆市	96
8	上海市	54
9	河南省	48

注：此送达时间从接到配送通知起算，至到达目的地为止

2.3.3 实施说明

(1) 列出可供选择的运输方案，并进行交货期绩效分析。

首先找出各方案的交货时间，并对比顾客对交货期的要求，然后给出各方案的交货期、合理性分值，合理性分值可以根据历史调查数据给出，也可以通过专家讨论和工作经验给出，合理性分值的取分范围可以定在 1～10，一般情况下，越接近顾客交货期要求天数的方案越合理，如表 2-3-10 所示。

表 2-3-10 各方案交货期绩效分析

方案	交货期	合理性分值	重要性分值	交货期绩效总分	交货期绩效排名
方案 1	t_1	T_1	Y_3	$T_1 \times Y_3$	
方案 2	t_2	T_2	Y_3	$T_2 \times Y_3$	
方案 3	t_3	T_3	Y_3	$T_3 \times Y_3$	

(2) 运输成本分析。

在分析了影响运输方案选择的交货期后，就可以对这些方案的成本结构进行分析，假如有三个备选方案，则可以通过以下模式进行分析，如表 2-3-11 所示。

表 2-3-11 各方案运输成本比较

成本结构 / 方案	长途运输费	装卸费	短驳费	中转费	保险费	…	合计
方案 1	C_{11}	C_{12}	C_{13}	C_{14}	C_{15}		C_1
方案 2	C_{21}	C_{22}	C_{23}	C_{24}	C_{25}		C_2
方案 3	C_{31}	C_{32}	C_{33}	C_{34}	C_{35}		C_3

同样，也可以给不同运输成本不同的合理性分值，合理性分值也取 1～10 之间的数字。一般情况下，运输成本越低，其运输成本合理性分值就越高；相反，运输成本越高，其运输成本合理性分值就越低。运输成本合理性分值乘以运输成本重要性分值就是运输成本的绩效总分，如表 2-3-12 所示。

表 2-3-12 各方案运输成本绩效分析

方案	运输成本合计	运输成本合理性分值	运输成本重要性分值	运输成本绩效总分	运输成本绩效排名
方案 1	C_1	Z_1	Y_4	$C_1 \times Y_4$	
方案 2	C_2	Z_2	Y_4	$C_2 \times Y_4$	
方案 3	C_3	Z_3	Y_4	$C_3 \times Y_4$	

(3) 各运输方案的辅助因素分析。

除了交货期和运输成本之外，在选择运输方案时，还要考虑其他很多因素，对这些因素的合理性，可以通过调查、对比，给出每个方案的合理性分值，即进行相对量化分析，如表 2-3-13 所示。

表 2-3-13 各方案辅助因素分值（得分越高的合理性越好）

比较项目 方案	服务质量	商品种类的合理性	商品数量的合理性	运输时间	安全性	运输里程合理性	可达性	业务便利性
方案 1	X_{11}	X_{12}	X_{13}	X_{14}	X_{15}	X_{16}	X_{17}	X_{18}
方案 2	X_{21}	X_{22}	X_{23}	X_{24}	X_{25}	X_{26}	X_{27}	X_{28}
方案 3	X_{31}	X_{32}	X_{33}	X_{34}	X_{35}	X_{36}	X_{37}	X_{38}

各方案辅助因素绩效分析即把表 2-3-13 各因素的分值（X）乘以表 2-3-2 所对应的重要性分值（Y），就是该方案辅助因素的加权绩效得分。

方案 1 辅助因素绩效总分值为

$$P_1 = X_{11} \times Y_5 + X_{12} \times Y_1 + X_{13} \times Y_2 + X_{14} \times Y_7 + X_{15} \times Y_9 + X_{16} \times Y_6 + X_{17} \times Y_{10}$$

其他方案的辅助因素绩效总分可按此方法依次计算，然后进行排名比较，如表 2-3-14所示。

表 2-3-14 辅助因素绩效比较

方案	辅助因素绩效总分	辅助因素绩效排名
方案 1	P_1	
方案 2	P_2	
方案 3	P_3	

（4）各运输方案的综合评估。

对各种运输方案从不同的角度比较分析，各有所长，也各有所短，那么如何判断所选择的方案是否就算最佳的呢？可以根据运输 B 环境的情况以及客户的运输要求，把表 2-3-10、表 2-3-12 和表 2-3-14 三个表的绩效得分结合起来进行分析，最后可以列出表格进行综合比较分析，总分值最高的方案就是相对最合适的方案，如表 2-3-15 所示。

表 2-3-15 各方案最后绩效得分比较

方案	交货期绩效总分	运输成本绩效总分	辅助因素绩效总分	绩效总分值	排名
方案 1	$T_1 \times Y_3$	$Z_1 \times Y_4$	P_1	W_1	
方案 2	$T_2 \times Y_3$	$Z_2 \times Y_4$	P_2	W_2	
方案 3	$T_3 \times Y_3$	$Z_3 \times Y_4$	P_3	W_3	

注：表中 $W_1 = T_1Y_3 + Z_1Y_4 + P_1$，$W_2 = T_2Y_3 + Z_2Y_4 + P$，$W_3 = T_3Y_3 + Z_3Y_4 + P_3$

（5）方案设计的具体内容。

第一步，进行交货期的绩效评估。

由于案例要求交货期越短越好，那么交货期短的方案合理性分值就越高。为平衡各因素的合理性，把所有合理性分值统一按 10 分制打分。最高 10 分，最低 1 分，如表 2-3-16所示。

表 2-3-16 交货期的绩效排名

方案	交货期/天	交货期合理性分值	交货期重要性分值	绩效总分	排名
方案 1	4	9	32	288	1
方案 2	6	7	32	224	3
方案 3	7	6	32	192	4
方案 4	5	8	32	256	2

第二步，进行成本绩效分析，先计算各方案的运输成本，再给出各方案的成本合理性打分，然后乘以成本重要性分值，最后得出运输成本绩效总分，如表 2-3-17 所示。

表 2-3-17 运输成本绩效排名

方案	运输费用/(元/吨)	其他费用/(元/吨)	运输成本合计/(元/吨)	运输成本合理性分值	运输成本重要性分值	运输成本绩效总分	运输成本绩效排名
方案 1	2000	120	2120	8	20	160	2
方案 2	3600	200	3800	3	20	60	4
方案 3	1600	240	1840	10	20	200	1
方案 4	2500	100	2600	7	20	140	3

第三步，对各方案辅助因素的合理性打分（得分越高的合理性越好），如表 2-3-18 所示。

表 2-3-18 辅助因素的合理性分值

方案 \ 比较项目		服务质量	商品种类的合理性	商品数量的合理性	运输时间	安全性	里程合理性	可达性	业务便利性
方案 1	公司自行运输	8	6	6	6	7	5	8	8
方案 2	用铁路运输	6	5	5	6	7	8	3	2
方案 3	用船运输	7	6	4	5	6	8	3	3
方案 4	外包给专业联运公司	8	8	7	7	8	7	8	6

各方案辅助因素绩效分析：即把分支（X）乘以表 2-2 所对应的重要性分值(Y)，就是该方案这些辅助因素的加权绩效得分。

方案 1 辅助因素绩效总分值为

$$P_1 = X_{11} \times Y_5 + X_{12} \times Y_1 + X_{13} \times Y_2 + X_{14} \times Y_7 + X_{15} \times Y_9 + X_{16} \times Y_6 + X_{17} \times Y_8 + X_{18} \times Y_{10}$$

$=8\times 12+6\times 10+6\times 8+6\times 7+7\times 4+5\times 3+8\times 2+8\times 2$

$=321$

以同样的方法可以计算出：

$$P_2=266,\ P_3=271,\ P_4=362$$

其他方案的辅助因素绩效总分可按此方法依次计算，然后进行排名比较，如表 2-3-19 所示。

表 2-3-19　辅助因素绩效排名

方案	辅助因素绩效总分	辅助因素绩效排名
方案 1	321	2
方案 2	266	4
方案 3	271	3
方案 4	362	1

第四步，列表并进行比较分析，选择总分值最高的方案，就是相对最合适的方案，如表 2-3-20 所示。

表 2-3-20　各方案综合绩效排名

方案	交货期绩效总分	运输成本绩效总分	辅助因素绩效总分	绩效总分值	排名
方案 1	288	160	321	769	1
方案 2	224	60	266	550	4
方案 3	192	200	271	663	3
方案 4	256	140	362	758	2

运输方案选择分析如下。

根据以上模型对比可以看出，如果只强调交货期，那么可以选择方案 1；如果只强调运输成本，那么可以选择方案 3；如果对各因素进行综合考虑，那么最好选择方案 1。

当然，选择哪个方案，要根据实际运输环境的状况，以及顾客对运输交货条件的要求等因素来具体决策。

由以上基本模型的运用可以看出，该模型有两个关键环节：一是如何给出影响运输方案的各因素的重要性分值；二是如何给出每个方案的因素合理性分值。这两个环节需要根据历史调查数据和多年的工作经验来给出。只要这两个环节解决好，就可以灵活运用选择方案的基本模型，从而提高选择方案的合理性和科学性。

总之，选择中长线运输方案是一项非常复杂的工程，但是如果掌握了一定的基本模型，再结合工作实践经验，就可以找出选择方案的一些规律，从而把复杂的业务尽量规律化、合理化。

任务 2.4　运输车辆配载

2.4.1　任务描述

时间过得飞快，雷迅物流走到了第三个年头，公司的业务越来越多，项目部、运营部的工作也越来越多，监管运营部工作的项目部经理蒋智是整天忙得脚不离地，这不，秘书送来的工作日历排得满满的。

今天上午 8 点，要督促相关人员根据 A 号配送中心过去一年的车辆出勤分布数据（表 2-4-1），提供出最优必需车辆数的分析报告。

表 2-4-1　配送中心日常车辆分布表

车辆数量	(0，10)	(11，15)	(16，20)	(21，25)	(26，30)	(31，35)	(36，40)
出现频率/%	10	20	25	20	15	5	5
频率累计/%	10	30	55	75	90	95	100

注：公司自备车辆每天使用费用 $C_1=500$ 元，自备车辆每天闲置费用 $C_2=300$ 元，租用车辆每天费用 $C_3=1000$ 元

上午 9 点 30 分，决定 B 号配送中心需要通过铁路装载运输的五批货物的最佳配载方案，这五批货物的质量分别为 20 吨、32 吨、18 吨、10 吨、32 吨，其相应的货物体积分别为 30 立方米、24 立方米、22 立方米、15 立方米、60 立方米，用铁路棚车装运，该铁路棚车的最大装运质量是 60 吨，即 $W_0=60$ 吨，最大装运体积为 120 立方米，即 $V_0=120$ 立方米，所以需要他尽快地分析出是以货车净载重最大为优化目标进行装载，还是以货车装载容积最大为优化目标进行装载，并且对比以上两种配载方式，选择出更优的方案交给下面的工作人员去实施。

上午 11 点，查看 C 号配送中心需要运输四种机电产品的合理的配载方案，这个送货车辆的载质量为 8 吨，要运输的电器其质量分别为 3 吨、3 吨、4 吨、5 吨，其价值系数分别也是 3、3、4、5，如表 2-4-2 所示。

表 2-4-2　配送货物内容

货物编号	质量/吨	价值系数
1	3	3
2	3	3
3	4	4
4	5	5

根据以上资料，分析设计出相应合理的方案。

2.4.2　知识拓展

1. 相关概念

配载又称配装，是指为具体的运班选配货载，即承运人根据货物托运人提出的托运

计划，对所属运输工具的具体运班确定应装运的货物品种、数量及体积。配载的结果是编制装货清单。装货清单通常包括卸货港站、装货单号、货名、件数、包装、质量、体积及积载因素等，同时还要注明特殊货物的装载要求。

1）配载原则

一般来说，轻重搭配是配载的最简单的原则。也就是说用重货铺底，以充分利用运输工具的载质量，轻重货搭配以充分利用其可用空间体积。最后的结果是，轻重货的总质量加起来能无限接近限定载质量的最大值，轻重货的总体积加起来能无限接近限定体积数的最大值。但轻重货的搭配并不是随意的，而是要达到上面所说的目的，无论质量还是体积都要无限接近最大化，同时还要产生最佳的经济效益，这就需要有一个科学的依据、有一个科学的比例才能保证上述目的的达成。

长期以来，物流公司的员工都是凭经验来给运输工具进行配载的，也能获取一定的效益。但这只是凭经验而已，是否已经达到运输工具使用率的最大化、配载效益的最大化，也从未有人去评估，同时，这种经验新员工是不具备的。能否有个公式化的计算办法来让大家都会给运输工具进行配载呢？其实很简单，在集货时一般都是以质量或体积来计量货物的，这样就可以知道所集货物密度的近似值，从而推出轻重货的配载比例。

2）注意事项

（1）根据运输工具的内径尺寸，计算出其最大容积。

（2）测量所载货物的尺寸质量，结合运输工具的尺寸，初步算出装载轻重货物的比例。

（3）装车时注意货物摆放顺序、堆码时的方向，是横摆还是竖放，要最大限度地利用车厢的空间。

（4）配载时不仅要考虑最大限度地利用车载量，还要具体情况具体分析，根据货物的价值来进行价值的搭配。

（5）以单位运输工具能获取最大利润为配载总原则。

2. 相关方法

车辆配载、配装和调度是物流配送过程中的主要环节。合理的配载配装可以给物流配送中心带来更大的经济效益和社会效益。然而到目前为止，我国很多配送中心在实际操作中仍然凭借经验进行配载和配装，这种原始的配载和配装，很容易浪费车辆的运载能力，增加不必要的运输成本。因此，降低运输成本、提高车辆的满载率、节约车辆的使用空间，将是今后配送中心发展的方向。

1）配送中心运输车辆数量配置

以实现配送中心配送运输费用最小为目标构建模型，通过成本—效益分析法求解配送中心合理的自有配送车辆数。设 X 为配送中心拥有的合理配送车辆数，Y 为每个配送周期实际需要的车辆数，是随机变量，其分布密度为 $P(Y)$。

（1）当 $Y \leqslant X$ 时，即需要的车辆数量比配送中心拥有的车辆数少，设 TC 为总费用，则配送中心完成配送任务的总费用为

$$TC_1 = Yc_1 + (X - Y)c_2$$

(2) 当 $Y \geqslant X$ 时，即需要的车辆数量比配送中心拥有的车辆数多，则配送中心完成配送任务的总费用为

$$TC_2 = Xc_1 + (Y - X)c_2$$

(3) 设 $P(Y)$ 为日常需要车辆数量对应的概率，则得出配送中心的期望总费用为

$$TC(X) = \sum_{x=1}^{x}\{p(y)[yc_1 + (x - y)c_2]\} + \sum_{y=x+1}^{\infty}\{p(y)[xc_1 + (y - x)c_3]\}$$

(4) 求解。

在期望费用公式里对 X 进行求导，使得 $TC(X)$ 最小，并根据函数求极限的原理，整理得

$$\sum_{x=1}^{x} p(y) = (c_3 - c_1)/(c_3 + c_2 - c_1)$$

式中，$\sum_{x=1}^{x} p(y)$ 为频率累计数。当 $c_1 < c_3$ 时，可以选取适当的 X 值，使得上式成立，从而使得总费用最小。通过概率累计的方法，求得 X 的值。

2) 车辆运载特性

(1) 零售店的销售情况不同，订货的品种也往往不一致。这就使一次配送的货物可能有多个品种，有些商品不仅表现在包装形态、运输性能不同上，而且表现在密度差别较大上，有的甚至相差更远。密度大的商品往往达到了车辆的载质量，单体空余很大；密度小的商品达到车辆的最大体积时，达不到载质量。单装实重商品或轻泡商品都会造成浪费。如果实行轻重商品配装，既可使车辆达到满载，又可以充分利用车辆的体积，大大降低运输费用。最简单的配装是轻重两种商品搭配。分别测定两种商品的密度和体积，通过二元一次方程，求得满载满容的最佳搭配。假定需配送两种商品，两种货物的配装质量分别为 W_X、W_Y；商品 A 质量体积为 R_X，单件商品体积为 A；商品 B 质量体积为 R_Y，单件商品体积为 B。车辆载重 K 吨，车辆最大容积为 V 立方米。建立二元一次方程式

$$\begin{cases} W_X + W_Y = W \\ W_X \times R_X + W_Y \times R_Y = V \end{cases}$$

所求得的 W_X、W_Y 值就是 A、B 两种商品的配装吨数。

(2) 影响配送车辆积载的因素：a. 货物特性因素；b. 货物包装情况；c. 不能拼装运输；d. 因为装载机疏忽的原因，造成不能装足吨位。

(3) 车辆积载的原则：a. 轻重搭配；b. 大小搭配；c. 货物性质搭配；d. 到达同一地点的适合配装的货物尽可能一次装载；e. 确定合理的堆码层次及方法；f. 装载时不允许超过车辆所允许的最大装载质量；g. 装载易滚动的卷状、桶状货物，要垂直摆放；h. 货与货之间、货与车辆之间应留有空隙并适当衬垫，防止货损；i. 装载完毕，应在门端处采取适当的固定措施，以防开门卸货时，货物倾倒造成货损；j. 尽量做到“先送后装”。

在很多情况下，要配载的商品品种很多，每种商品的密度和单件体积可能都不相同，能提供的车辆种类较多，车辆的技术指标即 W、V 值也不同。这里只能采用以下

方法解决。一是利用计算机，将商品的密度、体积及车辆的技术指标储存起来。配装时，输入将要配装的全部商品编号及目前可以使用的车辆编号，由计算机输出装配方案，指示配装人员是用什么型号的车辆、装载什么商品、每种商品装多少。二是在没有计算机时，从待配送商品中选取密度最大或最小的两种，利用上述二元一次方程手算配装。当车辆的体积和载重尚有余地时，从其他待配送商品中再选密度最大或最小的两种。以此类推，直到满载满容。这种渐次逼近法虽然没有计算机计算得迅速，但是由于每次都选密度最大和最小两种搭配，最终的搭配结果是平均密度与车辆载质量和体积的比值最接近，所以具有科学性。

3）动态规划模型配载方案的车辆配载方法

设车辆的额定载质量为 G，如果用于配送 n 种不同货物，货物的质量分别为 W_1、W_2、…、W_n。每一种货物分别对应一个价值系数，用 P_1、P_2、…、P_n 表示，表示货物价值、运费等。设 X_k 表示第 k 种货物的装入数量，则装货问题可表示为

$$F_{\max}(X)=\sum P_k X_k,\quad \sum W_k X_k \leqslant G$$
$$X_k > 0,\quad k=1,\ 2,\ \cdots,\ n$$

求解过程可以从第一阶段开始，由前向后逐步进行。具体步骤如下。

第一步，装入第一种货物 X_1 件，其最大值为

$$F_1(W)=\max[P_1X_1]$$

式中，$0\leqslant X_1\leqslant G/W_1$，方括号表示取整数。

第二步，装入第二种货物 X_2 件，其最大值为

$$F_2(W)=\max[P_2X_2+F_1(W-W_2X_2)]$$

式中，$0\leqslant X_2\leqslant G/W_2$。

……

第 N 步，装入 n 种货物 X_n 件，其最大值为

$$F_n(W)=\max[P_nX_n+F_{n-1}(W-W_nX_n)]$$

式中，$0\leqslant X_n\leqslant G/W_n$。

4）车辆配装理货注意事项

（1）重不压轻，大不压小，包装强度差的应该放在包装强度好的上面；

（2）不将散发臭味的货物与具有吸臭性的食品混装；

（3）切勿将渗水货物与易受潮货物一起存放；

（4）包装不同的货物应该分开装卸，如板条箱货物不要与纸箱、袋装货物堆放在一起；

（5）具有尖角或其他突出物的货物应和其他货物分开装载或用木板隔离，以免损伤其他货物；

（6）为了减少或避免差错，尽量把外观相近、容易混淆的货物分开装卸。

5）配载管理调度设计

专业的调度系统管理科学设计主要体现在如下几个角度。

（1）配送总里程最短。配送里程与配送车辆的耗油量、磨损程度和司机疲劳程度等直接相关，直接决定运输的成本，对配送业务的经济效益有很大影响。由于配送里程计

算简便，所以它是确定配送路线时用得最多的指标。

(2) 配送车辆的吨·千米数最小。该目标将配送距离与车辆的载质量结合起来考虑，即以所有配送车辆的吨位数（最大载质量）与其行驶距离的乘积的总和最小为目标。

(3) 综合费用最低。降低综合费用是实现配送业务经济效益的基本要求。在配送中，与取、送货有关的费用包括车辆维护和行驶费用，车队管理费用、货物装卸费用，有关人员工资等费用。

(4) 准时性最高。由于客户对交货时间有较严格的要求，为提高配送服务质量，有时需要将准时性最高作为确定配送路线的目标。

(5) 运力利用最合理。该目标要求使用较少的车辆完成配送任务，并使车辆的满载率最高，以充分利用车辆的装载能力。

(6) 劳动消耗最低。即以司机人数最少，司机工作时间最短为目标。

6）零担货物配装问题

设共有 n 批待配装的零担货物，每批货物为一张货票 $N_i(i=1, 2, \cdots, n)$；每一张货票的质量为 W_i，容积为 V_i。那么有：

(1) 待配装货物的质量的集合 $W=\{W_1, W_2, \cdots, W_n\}$；

(2) 待配装货物的体积的集合 $V=\{V_1, V_2, \cdots, V_n\}$；

(3) 调配的空车标准载重记为 W_0，容积记为 V_0。

当 $X_i=1$，当第 i 批货物被选中，转入货车；$X_i=0$，表示第 i 批货物未被选中，不装车。

①以货车净载质最大为优化目标时，必须满足两个潜在的约束条件。

a. 所装载零担货物的总质量不超过其标准载重 W_0。

b. 所装载货物的体积不超过所装货车的容积 V_0。

其公式为

$$\max z=\sum_{i=1}^{n}W_iX_i$$

$$\text{s.t.}\begin{cases}\sum_{i=1}^{n}W_iX_i\leqslant W_0\\ \sum_{i=1}^{n}V_iX_i\leqslant V_0\end{cases}$$

式中，$X_i=0$ 或 1，其中 $i=1, 2, \cdots, n$。

②以货车装载容积最大为优化目标。这是希望货车装载容积能够充分利用，但货物的装载量也不能太少，所以此时只需要满足货车本身的要求即可。其公式为

$$\max z=\sum_{i=1}^{n}V_iX_i$$

$$\text{s.t.}\begin{cases}\sum_{i=1}^{n}W_iX_i\leqslant W_0\\ \sum_{i=1}^{n}V_iX_i\leqslant V_0\end{cases}$$

式中，$X_i=0$ 或 1，其中 $i=1, 2, \cdots, n$。

3. 相关案例

某建材配送中心，某日需运输水泥 580 吨，盘条 400 吨，以及不定量的平板玻璃。该中心有大型车 20 辆，中型车 20 辆，小型车 30 辆。各种车每日只运输一种货物，运输定额如表 2-4-3 所示。

表 2-4-3　运输定额信息　（单位：吨）

车辆种类	运水泥	运盘条	运玻璃
大型车	20	17	14
中型车	18	15	12
小型车	16	13	10

先按经验法、先大型车再小型车的顺序进行派车，最大能运输货物多少；再试建立一个规划模型，计算出最优派车方案，能运输多少货物？

2.4.3　任务实施说明

（1）要为该配送中心设计一个方案，分析该配送中心应该配置多少车辆的实施步骤。

第一步，利用配送车辆数量频率累计数公式：

$$\sum_{x=1}^{x} p(y)=(c_3-c_1)/(c_3+c_2-c_1)$$

求得

$$\sum_{x=1}^{x} p(y)=(1000-500)/(1000+300-500)=62.5\%$$

第二步，根据频率累计数与表 2-4-1 对比，X 取值为 $21\sim25$，进一步用内插法可以得到 $X=22$（辆）。

结论：配送中心最佳车辆配置数是 22 辆。

（2）分析比较哪种方案更优的实施步骤。

第一步，以货车装载质量最大为优化目标。

将五批货物的质量按输入顺序赋予变量 $x_1, \cdots, x_5$，配装模型为

目标方程：$\text{Max } z=20x_1+32x_2+18x_3+10x_4+32x_5$

$$\text{约束条件：}\begin{cases}20x_1+32x_2+18x_3+10x_4+32x_5\leqslant 60\\30x_1+24x_2+22x_3+15x_4+60x_5\leqslant 120\\x_i=0\text{ 或 }1\text{，其中 }i=1,2,3,4,5\end{cases}$$

这是一个典型的规划求解方程，现在就一步步教大家怎么在 Excel 中进行规划求解。

①首先将模型里的已知数据输入 Excel 中（图 2-4-1）。

求解前要在 Excel 中调出规划求解工具。

	质量/吨	体积/立方米	装载数量/个	装载质量/吨	装载容积/立方米
货物1	20	30	1	20	30
货物2	32	24	1	32	24
货物3	18	22	1	18	22
货物4	10	15	1	10	15
货物5	32	60	1	32	60
合计				112	151

图 2-4-1　第一步

②单击：【开始】⟶【Excel 选项】（图 2-4-2）。

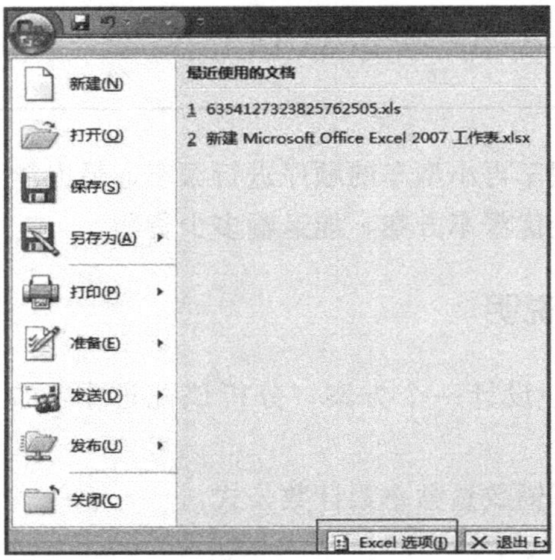

图 2-4-2　第二步

③在选项的【加载项】下，看到【规划求解加载项】处于非活动应用状态。单击【转到】，将其激活（图 2-4-3）。

图 2-4-3　第三步

④在弹出的对话框中，勾选【规划求解加载项】，单击【确定】(图 2-4-4)。

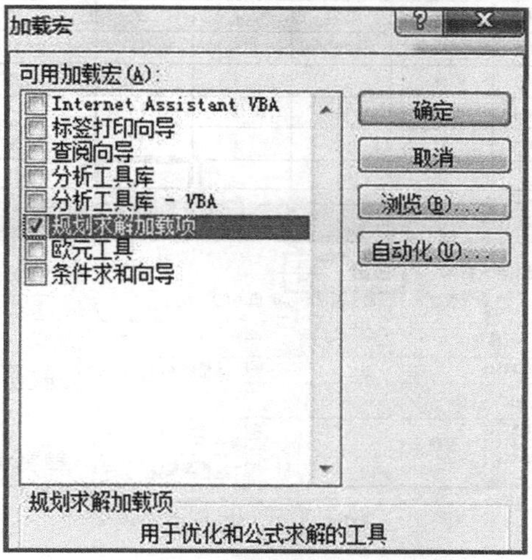

图 2-4-4　第四步

⑤发现在【数据】选项卡下出现了【规划求解】工具。单击【规划求解】(图 2-4-5)。

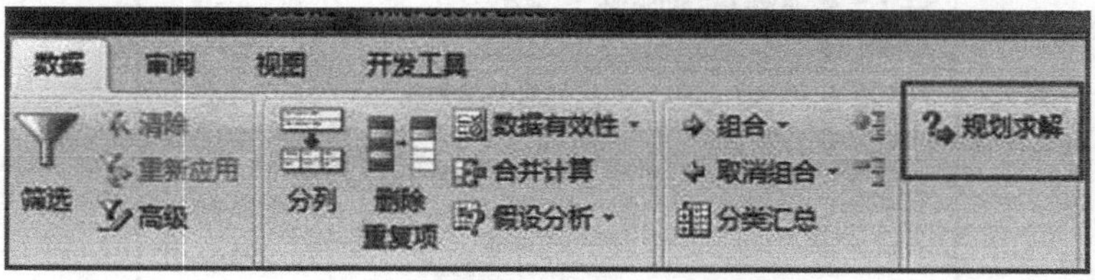

图 2-4-5　第五步

⑥弹出一个对话框如图 2-4-6 所示。

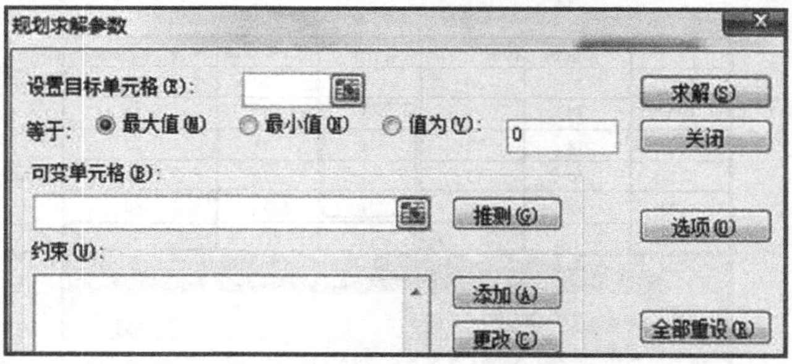

图 2-4-6　第六步

⑦【设置目标单元格】设为 J12，即合计的总装载质量（图 2-4-7）。

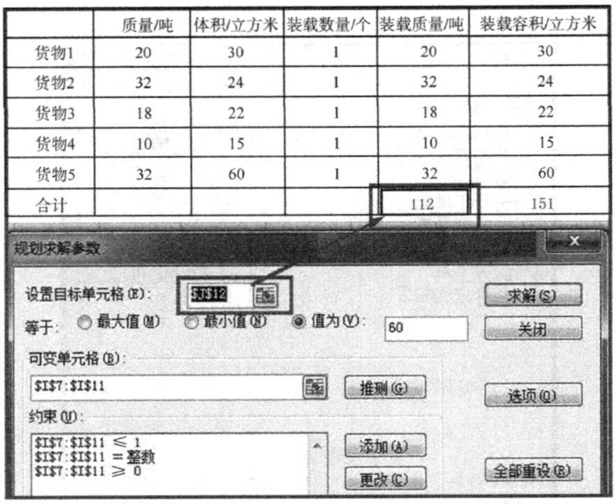

图 2-4-7　第七步

⑧根据模型的目标方程，将目标值设置为求最大值（图 2-4-8）。

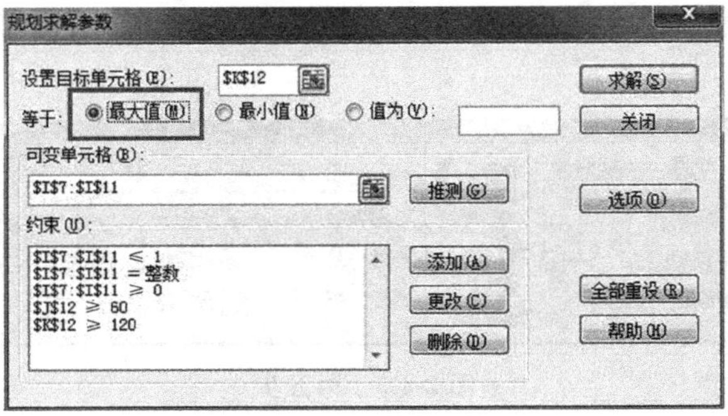

图 2-4-8　第八步

⑨可变单元格设置为装载数量（图 2-4-9）。

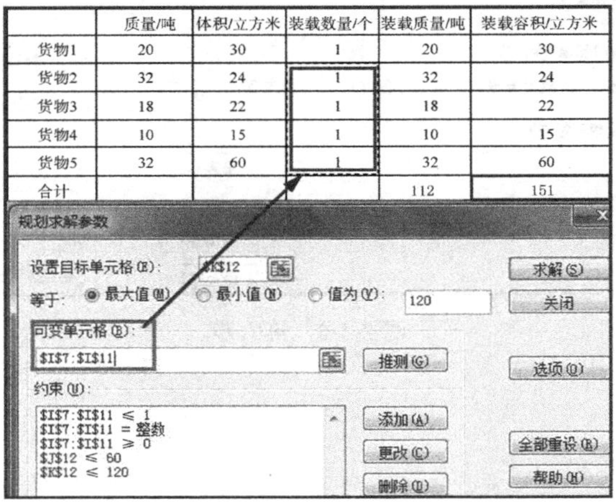

图 2-4-9　第九步

⑩单击【添加】，添加约束条件（图 2-4-10）。

图 2-4-10　第十步

⑪约束条件为：车厢总装载质量不能大于最大装载质量 60 吨；车厢总装载容积不能大于车厢最大容积 120 立方米；可变单元格内的值只能是 0 或 1，意义为配载或者不配载这批货物。如图 2-4-11 所示。

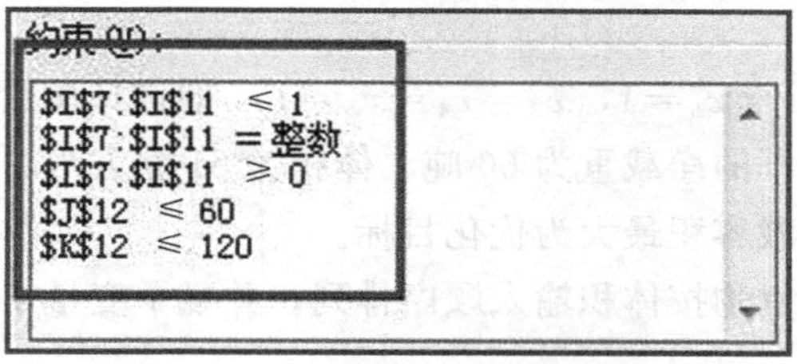

图 2-4-11　第十一步

⑫规划求解参数就设置好了。单击【求解】，出现结果，运行结果：选择的货物为货物 2、货物 3 和货物 4；最优结果显示为总体积：61 立方米，总质量：60 吨。如图 2-4-12所示。

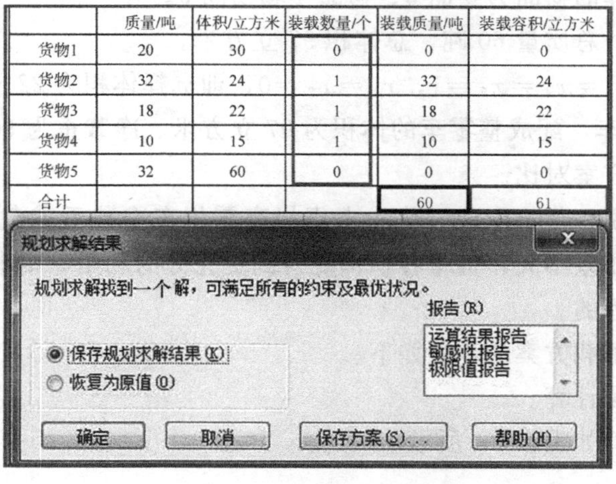

	质量/吨	体积/立方米	装载数量/个	装载质量/吨	装载容积/立方米
货物1	20	30	0	0	0
货物2	32	24	1	32	24
货物3	18	22	1	18	22
货物4	10	15	1	10	15
货物5	32	60	0	0	0
合计				60	61

图 2-4-12　第十二步

如果不需要报告，直接单击【确定】即可。如果需要【运算结果报告】，就选择它，再单击【确定】。运算结果报表如图 2-4-13 所示。

目标单元格 (最大值)

单元格	名字	初值	终值
K12	合计：装载容积	151	61

可变单元格

单元格	名字	初值	终值
I7	货物1 装载数量	1	0
I8	货物2 装载数量	1	1
I9	货物3 装载数量	1	1
I10	货物4 装载数量	1	1
I11	货物5 装载数量	1	0

约束

单元格	名字	单元格值	公式	状态	型数值
J12	合计：装载质量	60	J12≤60	到达限制值	0
K12	合计：装载容积	61	K12≤120	未到限制值	4
I7	货物1 装载数量	0	I7≤1	未到限制值	1
I8	货物2 装载数量	1	I8≤1	到达限制值	0

图 2-4-13　运算结果报表

则最优解为 $x_3=x_4=x_5=1$，$x_3=x_4=x_5=1$，即选择质量为 32 吨、18 吨、10 吨的货物装车，配成整零车的净载重为 60 吨、体积为 61 立方米。

第二步，以货车装载容积最大为优化目标。

建立模型：将五批货物按体积输入顺序排列，并赋予变量 $x_3=x_4=x_5=1$，配装模型更新为

$$\text{Max } z=30x_1+24x_2+22x_3+15x_4+60x_5$$

$$\begin{cases}20x_1+32x_2+18x_3+10x_4+32x_5\leqslant 60\\30x_1+24x_2+22x_3+15x_4+60x_5\leqslant 120\\x_i=0\text{ 或 }1\text{，其中 }i=1,2,3,4,5\end{cases}$$

运行结果：选择的物品为物品 3、物品 4 和物品 5。

最优结果显示：总质量 60 吨，总体积 97 立方米。

则最优解为：$x_3=x_4=x_5=1$，$x_1=x_2=0$，即选择体积为 22 立方米、15 立方米、60 立方米的货物装车，配成整零车的体积为 97 立方米、净载重为 60 吨。

第三步，两种方案对比。

结论：一般来说，货物配装时优先考虑提高零担车净载重或载质量利用率是正确的。但有时载质量相差不大，货车容积却能得到更充分的利用，则采用更充分利用货车容积的方案才是合理的。

（3）设计货车配载方案的步骤如下。

第一步，分阶段计算。

①第一阶段计算如表 2-4-4 所示。

表 2-4-4 第一阶段计算

W	0	1	2	3	4	5	6	7	8
X_1	0	0	0	1	1	1	2	2	2
F_1 (W)	0	0	0	3	3	3	6	6	6

②第二阶段计算如表 2-4-5 所示。

表 2-4-5 第二阶段计算

W	X_2	$W-W_2X_2$	$P_2X_2+F_1$ ($W-W_2X_2$)	F_2 (W)
0	0	0	0+0	0
1	0	1	0+0	0
2	0	2	0+0	0
3	0	3	0+3=3	3
	1	0	3+0=3	
4	0	4	0+3=3	3
	1	1	3+0=3	
5	0	5	0+3=3	3
	1	2	3+0=3	
6	0	6	0+6=3	6
	1	3	3+3=6	
	2	0	6+0=6	
7	0	7	0+6=6	6
	1	4	3+3=6	
	2	1	6+0=6	
8	0	8	0+6=6	6
	1	5	3+3=6	
	2	2	6+0=6	

③第三阶段计算如表 2-4-6 所示。

表 2-4-6 第三阶段计算

W	X_3	$W-W_3X_3$	$P_3X_3+F_2$ ($W-W_3X_3$)	F_3 (W)
0	0	0	0+0=0	0
1	0	1	0+0=0	0
2	0	2	0+0=0	0
3	0	3	0+3=3	3
4	0	4	0+3=3	4
	1	0	4+0=4	

续表

W	X_3	$W-W_3X_3$	$P_3X_3+F_2$ ($W-W_3X_3$)	F_3 (W)
5	0	5	0+3=3	4
	1	1	4+0=4	
6	0	6	0+6=6	6
	1	2	4+0=4	
7	0	7	0+6=6	7
	1	3	4+3=7	
8	0	8	0+6=6	8
	1	4	4+3=7	
	2	0	8+0=8	

④第四阶段计算如表 2-4-7 所示。

表 2-4-7 第四阶段计算

W	X_4	$W-W_4X_4$	$P_4X_4+F_3$ ($W-W_4X_4$)	F_4 (W)
0	0	0	0+0=0	0
1	0	1	0+0=0	0
2	0	2	0+0=0	0
3	0	3	0+4=4	4
4	0	4	0+4=4	4
5	0	5	0+4	5
	1	0	5+0=5	
6	0	6	0+6=6	6
	1	1	5+0=5	
7	0	7	0+7=7	7
	1	2	5+0=5	
8	0	8	0+8=8	8
	1	3	5+3=8	

第二步，寻找最优解方案。

寻找最优解方案的次序与计算顺序相反，由第四阶段向第一阶段进行。

在第四阶段计算表中，价值最大值 $F_4(W)=8$，对应两组数据，其中一组中 $X_4=0$，另一组中 $X_4=1$。当 $X_4=1$ 时，即第四种物品装入一件。表 2-4-7 中第三列数字表示其余种货物的装载量。当 $X_4=1$ 时，其他三种货物装载质量为 3 吨。

按相反方向，在第三阶段计算表中，查 $W=3$ 时得装载质量最大值 $F_3(W)=3$，对应 $X_3=0$，查表 2-4-6 中第三列数字，当 $W=3$ 时，其他两种货物装载质量为 3 吨。

在第二阶段计算表中，查 $W=3$ 时，$F_2(W)=3$，对应两组数据：$X_2=0$ 或 $X_2=1$，

其余量为 3 或 0，即其他（第一种）货物装载质量为 3 吨或 0。

再查第一阶段计算表，当 $W=3$ 时，对应 $X_1=1$；当 $W=0$ 时，对应 $X_1=0$。因此得到两组最优解为

$$X_1=1，X_2=0，X_3=0，X_4=1$$
$$X_1=0，X_2=1，X_3=0，X_4=1$$

装载质量为

$$F(X)=1\times3+1\times5=8(\text{吨})$$

如果在第四阶段计算表中取 $X_4=0$，则余项 $W-W_4X_4=8$；在第三阶段计算表中，查 $W=8$ 一栏，$F_3(W)=8$ 对应 $X_3=2$，因此得到第三组最优，为

$$X_1=0，X_2=0，X_3=2，X_4=0$$

装载质量为

$$F(X)=2\times4=8(\text{吨})$$

结论：装载质量为

$$F(X)=2\times4=8(\text{吨})。$$

任务 2.5 运输调度与路线选择

2.5.1 任务描述

今天，雷迅物流的运营部接到了两批商品的配送业务。

(1) 要求从某客户公司的四个原材料供应基地（A_1、A_2、A_3、A_4、A_5）供应原材料到其五个加工厂(B_1、B_2、B_3、B_4、B_5)，这四个供应基地和五个加工厂的相对位置(距离：千米)和运输量(单位：吨) 如图 2-5-1 所示。

(2) 公司上海物流配送中心（P_0）接到 5 个某客户连锁零售用户($P_1\sim P_5$)配送货物订单，其配送路线网络、配送中心与用户的距离以及用户之间的距离如图 2-5-2 所示，图中括号内的数字表示客户的需求量(单位：吨)，线路上的数字表示两节点之间的距离，配送中心有 3 台 2 吨卡车和 2 台 4 吨卡车可供使用，卡车行驶的速度平均为 40 千米/小时。

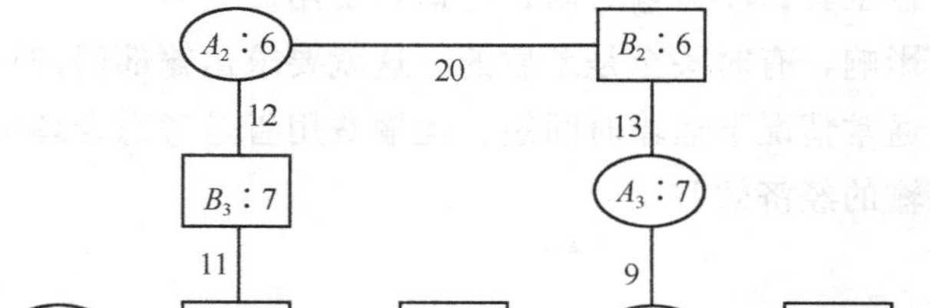

图 2-5-1 运输调配图

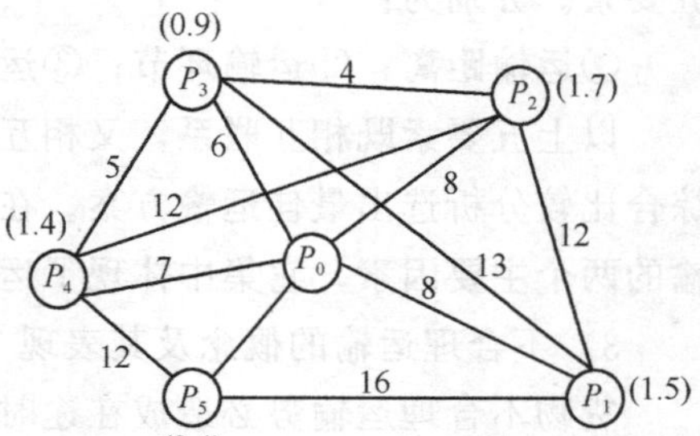

图 2-5-2 配送路线图

现在急需运营部尽快制定出这两个业务的配送方案。

2.5.2 知识拓展

1. 相关概念

运输优化主要包括运输方式和商品搭载的优化。在配送中心常将生产商送来的商品，按类别、品种分门别类地存放到指定位置。进行配送时为了充分利用载货车辆的容量和提高运输效率，配送中心常把一条送货线路上不同用户的货物组合，配装在同一辆载货车上，这样不仅能降低送货成本，而且还可以减少交通量、改变交通拥挤状况。

1）合理运输的意义

合理运输是指按照货物的特点和合理流向以及运输条件，走最少的里程、经最少的环节、用最少的运力、花最少的费用、以最短的时间，把货物运到目的地。

物流过程的合理运输就是从物流系统的总体目标出发，按照货物流通的规律，合理利用各种运输方式，选择合理的运输路线和运输工具，以最短的路径、最少的环节、最快的速度和最少的劳动消耗组织好货物的调运。

合理运输的重要意义主要表现在以下几点。

(1) 合理运输，有利于物质产品迅速地从生产地向消费地转移，加速资金的周转，提高资金的使用效率。

(2) 合理运输，能缩短运输时间，加快物流速度。合理组织运输活动，可使被运输货物的在途时间尽可能地缩短，能达到到货及时的目的，因此可以降低库存商品的数量，实现加快物流速度的目的。

(3) 合理运输，能节约运输费用，降低物流成本。运输费用是构成物流费用的主要组成部分。合理运输化必然会缩短运输里程、提高运输工具的运用效率从而达到节约运输费用、降低物流成本的目的。

(4) 合理运输，可以节约运力，缓解运力紧张的状况，还能节约能源。运输合理化能克服许多不合理的现象，从而节约运力，提高货物的通过能力，起到合理利用运输能力的作用。

2）影响合理运输的因素

影响合理运输的因素很多，起决定性作用的有以下五个方面的因素，称为合理运输五要素。分别为：

①运输距离；②运输环节；③运输工具；④运输时间；⑤运输费用。

以上五要素既相互联系，又相互影响，有时甚至是矛盾的。这就要求运输部门进行综合比较分析选出最佳运输方案。在通常情况下运输时间短、运输费用省是考虑合理运输的两个主要因素，它集中体现了运输的经济效益。

3）不合理运输的概念及其表现

货物不合理运输势必造成在途时间长、环节多、流转慢、损耗大、费用高、浪费运力和社会劳动力，影响企业生产和市场供应。

不合理运输现象常见的有以下几种。

(1) 返程或起程空驶。空车或无货载行驶是不合理运输最严重的形式。在实际运输组织中有时候必须调运空车，从管理上不能将其看成不合理运输，但是，因调运不当、货源计划不周、不采用运输社会化而形成的空驶，则是不合理运输的表现。造成空驶的主要原因有以下几种。

①能利用社会化的运输体系不利用，却依靠自备车送货，这往往会导致单程实车、单程空驶的不合理运输。

②由于工作失误或计划不周，造成货源不实，车辆空去空回，形成双程空驶。

③由于车辆过分专用，无法搭运回程货，只能单程实车，单程空驶周转。

(2) 对流运输。指的是同种货物以不同的发送点同时或先后面对面的运输，并且彼此重复对方旅程的全部或一部分。

(3) 迂回运输。在货物发点与收点之间有两条以上的同类交通线可以采用时，未能利用最短路径的运输，称为迂回运输。

(4) 过远运输。过远运输是指调运物资舍近求远的货物运输现象，即销地完全有可能由距离较近的供应地调进所需要的质量相同的货物，却超出货物合理流向的范围，从远处调运进来，这就造成可采取近程运输而未采取，拉长货物运距的浪费现象。

(5) 运力选择不当。它是指未选择各种运输工具优势而不正确地利用运输工具造成的不合理现象，常见的有以下几种形式。

①弃水走陆。在同时可以利用水运和陆运时，不利用成本较低的水运或水陆联运，而选择成本较高的铁路运输或公路运输，使水运优势不能发挥。

②铁路、大型船舶的过近运输。不是铁路及大型船舶的经济运行里程，却利用这些运力进行运输的不合理做法，主要不合理之处在于火车及大型船舶起运及到达目的地的准备、装卸时间长，且机动灵活性不足，在过近运输中利用，发挥不了其运速快的优势，相反，由于装卸时间长，反而会延长运输时间。此外，与小型运输设备相比，货车及大型船舶的装卸难度大、费用也较高。

③运输工具承载能力选择不当。不根据承运货物数量和质量选择，而盲目决定运输工具，造成过分超载、损坏车辆及车辆不满载、浪费运力的现象。尤其是“大马拉小车”现象发生较多，由于装载货量小，单位货物运输成本必然增加。

(6) 托运方式选择不当。对于货主，它是指可以选择最好托运方式而未选择，造成运力浪费及费用支出加大的一种不合理运输。例如，本应选择整车运输而未选择，反而采取零担托运；应当直达运输而选择了中转运输，应当中转运输却选择了直达运输等都属于这一类型。

4) 合理运输的途径

为了克服不合理的运输现象，在物流运输管理过程中需要采取一些措施来组织合理的运输。组织合理运输的主要形式有以下几种。

(1) 减少运输数量，缩短运输距离。如在煤炭基地建发电厂，在林业基地建木材加工厂等。

(2) 提高运输工具的实载率。具体做法有以下几种。

①充分利用专业运输队伍，周密制订运输计划。

②同时要有效利用相关信息，如货源信息、道路交通状况信息、天气预报信息、同

行业运输状况信息等。

③采取合装整车运输方式。合装整车运输又称“零担拼整车中转运输”，它主要用于杂货运输。合装整车运输是在组织铁路货运时，将同一发货人不同品种单发往同一车站、同一收货人的零担托运货物由物流企业自己配组在一个车内，运到一个适当的车站，然后再中转分运。

(3) 周密进行运输系统设计。如运输与原料采购的配合、运输与产品销售的配合、运输与仓库的合理设计、运输与网络的科学布局等。

(4) 科学选择运输方式，避免动力闲置浪费。如铁路、水路的经济运输里程为200～300千米，适于“重、厚、长、大”的货物。公路的经济运输里程在300千米以内，其特点是能做到短距离快速运输、“门到门”的服务，适于“轻、薄、短、小”的货物。

(5) 提高运输装备技术水平，增强运输技术含量。提高技术装载量是组织合理运输、提高运输效率的重要内容。提高技术装载量不仅可以最大限度地利用车船载重吨位，而且可以充分利用车船装载容积。具体做法有以下几种。

①组织轻重装配。它是把实重货物和轻泡货物组装在一起，既可以充分利用车船装载容积，又能达到装载质量，以提高运输工具的综合利用率。

②实行解体运输。它是针对一些体积大且笨重、不易装卸又容易碰撞致损的货物的一种装载技术。

③堆码技术的运用。应根据车船货位情况及不同货物的包装、形状，采取有效堆码技术，如多层装载、骑缝装载、紧密装载等技术，以提高运输效率。

(6) 发展社会化的运输体系，采用现代运输方式。如采用多式联运、采用一贯托盘化运输、利用全球卫星定位系统（global positioning system，GPS）进行运输等。

5）确定配送线路的原则

在满足配送要求的前提下，确定配送路线时所应遵循的原则，可以有以下多种选择。

(1) 效益最高。效益是企业整体经营活动的综合体现，可以将其具体化为以利润来表示。因此在计算时可以将利润最大值作为目标值。但是由于效益是企业经营活动的综合反映，受多种因素的影响，在数学模型中很难与配送路线之间建立函数关系，因此很少采用这一目标。

(2) 成本最低。成本与配送路线之间有着密切的关系，当成本对最终效益起决定性作用时，选择以成本最低为目标。由于成本目标确定、实用，且与配送路线的长短有直接的关系，所以此目标可以采用。

(3) 路程最短。当成本和路程的相关性很强，而和其他因素微相关时，就可以采取以路线最短为目标，但需注意的是，有时路程最短却不一定成本最低，例如，道路条件、收费情况都会对成本产生影响，此时仅以路程作为最优解显然就不合理了。

(4) 吨·千米最小。吨·千米最小通常是长途运输所选择的目标。在配送路线选择中，当采取共同配送方式时，也可将吨·千米最小作为目标。

(5) 准时性最高。准时性是配送中重要的服务质量指标。以准时性为目标确定配送路线，就是要将各客户的时间要求和路线的先后达到次序安排协调起来。这样有时就难以估计成本问题，甚至要以较高的成本来满足准时性的要求。为此就要根据不同的情况和要求，在高水平服务和高成本之间权衡利弊，进行抉择。

(6) 运力利用最低。在运力紧张、运力与成本或效益又有一定相关关系时，为了节约和充分利用现有运力，以便不需要租用车辆或及时新购车辆时，也可以运力安排合理与否为目标，确定配送路线。

(7) 劳动消耗最低。即以司机人数最少、司机工作时间最短、油耗最低等劳动消耗为目标，确定配送路线。

上述任何一项目标在实现时都会受到许多条件的约束和限制，在确定配送路线时，必须在满足各种约束条件的前提下，选择要实现和达到的目标。在一般的配送中，约束条件有以下几项。

①满足所有收货人对货物品种、规格、数量的要求。

②满足收货人对货物发到时间范围的要求。

③在允许通行的时间(如有些城区公路白天不允许货车通行)中进行配送。

④各配送路线的货物量不得超过车辆容积和载质量的限制。

⑤在配送中心现有运力允许的范围内。

2. 相关方法

1) 确定配送路线的方法

(1) 方案评价法。

当对配送路线选择影响的因素较多，难以用某种确定的数学关系来表示，或难以用某一种单项指标作为依据来评定时，可以采取对配送路线方案进行综合评定的方法，选择其中最优的方案。下面介绍方案评价法的基本步骤。

第一步，拟定配送路线方案。首先以某一项较为突出和明确的要求作为依据，拟定出几个不同的方案，在方案中要求提出配送路线的发经地点、使用车型参数。

第二步，对各个方案所引发的数据，如配送距离、配送成本、配送行车时间等数据进行计算，作为评价的依据。

第三步，确定评价项目。即确定从哪几个方面对各方案进行评价，如动用车辆数、使用司机数、油耗、总成本、行车难易度、准时性、装卸效率等方面都可以作为评价的依据。

第四步，对各种方案进行综合评价。为了便于对各种方案进行评价比较，可以将各评价项目列出综合评价表，对每一项目进行打分，根据各方案最后的综合得分，选出最优方案。

(2) 一对多配送的节约里程法。一对多配送是指由一个供应配送点向多个客户货物接收点的配送，这种配送运输模式要求同一条线路上所有客户的需求量总和不大于一辆车的额定载质量。其基本思路是：由一辆车装载所有客户的货物，沿一条优选的线路，依次逐一将货物送到各个客户的货物接收点，既保证客户按时收货又节约里程、节省运输费用。解决这种模式的优化设计问题可以采用“节约里程”法。

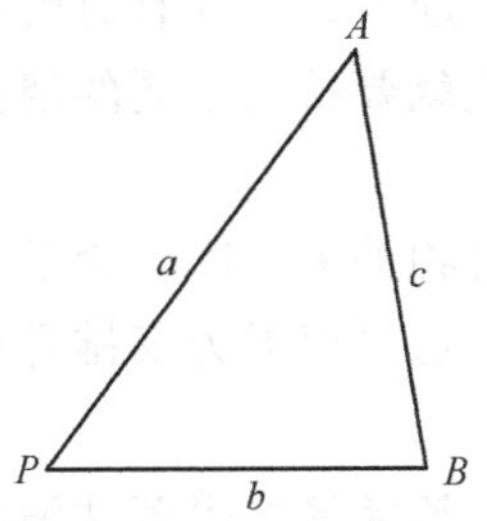

图 2-5-3 “节约里程”法的配送路径

“节约里程”法的基本原理见图 2-5-3，配送中心 P 向 A 和 B 两地客户送货，它们彼此之间的道路距离分别为 a、b 和 c。

如果使用两辆货车分别向 A、B 两地往返送货，其行驶总里程为 $2a+2b$。

用一辆货车（车辆可以满足两地送货）由 $P\to A\to B\to P$ 单线巡回送货，其行驶总里程为：$a+b+c$。

两者相比，后一种送货方案比前一种方案可节省的运输距离为

$$(2a+2b)-(a+b+c)=a+b-c>0$$

这一节约距离称为“节约里程”。在确定货物配送路线时，如果有多个收货点，将其中能取得最大“节约里程”的两个收货点连接在一起，进行巡回送货，就能获得最大的节约里程。同时，在运输车辆满载的条件下，设法在这条选定的巡回路线中将其他收货点按照它们所能取得的“节约里程”的大小纳入其中，则能获得更大的“节约里程”效果，并作出按“节约里程”值由大到小连接收货点的配送路线。

实际应用中，首先要计算出配送中心至各个收货点以及各收货点之间的最短距离，再计算出各收货点相互间的“节约里程”，然后按“节约里程”的大小和各收货点的收货数量或质量，在车辆载重允许的条件下，将各个可能入选的送货点衔接起来，形成一条配送路线。如果一辆货车不能满足全部送货需求，可先安排一辆，然后按上述程序继续安排第二辆、第三辆或更多辆，直到全部收货点连接在多条配送路线中为止。节约里程法需考虑的因素和注意事项：①适用于顾客需求稳定的配送中心；②各配送路线的负荷要尽量均衡；③要充分考虑道路运输状况；④要预测需求的变化以及发展趋势；⑤考虑交通的状况；⑥利用计算机软件求解优化。

根据节约法的基本思想，如果一个配送中心 P_0 分别向 N 个客户 P_j（$j=1$，2，…，N）配送货物，在汽车载重能力允许的前提下，每辆汽车的配送线路上经过的客户个数越多，里程节约量就越大，配送路线就越合理，如图 2-5-4 所示。

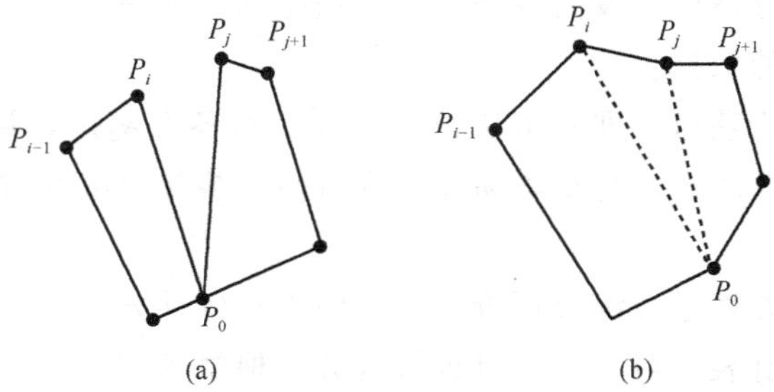

图 2-5-4 节约里程法应用图

（3）多对多配送，交通路线成圈时的破圈法。

多对多配送是指由多个供应配送点向多个客户货物接收点的配送，当配送路线成两个或两个以上的圈时，可以用破圈法操作。下面通过例题来加以说明。

2）调运方案优化的表上作业法

（1）表上作业法是利用数学模型进行数量分析，例如，应用线性规划解决运输问题的数学模型，用表上作业法和图上作业法求解最佳的运输方案，运输方案一般要先求初始方案，然后再求最佳方案。求初始方案的常用方法是最小元素法。最小元素法中的所谓元素就是指单位运价。此法的基本思想是：运价便宜的优先调运。

（2）最小元素法步骤如下。

①在运输平衡表与运价表右侧中找出最小元素，其对应的左侧空格安排运输量，运输量取该最小元素对应的产地的供应量与销地的需求量的最小值，然后将对应供应量和需求量分别减去该最小值，并在运价表中划去差为0的供应量或需求量对应的行或列（若供应量和需求量的差均为0，则只能划去其中任意一行或一列，但不能同时划去行和列）。

②在未划去的运价中，重复步骤①。

③未划去运价只剩下一个元素对应的左侧空格安排了运输量后，初始调运方案便已编制完毕。

（3）运输方案的优化，要会判断方案是否最优。

①在初始方案上找闭回路。每一个空格对应唯一的闭回路，闭回路中除一个空格外，其他拐弯处均填有数字；在闭回路中规定，空格为一号拐弯处，其他拐弯处按顺时针或逆时针方向依次编号，直至回到空格为止。

每一个空格对应唯一的检验数，检验数在空格对应的闭回路中计算，计算公式为

检验数＝1号拐弯处单位运价－2号拐弯处单位运价

＋3号拐弯处单位运价－4号拐弯处单位运价

＋……

②判断最优调运方案的标准。某物资调运方案的所有检验数均非负，则该调运方案最优。

③运输方案的优化。由最优调运方案判别标准可知，若某物资调运方案存在负检验数，则该调运方案需要进行调整。

调整在含负检验数的空格对应的闭回路中进行，调整量 q 取该闭回路中偶数号拐弯处运输量的最小值，即

$$q=\min(\text{所有偶数号拐弯处的运输量})$$

调整时，闭回路拐弯处以外的运输量保持不变，所有奇数号拐弯处运输量都加上 q，所有偶数拐弯处运输量都减去 q，并取某一运输量为0的拐弯处作为空格（若有两处以上运输量为0，则其中任意一个拐弯处作为空格，其他的0代表该处的运输量）。

3. 相关案例

【例题1】有某物资7万吨，由发点 A_1、A_2、A_3 发出，发量分别为3、3、1（万吨），运往收点 B_1、B_2、B_3、B_4，收量分别为2、3、1、1（万吨），收发量平衡，交通图如图2-5-5所示，问应如何调运，才可使吨·千米最小？

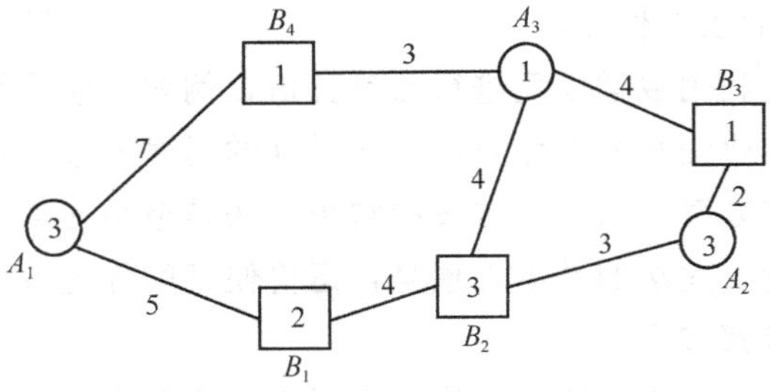

图 2-5-5 运输交通图

解 (1) 作一个没有对流的流向图，用“去线破圈”的方法，去一线破一圈，有几个圈去几条线，把有圈的交通图化为不成圈的交通图。一般是先去掉长度最长的交通线，如去掉 A_1B_4(7 千米)，破 $A_1B_1B_2A_3B_4$ 圈，再去掉 A_3B_3 线(4 千米)，破 $B_2A_2B_3A_3$ 圈。这样，原来有圈的交通图，就变成了不成圈的交通图，如图 2-5-6 所示。

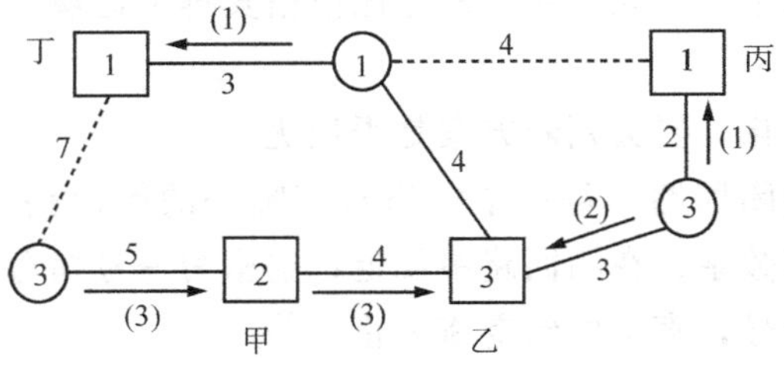

图 2-5-6 破圈图

然后先从各个端点开始，在图 2-5-6 上作一个没有对流的流向图。

(2) 检查有无迂回。方法是对流向图中的各圈进行检查，看看有无迂回。如果没有迂回，这个初始方案就是最优方案，如果其中某一圈有迂回，这个方案就不是最优方案，需要改进。

在图 2-5-6 中，圈 $A_1B_1B_2A_3B_4$ 总长为 23 千米，外流长为 $5+4+3=12$(千米)，大于圈长的一半，因此需要调整。再看圈 $B_2A_2B_3A_3$，其总长为 13 千米，圈中内流长为 3 千米，外流长为 2 千米，都小于圈长的一半，因此，此圈不必调整。

对圈 $A_1B_1B_2A_3B_4$ 的调整方法是：在外圈的各流量中，减去外圈的最小流量 1 万吨；然后在内圈的各流量中加上 1 万吨，在此圈中，因无内流量，所以无处可加；此外，再在无流量的线路段上，新添上内圈流量 1 万吨，这样就得出新的流量图，如图 2-5-7所示。

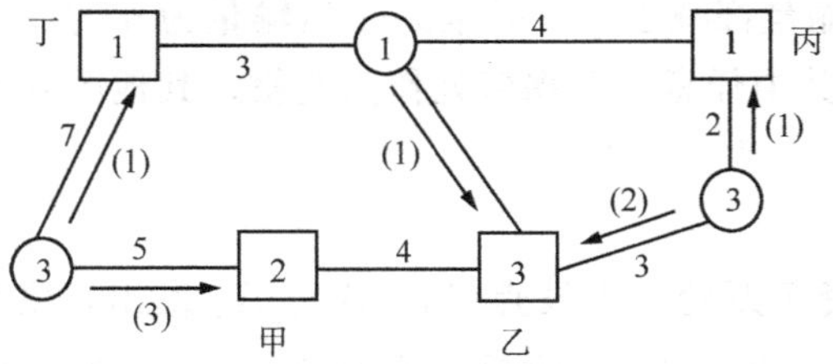

图 2-5-7 调整后的流量图

新的流量图中，在 $A_1B_1B_2A_3B_4$ 圈内，内流长为：4+7=11(千米)，外流量长为：5千米，都不超过圈长(23千米)的一半；在 $B_2A_2B_3A_3$ 圈内，内流长为3千米，外流长为4+2=6(千米)，也都没有超过圈长（13千米）的一半，因此这个流向图没有迂回现象，是本问题的最优调运方案，总运输力为

$$1\times7+2\times5+1\times4+2\times3+2\times1=29\text{（吨·千米）}.$$

【例题2】 某物资要从场地 A_1、A_2、A_3 调往销地 B_1、B_2、B_3，运输平衡表和运价表如表2-5-1所示。

表2-5-1 运输平衡表（单位：吨）**与运价表**（单位：元/吨）

产地销地	B_1	B_2	B_3	供应量	B_1	B_2	B_3
A_1				20	50	40	80
A_2				50	30	10	90
A_3				80	60	30	20
需求量		40	60	150			

试用最小元素法编制初始调运方案，并求最优调运方案和最小运输总费用。

解 用最小元素法编制的初始调运方案如表2-5-2所示。

表2-5-2 运输平衡表（单位：吨）**与运价表**（单位：元/吨）

产地销地	B_1	B_2	B_3	供应量	B_1	B_2	B_3
A_1				20	50	40	80
A_2				50	30	10	90
A_3				80	60	30	20
需求量	150	40	60	150			

对空格找闭回路，计算检验数，直至出现负检验数：

$$L_{12}=40-10+30-50=10，\quad L_{13}=80-20+60-50=70$$

$$L_{23}=90-20+60-30=100，\quad L_{32}=30-60+30-10=-10<0$$

初始调运方案存在负数，需要调整，调整量为

$$q=\min(20，40)=20$$

调整后的第二个调运方案如表2-5-3所示。

表2-5-3 运输平衡表（单位：吨）**与运价表**（单位：元/吨）

产地销地	B_1	B_2	B_3	供应量	B_1	B_2	B_3
A_1	20			20	50	40	80
A_2	30	20		50	30	10	90
A_3		20	60	80	60	30	20
需求量	50	40	60	150			

对空格再找闭回路，计算检验数：

$$L_{12}=40-10+30-50=10，\quad L_{13}=80-20+30-10+30-50=60$$

$$L_{23}=90-20+30-10=90，\quad L_{31}=60-30+10-30=10$$

所有检验数非负，所以第二个调运方案最优。

最小运输总费用为

$$20\times50+30\times30+20\times10+20\times30+60\times20=3900(\text{元})$$

2.5.3 任务实施说明

1. 第一个业务配送方案设计步骤

第一步，简化运输图，把不成圈的部分合并到前一步，使配送路线在图上成圈，如图 2-5-8 所示。

第二步，利用破圈法找初始方案，去掉最长路线，如图 2-5-9 所示。

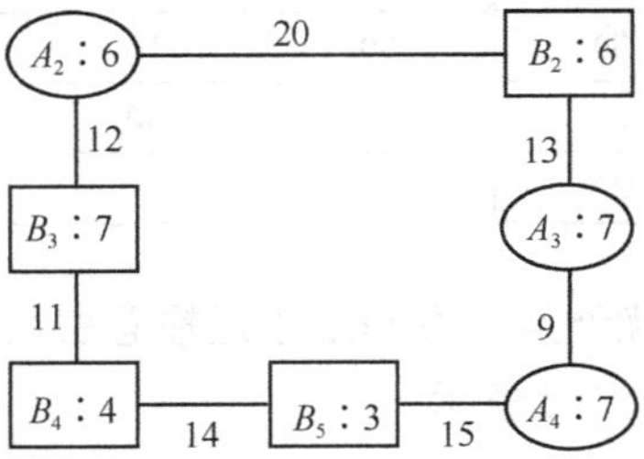

图 2-5-8 简化运输图

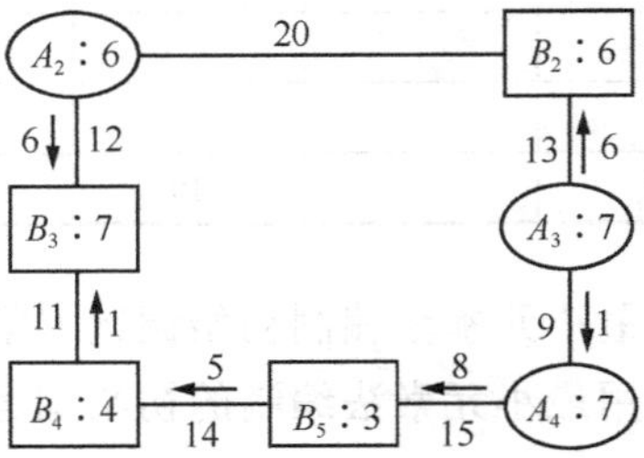

图 2-5-9 初始调运图

第三步，校验是否含有迂回运输。

总周长＝20＋13＋9＋15＋14＋11＋12＝94（千米）；

总周长的一半＝94/2＝47（千米）；

外圈长＝13＋12＝25（千米）＜47 千米；

内圈长＝9＋15＋14＋11＝49（千米）＞47 千米；

所以，内圈含有迂回。

第四步，方案调整。对含有迂回的圈进调整，如图 2-5-10 所示。

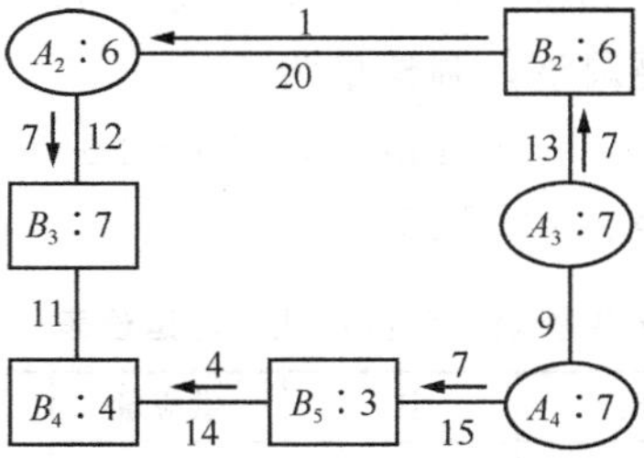

图 2-5-10 优化运输图

内圈统一减去最小运输单位 1，同时外圈统一加上 1。

第五步，检验是否还含有迂回运输。

外圈＝13＋20＋12＝45（千米）＜47 千米；

内圈＝15＋14＝29（千米）＜47 千米；

所以不含迂回，是最佳方案。

第六步，总配送方案和总配送量如图 2-5-11 所示。

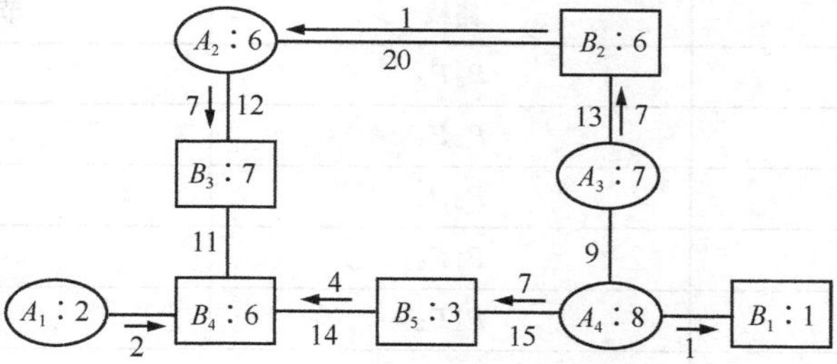

图 2-5-11 最终运输图

$$总配送量=20\times1+13\times7+8\times1+15\times7+\times14\times4+10\times2+12\times7$$
$$=20+91+8+105+56+20+84=384\ (吨·千米)$$

2. 第二个业务配送方案设计步骤

(1) 节约里程法。

第一步，作运输里程表，列出配送中心到用户和用户间的最短距离，如表 2-5-4 所示。

表 2-5-4 运输里程表

需要量	P_0					
1.5	8	P_1				
1.7	8	(4) 12	P_2			
0.9	6	(1) 13	(10) 4	P_3		
1.4	7	(0) 15	(6) 9	(8) 5	P_4	
2.4	10	(2) 16	(0) 18	(0) 16	(5) 12	P_5

第二步，由运输里程表、按节约里程公式，求得相应的节约里程数，如表 2-5-4 “()”内所示。

第三步，将节约里程 S_{ij} 进行分类，按从大到小顺序排列，如表 2-5-5 所示。

表 2-5-5 按从大到小顺序排列

序号	路线	节约里程 S_{ij}
1	P_2P_3	10
2	P_3P_4	8
3	P_2P_4	6
4	P_4P_5	5
5	P_1P_2	4
6	P_1P_5	2
7	P_1P_3	1
8	P_2P_5	0
9	P_3P_5	0
10	P_1P_4	0

第四步，确定单独送货的配送线路，如图 2-5-12 所示。

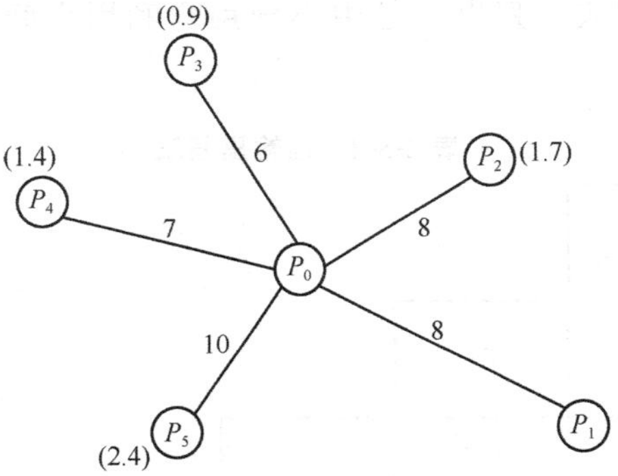

图 2-5-12 单独送货路线

根据单独送货线路可以计算出初始方案配送距离＝39×2＝78（千米）。

第五步，根据载质量约束与节约里程大小，将各客户节点连接起来，形成两个配送路线。即 A、B 两个配送方案，如图 2-5-13 所示。

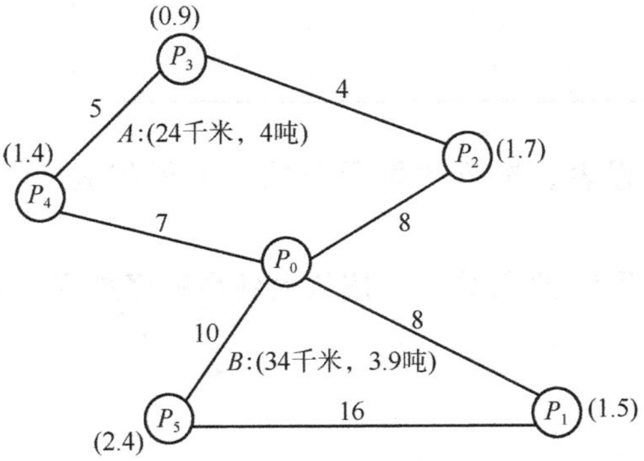

图 2-5-13 两个配送线路

配送线路 A：$P_0 \to P_2 \to P_3 \to P_4 \to P_0$。

运量：$q_A = q_2 + q_3 + q_4 = 1.7 + 0.9 + 1.4 = 4$（吨）。

用一辆车 4 吨运送，节约距离 $S_A = 10 + 8 = 18$（千米）。

配送线路 B：$P_0 \to P_5 \to P_1 \to P_0$。

运量：$q_B = q_5 + q_1 = 2.4 + 1.5 = 3.9$（吨）$< 4$ 吨。

用一辆车 4 吨车运送，节约距离 $S_B = 2$ 千米。

第六步，与初始单独送货方案相比，计算总节约里程与节约时间。

总节约里程：

$$\Delta S = S_A + S_B = 20 \text{ 千米}$$

（2）节约成本核算。

与初始单独送货方案相比，可节约时间：

$$\Delta T = \Delta S / V = 20/40 = 0.5(\text{小时})$$

【小结】

本项目主要针对在物流企业业务运作过程中，经常会涉及的核心技术以及这些核心技术所关联的主要相关知识，进行了详细的讲解，希望通过这些讲解让各位同学能真正掌握并能熟练地运用这些知识和技术。

思考与练习

（1）已知圆钉每件重 20 千克，每件体积 0.3×0.25×0.2=0.015 立方米。铝制品每件重 37 千克，每件体积 0.75×0.74×0.63=0.35 立方米。计划装上一辆棚车标重 30 吨，容积 10.2×2.81×2.3=66 立方米的铁路棚车。要测算如何装载上述两种商品，各需组配多少件，才能达到容满吨足。

（2）以 A 点为出发点，要配送货物至较分散的 20 个目的地、用什么原理和方法对车辆进行合理调度。

案例拓展

汽车物流运输方式及其线路的优化

上汽集团是国内领先的汽车制造企业、最大的乘用车制造商和销量最高的汽车生产商。2011 年，上汽集团整车销量突破 400 万辆，同比增长 12%，市场占有率更是达到 21%，蝉联国内汽车集团首位。上海汽车作为上汽集团的下属自主品牌。目前拥有两大生产基地，分别是上海南汇临港基地和南京浦口基地。其中上海基地生产车型为荣威 A，南京生产的车型为荣威 B。上海工厂生产出来的汽车存储在临港库，库容为 12000 台。南京工厂生产出来的汽车存储在南京库，库容为 6000 台。

作为上汽集团全资子公司，安吉物流承担着上海汽车两大基地商品车的运输业务，负责为客户提供点对点的运输服务。公司根据订单的具体要求，选择合适的运输方式和路线，从上海或南京的仓库发货。目前安吉物流配送城市已覆盖全国大部分地区，主要城市如图 2-5-14 所示。

安吉物流针对不同运输线路，采取了不同的运输方式。例如，对广州、天津等沿海地区的整车运输，安吉物流倾向考虑海运；对于武汉、重庆等沿江地区的整车运输，安吉物流倾向考虑江运；对于

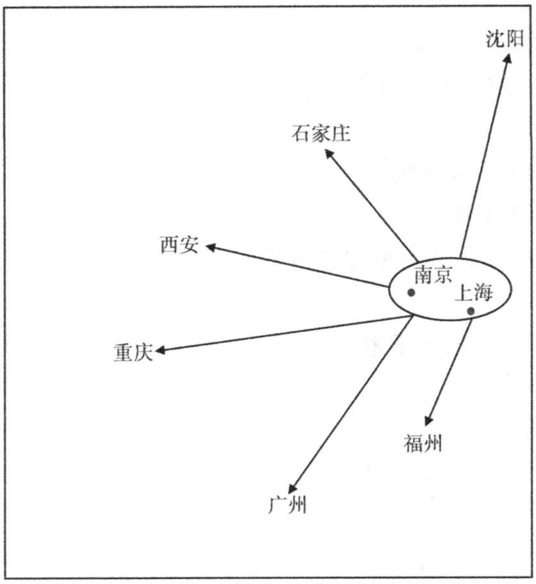

图 2-5-14 安吉物流配送城市图

其他城市，安吉物流倾向采用公路运输。在一些特殊情况下，如加急订单等，一些原定水路运输将调整为公路运输。资料显示黄河和广州河无法运输。

水路运输的特点是运量大、成本低，非常适合大宗商品车的运输，并且通航能力几乎不受限制。但是采用水路运输，不可避免地会涉及短驳问题。当船舶到达码头后，需要短驳车将这些商品车运往目的地。对于沿海沿江的运输，船舶到达码头后，商品车可免费停泊两天，这样码头也就相当于整车运输的临时仓库。此外，对于水路运输，船舶的起航日期是有限制的，一般每周二、六开航一次。并且对仓位也有严格的限制，沿海船舶每仓 300 辆车，沿江船舶每仓 200 辆车。如果当天商品车数量不能满载，则需要等到下一班次发运。表 2-5-6 是各种运输方式的特征参数。

表 2-5-6 运输方式特征参数模拟

	费用/（元/（辆·千米））	运输标准说明	碳排放/（千克/（辆·千米））	其他
公路	2.0a（不大于 50 千米） 1.7a（不大于 200 千米） 1.5a（不大于 500 千米） 1.3a（不大于 1000 千米） 1.3a（大于 1000 千米）	轿运车装卸商品车时间均为 0.5 天，日行驶 500 千米	0.364	单台轿运车的装载能力为 10 辆商品车；临港库每天装载量为 5 辆轿运车；浦口为 3 辆轿运车
海运（内河）	1.0a	每周二、六开航一次，船速 400 千米/天（仓位：300 辆/海船，200 辆/江轮）	0.101	目的地是码头可免费堆放两天；船舶满载发运；装卸能力 200 台/天

注：超额运力价格为原价格标准上浮 50%，费用价格 a 随市场油价变动

相比水路运输，公路运输的特点是快速、机动、灵活，即车辆可随时调度、装运，各环节之间的衔接时间较短，可实现“门对门”的服务，因此，安吉物流的整车运输方案中普遍采用公路运输。但是公路运输也有缺点，如运量少、成本高等，这与水路运输刚好相反。考虑到这一点，安吉物流在其运输方案中，也经常采用公路运输与水路运输相结合的方式。到达码头的整车，既可用采用短驳运输到达目的地，也可以长途运输到达目的地。

成本永远是企业关注的问题。降低成本是影响企业长期发展的战略性问题，是企业长期关注的问题，安吉物流也不例外。当客户下达订单后，安吉物流首要考虑的就是运输成本问题。对于订单的目的地，选择哪种运输方式，哪种路线，都会直接影响物流运输的经济成本和时间成本。选择公路运输，时间相对较短，但是经济成本略高；选择水路运输，经济成本相对较低，但是时间成本较高。因

此，运输路线方式的选择应该充分考虑目的地的地理环境、客户的要求和安吉物流的运力等具体情况。

在长期的合作中，上海汽车对安吉物流汽车运输提出了一些具体的要求，如下所述。

(1) 商品车要求“零”公里交车（即交车时商品车辆的行驶里程不得高于50千米）；

(2) 提高服务水平，缩短运输在途时间；

(3) 提高商品车交车时完好率（过多的交接环节会降低交验时的完好率）；

(4) 形成商品车运输配送网络；

而安吉物流在保障客户要求的前提下，考虑自身的情况，对整车运输业也制定了一些规定，如下所述。

(1) 多种运输方式并行；

(2) 降低单一运输模式的风险；

(3) 在合理范围内起到优化成本作用；

(4) 提高交车完好率，严格把关各种交接过程或者减少各种多余装卸交接；

(5) 充分利用现有资源，降本增效。

目前，上海汽车两大品牌汽车全国口碑良好，销量近年来平稳增长，安吉物流为其提供了稳定的配送服务。上海汽车根据各城市月份的销售记录，对下一个月的销量进行预测，并且制定下个月份需要安吉物流配送的运输订单。对于订单，上海汽车要求安吉物流在下单后的两天内发运订单40%的商品车；5天内发运80%的商品车；8天内发运100%的商品车。表2-5-7是上海汽车A品牌和B品牌汽车某月的销量表。

表2-5-7　上海汽车A品牌和B品牌汽车某月销量表

城市	A销量/辆	B销量/辆	城市	A销量/辆	B销量/辆
长沙	320	280	南京	2678	1958
武汉	301	266	上海	1430	900
南昌	265	229	合肥	362	268
杭州	1030	1384	广州	576	858
西安	280	210	南宁	146	110
兰州	160	110	福州	326	246
银川	102	73	海口	59	47
郑州	523	468	北京	268	184
昆明	255	344	天津	190	228
贵阳	108	111	石家庄	436	471
成都	890	1038	哈尔滨	120	130
重庆	360	288	沈阳	462	365
拉萨	32	10	长春	254	191
乌鲁木齐	217	169	济南	1247	997
呼和浩特	268	224	太原	210	179

安吉物流接到订单后，首先考虑的是运输方式的选择，或公路运输，或水路运输，或多式联运，

或建立中转站等。但是无论采用哪种运输方式，安吉物流都需要实现经济成本最小、时间成本最短的目标。对于全国三十多个省市的整车运输，安吉物流一直在寻求最佳的运输方式及线路组合方案。其次考虑的是可供调配的运力。根据订单的时间和要求，对周边的车辆进行调度。对于南京仓库和上海仓库的两种不同品牌的车辆，安吉物流也需要进行整合，将同方向的运输订单进行协调优化，以实现规模化进而减少成本。以前，公司大多数线路都选择公路运输。但是随着公司运量的增加和国家节能减排政策的倡导，公司近几年也开始考虑其他运输方式。对于运输线路的优化，有人建议增加多式联运的比例，有人建议增加多式联运的辐射范围，有人建议增加一些中转站等，但是这些建议都需要进一步的评估和验证。

随着市场的不断扩大，安吉物流承运的车辆的品牌类型越来越多，多种类型车辆的运输协调和整合也给安吉物流的整车运输带来新的挑战。安吉物流除承担上海汽车的整车运输外，也承担其他公司的整车运输，如浙江吉利、安徽奇瑞等。不同地域、不同公司品牌车辆的协调运输也是安吉物流面临的一个挑战。此外，市场竞争的激烈对于回程空载率也提出了一定的要求，这些都是安吉物流未来将面临的问题。

项目3　物流企业经营管理

教学目标

(1) 掌握流程和流程管理的概念；
(2) 掌握企业流程设计的原则和方法；
(3) 掌握物流成本控制的内容和方法。

项目背景

转眼之间雷迅物流已经走过了四个年头。经过四年的快速发展，公司已经不是当初的小公司，而是一个跨域的集团公司，不仅在叙府站稳了脚跟，还将业务发展到了全国范围。目前集团公司在成都、泸州、重庆、上海等地设立了分公司。

随着公司的发展，公司运营管理的工作量也越来越大。许多物流公司经营管理问题层出不穷，迫切需要得到有效解决，公司的经营管理工作也越来越重要。

任务3.1　业务流程优化设计

3.1.1　任务描述

周五下班前，公司项目部正在进行每月例会。

"各位，介绍一位新员工给大家，林晓，现代物流管理专业刚刚毕业的大学生。"项目部经理蒋智在开始部门每月例会前，先对部门新成员进行介绍。

"请在座的领导和同事在今后的工作中多多关照!"林晓谦虚地笑道。

"好了，言归正传！请各位就这个月各自负责的工作进行总结汇报。林晓你也听听，大致了解一下我们部门的情况。"蒋智说道。

项目部副经理张大海首先进行了汇报。"这个月公司在经营工作中比上年同期有了较大改进，但在经营管理中仍然出现了不少问题。一是某些配送中心的站台等待装卸货的卡车经常排起长龙；二是由于运力不足，造成许多客户货物积压，一些客户的货物无法运出，公司在这些客户的心目中的信誉受到严重影响……"

"你们分析过原因没有，为什么会出现这些问题?"蒋智问道。

"我们分析过，也找到一些原因。但对于如何解决感觉心里没底。"张大海回答道。

分析总结会一直持续了两个多小时。最后，蒋智总结道："从各个分公司和主管总结汇报的情况看，每个公司或多或少都存在着一些问题，请各位负责人回去后，深入分析原因，尽快拿出解决方案。散会!"

“林晓，你留一下!”蒋智合上工作日记。“我正在考虑安排你着手哪方面的工作，你自己有什么想法没有?”

“我刚来公司，对公司的具体情况也不是太清楚，但如果让我选择，我更愿意去对我锻炼更大的地方。”林晓答道。

“好！这样吧，刚刚开会你也大致听到了，我们部门现在在经营管理这块存在着很大的漏洞，要不你先整理一下这方面的资料，两周后拿出一份物流运营管理改进方案给我。”

接下来的三天，林晓通过数据整理、部门走访和资料分析，发现部门物流运营管理在承运区、运作区和到达区都存在问题。

1）承运区

(1) 取货收款不够透明化：取货人员上门取货，现场检查只是简单检查，不能做到专业有效的检验．对货物的数量、质量等不能做到透明化、标准化，因此收款额度波动范围大，容易引起相同货物由于取货人员不同，收款不同的现象。

(2) 货物安检称重、包装负责人分工不够细化，责任不明：对所有货物，应设专门负责人员进行安检称重，并进行包装。营业人员、取货人员分别对各自相应货物进行安检称重、包装，缺乏统一标准，作业不够灵活，不利于提高作业效率。

(3) 制票凭证欠规范：制票人员制票，将乙联交给客户，但收货人员无票据依据，无法确认货物是否与票单原记录相符，客户缺乏报销凭证。

(4) 对于合同客户、大客户，作业流程过于冗繁，不利于业务受理效率的提高。

2）运作区

(1) 作业流程不够灵活。

(2) 装车流程简化，如缺乏统一汇总清单，站车交接程序混乱，缺乏统一合理的作业流程，容易出现货物记录丢失等情况。

(3) N 车运输环节，没有相应的负责人进行货物清点、记录，无法避免货物是否有破损、丢失等情况的发生。

(4) 作业流程中缺乏对需要中转入库或转往公路的运输环节的规范设计。

3）到达区

(1) 作业流程忽视了对到达转场货物的处理流程设计。

(2) 送货作业流程细节尚待完善，如送货时需先对收货人进行到货通知，并进行信息确认。

(3) 交付作业流程尚待完善，如对无法交付货物的处理没有明确说明，缺乏窗口交付的流程设计。

针对林晓提出的公司经营管理方面的问题，结合知识拓展中给定的服务蓝图法，对雷迅物流的企业流程进行设计，最好将企业流程中各个子系统流程一并设计出来。

3.1.2 知识拓展

1. 相关概念

(1) 流程：一个或一系列连续有规律的行动，这些行动以确定的方式发生或执行，导致特定结果的实现。包含输入资源、活动、活动的相互作用、输出结果、顾客和价值六大要素。

(2) 流程管理：企业流程管理主要是对企业内部改革、流程管理的三种不同层次的流程管理，是优化与供应商有关的业务流程。如预测、补货、计划、签约、库存控制、信息沟通等。

(3) 服务蓝图：服务蓝图直观上同时从几个方面展示服务，分别为描绘服务实施的过程、接待顾客的地点、顾客雇员的角色和服务中的可见要素。它提供了一种把服务合理分块的方法，再逐一描述过程的步骤或任务、执行任务的方法和顾客能够感受到的有形展示。

(4) 流水线法：企业制定了详细的制度、操作规范和服务内容，对服务员工进行统一规范的训练，让他们按照统一的模式给顾客提供标准化、程序化的服务。

2. 相关方法

1) 物流企业流程设计

流程是一个过程，这个过程是否需要应视其对物流企业工作目标的完成有无作用而定，没有作用的流程是应该淘汰的。可以建立这样一个评价标准：看流程是否对物流企业工作目标的完成有贡献，而且是直接的贡献和作用。既然有这样一个标准，当组织内部的战略目标发生变化时，组织内部各项任务和工作也发生变化，经营流程就需要进行重新设计。

(1) 物流企业流程设计的影响因素。物流企业流程设计不仅受物流企业自身的理念或宗旨的影响，还受到企业目标、企业技术条件、产业环境等的影响，进行企业流程设计时，需要综合考虑各影响因素，使物流企业的业务流程适应外部环境的实际情况，紧跟时代的变化，在社会市场竞争中立于不败之地。

①物流企业的理念或宗旨。所谓企业的理念或宗旨，是指企业经营管理所信奉的行为准则和对社会、经济等方面的价值判断。组织理念和宗旨是物流企业经营流程设计的基本出发点，组织的经营流程应该围绕组织理念或宗旨进行设计。只有这样，设计出来的经营流程才能被企业的各层次员工认可，新的流程才能更有效率地执行。

②物流企业的目标。企业的目标是企业理念或宗旨在不同时期的体现。流程作为组织内的工作过程，首先要服从组织的战略目标。换句话说，就是经营流程要为企业战略目标的实现作出贡献。因此，经营流程设计的另一个重要出发点就是组织的目标。物流企业的目标即包括长期目标，又包括中期、短期目标，因此，在进行经营流程设计时，应充分考虑企业的总体战略以及企业现阶段的组织特点，通过采取适当的经营流程，使企业达到定期的经营目的。

③物流企业的技术条件。物流企业流程的设计与技术条件关系密切。可以说，技术条件决定着流程的基本路径和实现环节等。如果没有技术条件的支持，物流企业流程的重新设计和实施就不大可能成功。

因此，在进行流程设计时，应该充分考虑物流企业现有的软硬件设施和管理体系。只有设计并实施较为稳健的、可操作性较强的经营流程，才能使物流企业达到良好的经营效果。

④产业环境。产业环境主要指顾客、竞争和变化。

a. 顾客。顾客的喜好在企业的经营发展中处于主导地位，这种现状也影响着物流企业经营流程的设计。当前，顾客对物流服务水平的要求越来越高。物流企业除了按照顾客的要求向其提供准时、准确的基本物流服务外，尤其应当重视各种延伸业务活动即增值服务的提供。

b. 竞争。有市场就有竞争。当今社会中，竞争无处不在，而且越来越激烈，如果物流企业不迅速发展，适应时代的变化，就会被淘汰。竞争的另一个方面就是竞争对手之间的战略联合。针对市场的新变化，物流企业的业务流程要及时地进行调整。

c. 变化。物流企业的外部环境在不断变化，物流企业的顾客和行业内的竞争状况也在不断变化，因此，企业本身也必须一刻不停地变化，以适应当今瞬息万变的社会环境。物流企业的业务流程需要根据外部环境的实际情况及时作出调整。

（2）物流企业流程设计的原则。在物流企业流程设计的过程中，除考虑其设计过程中重要的影响因素外，还应注意几个简单普遍的原则。把握这些原则，流程设计就可以按照正确的方向持续进行。

①明确流程设计的方向。每个流程都不是孤立存在的，都有其服务的对象。流程存在的意义在于最大限度地满足服务对象的需求。因此，流程设计的方向必须符合该流程的服务目标。有多种方法可用于确定流程设计的方向：可以是业务部门或客户部门明确现有流程存在的问题以及可以改进的方法；也可以借鉴标杆企业的相应流程寻找适应自身发展的方向。总之，每个流程的设计必须有明确的方向，这是开展流程设计的第一步。此后，可以依据流程设计的目标来设定流程的考核指标，也就是衡量流程最终输出结果好坏的指标。只有明确了指标，流程设计的方案才有制定的依据。

②寻求价值增值最大化。企业价值的创造是依靠流程来实现的，即当输入价值大于输出价值时，价值增值的部分是经流程的转换来完成的。一系列价值增值过程就形成了一个价值链。因此，在设计流程时，必须遵循价值增值原则，减少不必要的环节和耗费，保证企业价值的最大化。

企业流程是活动的结合，也是一系列相互关联的决策、信息流和物流的结合。通过企业业务流程各活动价值增值的核算结果，可判断活动的增值情况，并进行企业业务流程的设计。以价值增值为导向设计流程，可将流程中各个环节有机地组织在一起，密切相互间的协作关系，找出增加价值的工作，消除不必要的重复性工作，减少环节间的延迟，从而优化整个流程，使企业提高绩效。

③对流程设计进行整体把握。过去进行企业变革的过程中往往把注意力放在提高某个瓶颈的效率上，很少从整体上考虑整个流程是否合理。物流经营流程的设计则不同，由于物流的各项活动并不是孤立存在的，物流效率的提高需要各基本活动与环节之间的协作与配合。因此，物流企业在对流程设计时应充分考虑物流活动的整体性和各环节的协调性，才能达到预期的优化效果。

④考虑方案的配套措施。流程的设计在流程图之外，要详细考虑流程的每个节点，节点之间关系背后所蕴涵的管理制度以及管理制度执行下去所需要的配套措施。配套措施的设计是不能省略的过程，这个过程远比流程设计的结果本身更重要，它是业务部门逐步理清思路、达成共识的过程，也是保证流程设计结果可以执行而不是束之高阁的关键。

⑤强调流程管理制度的建立。流程设计的一个重要前提是：确定流程所有者，有专

人对规定范围内的流程负责，并确保有专门组织担负起对整个流程的管理和协调。因此，在新的流程管理体系中，需要明确流程的所有者，也就是责任矩阵，它反映了流程和组织之间的对应关系。流程管理是持续不断的过程，设计好新流程之后，需要建立一套流程的维护和管理体系来保证流程能够按照设计的要求运营，并能够实现持续改进（图 3-1-1）。

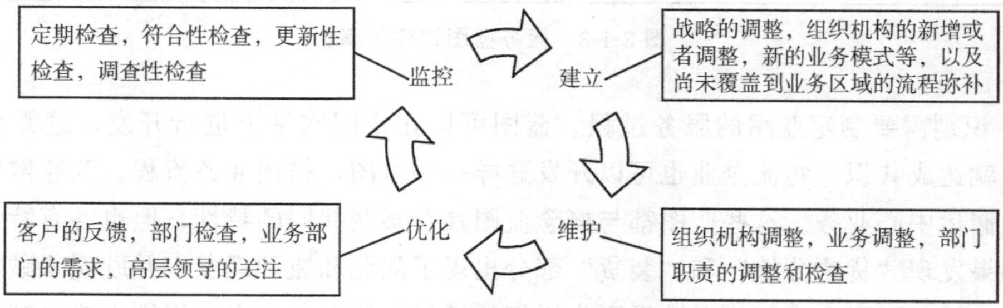

图 3-1-1 流程持续改进循环过程

（3）物流企业流程设计的方法。物流企业流程设计的方法主要有服务蓝图法、流水线法和授权法。

①服务蓝图法。服务蓝图法是一种基于流程图的服务设计工具，它将服务过程合理分块，再逐一描绘服务系统中的服务过程、接待顾客的地点以及顾客可见的服务要素，是解决服务叙述不完整、过度简化、描述偏差和解释困难等问题的方法论。完整的服务系统可以分为三大要素：服务形成的步骤与工作内容；执行每项工作的方法与途径；提供给顾客的服务感知。

以此三要素构建了服务蓝图示意图（图 3-1-2）。服务蓝图由 4 部分构成：3 种行为（顾客行为、服务人员行为、支持活动）；连接行为的流向线；分割行为的 3 条分界线（顾客与服务组织间互动线、可视分界线和内部互动分界线）。

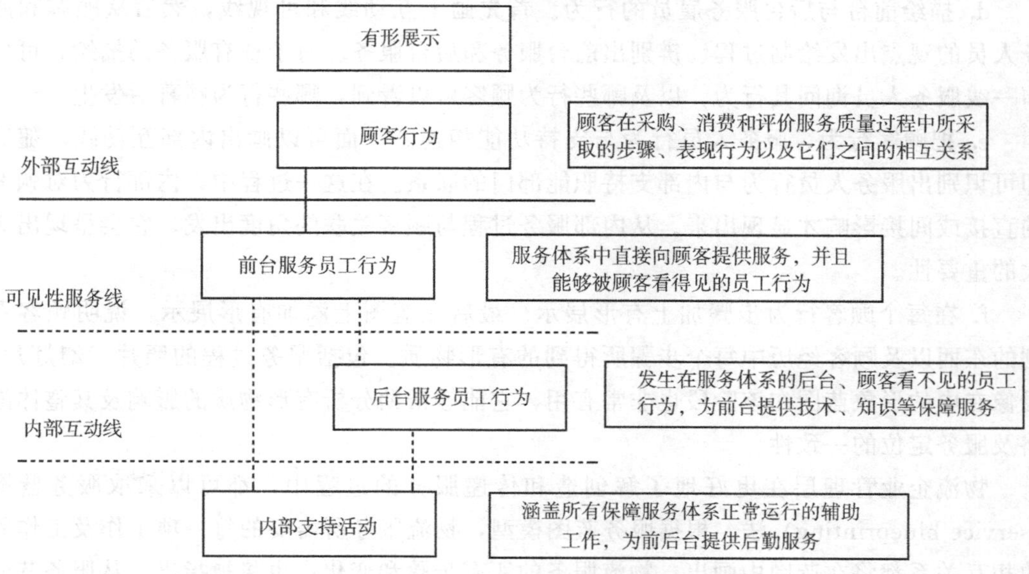

图 3-1-2 服务蓝图示意图

服务蓝图的开发涉及许多企业职能部门和顾客信息，建立服务蓝图的基本步骤如下（图 3-1-3）。

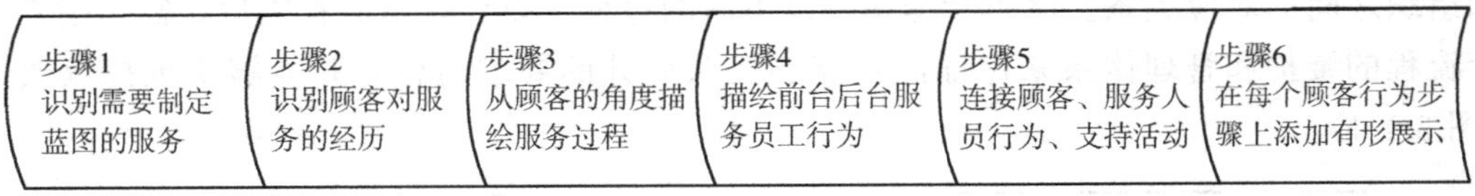

图 3-1-3　服务蓝图构建步骤

a. 识别需要制定蓝图的服务过程。蓝图可以在不同水平上进行开发，这需要在出发点上就达成共识。物流企业也可以开发这样一些蓝图，描述业务流程、互联网辅助的服务或储运中心业务。这些蓝图都与概念蓝图具有某些共同的特性，但也各有特色。或者，如果发现“货物分拣”和“装货”部分出现了问题和瓶颈现象，并耽误了顾客收件的时间，针对这两个步骤可以开发更为详细的子过程蓝图。总之，识别需要绘制蓝图的过程，首先要对建立服务蓝图的意图进行分析。

b. 识别顾客(细分顾客)对服务的经历。市场细分的一个基本前提是，每个细分部分的需求是不同的，因此对服务或产品的需求也相应变化。假设服务过程因细分市场不同而变化，这时为某位特定的顾客或某类细分顾客开发蓝图将非常有用。在抽象或概念的水平上，各种细分顾客纳入在一幅蓝图中是可能的。

c. 从顾客角度描绘服务过程。该步骤包括描绘顾客在购物、消费和评价服务中执行或经历的选择和行为。如果描绘的过程是内部服务，那么顾客就是参与服务的雇员。从顾客的角度识别服务可以避免把注意力集中在对顾客没有影响的过程和步骤上。该步骤要求必须对顾客是谁达成共识，有时为确定顾客如何感受服务过程还要进行细致的研究。如果细分市场以不同方式感受服务，那么就要为每个不同的细分部分绘制单独的蓝图。

d. 描绘前台与后台服务雇员的行为。首先画上互动线和可视线，然后从顾客和服务人员的观点出发绘制过程、辨别出前台服务和后台服务。对于现有服务的描绘，可以向一线服务人员询问其行为，以及哪些行为顾客可以看到，哪些行为在幕后发生。

e. 把顾客行为、服务人员行为与支持功能相连。下面可以画出内部互动线，随后即可识别出服务人员行为与内部支持职能部门的联系。在这一过程中，内部行为对顾客的直接或间接影响才显现出来。从内部服务过程与顾客关联的角度出发，它会呈现出更大的重要性。

f. 在每个顾客行为步骤加上有形展示。最后在蓝图上添加有形展示，说明顾客看到的东西以及顾客经历中每个步骤所得到的有形物质。包括服务过程的照片、幻灯片，录像在内的形象蓝图在该阶段也非常有用，它能够帮助分析有形物质的影响及其整体战略及服务定位的一致性。

物流企业管理层在更好地了解创造和传递服务的过程中，都可以采取服务蓝图（service blueprinting）法。根据服务蓝图模型，物流服务所需要的每一项工作及工作间的相互关系都将在蓝图中画出，物流服务的所有步骤和变化点也将被指出。从服务蓝图中可分析出使用资源时，动态变化将如何影响物流过程及其结果。根据对物流企业的分析，整个物流企业的服务蓝图可以分为3条线4个部分。图3-1-4为一快递物流的服务蓝图。

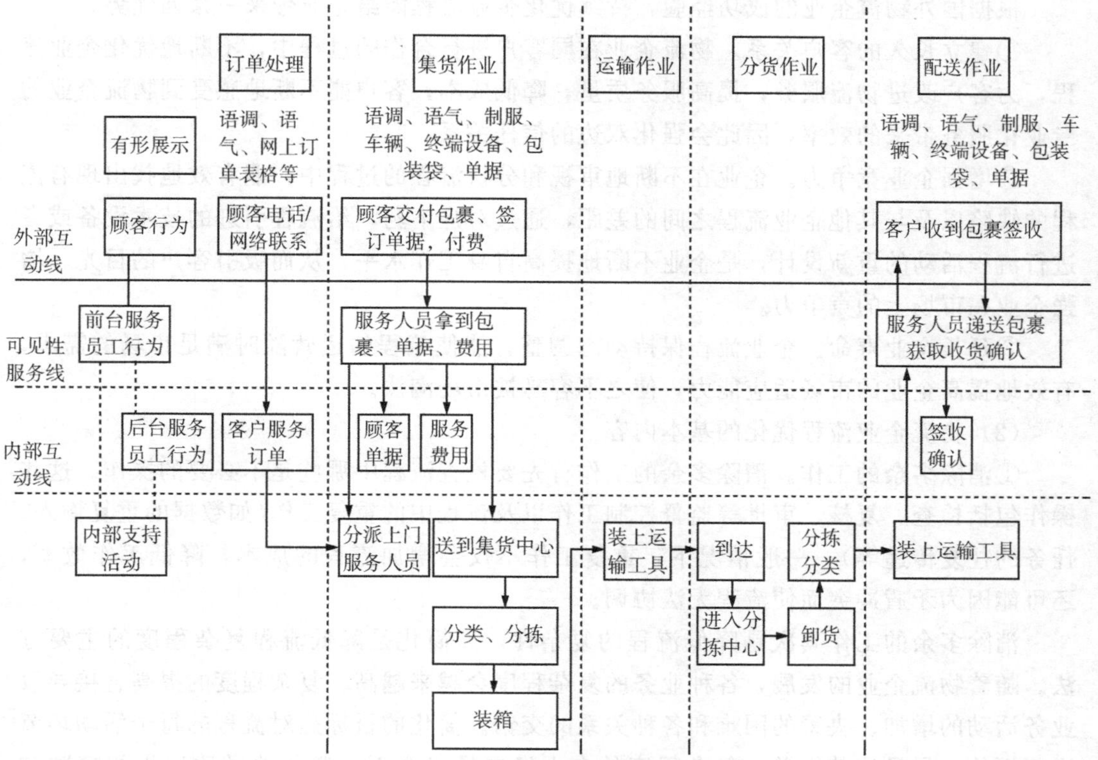

图3-1-4 快递物流服务蓝图

②流水线法。流水线法（the product-line approach）具有高效率、低成本、交易量大的优点。由于工作有章可循，工作内容已经标准化，工作方式也已经制度化，又不用动脑筋去决策，所以工作比较容易进行。再加上时间久了，工作熟练，物流人员的工作效率会大大提高，操作失败的概率也会随之降低。此外，采用流水线法比较容易培训员工，而且给顾客一种工作比较规范的感觉。因此，为达到服务的高效率和规范化，物流企业可采用流水线法对工作任务进行简化，要有明确的劳动分工，尽量用设备代替员工工作，使员工的自由性尽量减小，建立系统的服务制度和工作内容，并使之标准化。

③授权法。授权法是通过赋予员工一定的权利，发挥他们的主动性和创造性的方法。授权法强调对员工的尊重，重视“人性化”的管理，反对让员工依照教条、规章、制度等硬性的条款工作。授权法把员工从细枝末节的严格规定和规范中解放出来，让他们自己寻找解决问题的方式或方法，并对自己的决定和行动负责，以此换取他们的责任感和创造性。因此，物流企业要给予员工自由处理日常工作和一些隐蔽问题的权利，使员工及时更正服务中心的错误，令顾客感到真正的满意。

2）物流企业流程优化

物流企业流程的优化是指遵循现代物流企业运营的基本规律，根据企业自身的特点，分析诊断企业的所有流程，以用户为中心并利用信息技术，使传统的物流流程在统一的框架内不断优化，逐渐精简化、高效化和信息化。

(1) 物流企业流程优化的意义。

根据国外物流企业的成功经验，持续优化企业流程能给企业带来一系列优势。

①建立长久的客户关系。物流企业在同客户进行合作的过程中，不断地优化企业流程，为客户改进物流服务，提高服务质量，降低成本，客户能不断地感受到物流企业的专业化服务带来的效率，因此会强化双边的信任关系。

②增强企业竞争力。企业在不断地审视和分析流程的过程中，能有效地找出现有流程的缺陷以及与其他企业流程之间的差距，通过对症下药，给流程引进的技术设备或者进行流程活动的重新设计，是企业不断地提高自身工作水平，从而吸引客户的目光，增强企业在市场上的竞争力。

③延长企业寿命。企业流程保持动态调整，能使流程的运营随时满足市场的需求，有效地提高企业的市场适应能力，使之不容易被市场淘汰。

(2) 物流企业流程优化的基本内容

①消除多余的工作。消除多余的工作首先要检查流程中哪些是不必要的操作。这些操作包括检查、复核、审批等监督控制工作以及流程中的重复工作(如数据的重复输入、任务的往复传递等)。一般情况下，重复工作不仅会增加流程的成本，降低工作效率，还可能因为矛盾冲突而使流程无法协调。

消除多余的工作其次是降低流程的复杂性，而简化是降低流程复杂程度的主要方法。随着物流企业的发展，各种业务的复杂程度会越来越高。复杂程度的提高直接导致业务活动的增加、决策的困难和各种关系的交错。简化的目标是对流程的每个活动环节进行评估，尽量使其简单。复杂程度的自由发展最终会不可避免地导致流程的臃肿和低效。

②强化增值服务。价值增加主要体现为超过原始成本的理论增加值，从流程的要素来分析，就是流程单元输出时的价值大于输入时的那部分价值。一般来说，流程中存在两类非增值活动，一类是由于流程设计不合理而存在的活动，如移送货等待活动等，这些活动对流程产出并不是必须的，而是因流程设计产生的；另一类是由于组织的需要而产生的，如为了监督的需要和职能的分割等产生的活动。

真正的增值活动直接为最终提供给顾客的物流服务作出贡献。流程优化小组应该分析流程的每一项活动或工作，并将其归为增值活动或非增值活动。如果对流程持续进行这样的分析并加以改善，流程中真正的增值活动的比例就会大幅上升，周期也会大幅度缩短。

③人员与流程的配备。流程优化后，其岗位工作要求也会发生相应的变化，新流程中，员工的数量和质量将进行相应的调整。员工与流程相匹配可以从以下几个方面来理解。

首先，流程的设计必须与员工的素质相吻合。在流程改造过程中，要充分考虑企业内员工的素质情况。如果新流程的要求很高，将很难找到与此相适应的员工，对当前企业内的员工进行大面积的培训也是不可能的，而且无论招聘高素质的员工还是培训现有员工，都将付出一定的成本，与流程优化提高的收益相比，也许会得不偿失。

其次，实施新流程时要对员工进行相应的培训。流程改造完成后，紧接着应该评估流程中每项工作所需要的最低技能水平，它与以前的工作有哪些区别，并科学地制定岗位职能和相应的责任。物流企业管理者必须意识到，无论流程设计得多完美，没有适合的员工来进行操作和实现，都只能是纸上谈兵，达不到实际改进的效果。

最后，一般情况下，新流程中要求的人员数量将会减少。减少的人员既包括一线员工，也包中层管理人员，这些富余员工的安排和消化也必须与流程改造同时完成。

(3) 物流企业流程优化的策略。

①以物流企业流程为核心，实行企业组织结构化。流程优化的首要任务是选定正确的目标，一般是从能最大限度地提高业务效率的流程开始。一方面，物流企业的比较优势就是以更高的效率、更低的成本提供有价值的物流服务，因此，关键流程应该是物流流程。另一方面，组织结构是流程优化的根本保证，为此，要以高效的物流流程为目的的核心设计企业组织结构。企业的工作绩效衡量要以物流的合理与效率为基准，尽可能地消减阻碍物流畅通和增加物流成本的管理层次，减少物流的中间环节，设立的仓储管理部门、配送中心和运输部门等的数量和权限、物流网络的规模都以物流流程的提高为基准，同时，成立企业物流流程设计小组，负责从全局上把握物流的整体优化，并指导其他部门业务。

②加强订单、配送、仓储和采购等流程的一体化。对于物流企业，采购与订单处理流程的联系非常紧密，它们一起构成了物流流程，这是企业的关键流程。流程优化必须以用户为中心，按照为用户创造价值的目的设计和组合流程。因此，物流流程要方便供应商对物流的认识和过程的监控，以更好地满足供应商供应用户的目标。具体要求就是：反应快速、运营高效、物资损耗率低、服务收费低。要达到这些目的，就要顺应物流企业采购与订单处理流程的特征，加强订单、配送、仓储和采购的一体化，从用户出发，自末端到始端，顺畅连接订单接收、配送、运输、仓储、采购一系列作业，形成一体联动的流程，其中任何一个环节发生细小变化，都能够很快地传递到其他环节。

③删减、撤并非增值作业。非增值作业不能对用户作贡献，却要占用企业资源，没有存在的意义。应通过价值链分析，对不必要的物资回流、物资存留(库存)以及信息重复输入、无限流转等进行删减。企业人员需要增强主人翁意识，主动提高工作效率和降低差错率，减少部分检验和监督检查的行政管理活动，这样既能减少不必要的人员投入，又能提高用户满意率和服务满足率，并减少差错。

④本着为用户服务的宗旨，在流程优化的基础上增加附加活动。物流就是服务物流企业，更是以服务质量取胜。在满足用户全部要求的基础上，尽全力做好基本的物流服务，与此同时，发挥物流企业的信息优势、知识优势和技术优势，提供用户意料之外的服务，在流程合理化的基础上，增加物流附加活动。除了仓库管理、运输管理、订单处理、产品回收、搬运装卸、物流信息系统、产品安装装配、运送、报关、运输谈判等基本活动之外，还有物流信息咨询、物流系统设计、物流全程可视等活动，能够为物流企业增加更多的竞争优势。当然，随着竞争压力越来越大，原来的附加服务可能逐步成为基本服务，因此，企业就要不断地创造新的附加服务，提高服务能力和水平。

⑤以信息技术为牵引，改造传统的物流流程。信息技术的出现促使物流企业更快地优化原有流程，因为信息技术替代了部分工作，如办公自动化系统替代了大量的办公管理工作，管理信息系统替代了文件、单证等的收存和转发；信息技术也改变了原来的业务流程。物资入库子流程原来需要经过财务部门、库存管理部门之间多次单证的流转和确认，网络出现以后单证流在网上实现，转发和确认速度加快、过程简化、方便快捷。以信息流替代物流、速度取代库存是信息技术渗透物流过程的重要特点，也是依托信息技术改造传统物流流程的依据。

3）物流企业流程管理

物流企业流程管理的目的是提高企业运行效率，从而提高企业的经营效益。其管理过程需要遵循三大原则：第一，以客户为中心，客户的青睐是企业的财富，只有最大限度地满足客户才能赢得市场；第二，以价值为导向，流程管理的最终目的是提高经济运行效率以争取经济效益最大化；第三，以人为本，企业流程管理的行为不是个人行为，而是整个团队共同努力整合的结果，所以需要坚持以人文本的团队管理。流程管理的基本工具包括单据、表格、报表、看板和图例等。

（1）物流企业进行流程管理的必要性。

①有效的流程管理有利于提高物流企业的运营水平。物流企业的服务需要通过一系列的流程来实现，不同物流企业服务的优劣差异主要体现在顾客的满意程度上。通常各企业的流程都有所差别，造成的结果可能完全不同。成功的物流企业赢得顾客好评的原因往往是重视顾客的需求、重视顾客价值的实现。重视顾客价值的实现就要求物流企业在流程设计和管理上以顾客需求为导向，加强关键流程和关键环节的管理力度和精密程度。

进行有效的流程管理有助于企业着眼于顾客的需求，进行流程设计和优化，重视输入资源的产出价值，从而有利于物流企业管理水平的提高。因此，流程控制的水平是衡量物流企业运营水平的一个重要标准，有效的流程管理有益于物流企业运营水平的提高。

②有效的流程管理有利于整合不同地域的物流运营和资源。随着经济全球化的发展，国外企业走进国门，而大量的国内企业也纷纷寻求海外发展空间，在这种情况下，全球物流将变得更加重要。然而，不同地域经济发展水平、文化、知识和风俗习惯等特殊的差异对物流系统的运营有着重大的影响。在这样一个纷繁复杂的市场环境中，实现高效的物流运营更需要良好的物流流程管理。在全球物流/跨国物流管理中，国际物流和区域物流的衔接、区域物流运营方式的引进和本土化权衡、货物在途跟踪、物流运营资源的整合等几个问题非常重要。这些问题能够很好地解决直接影响全球物流/跨国物流能够正常开展，而这些正是物流流程管理所要解决的问题。

③物流服务的发展趋势要求物流企业管理好物流流程。从物流服务多样化的角度来看，目前我国第三方物流供应商功能单一，增值服务薄弱，与物流服务多样化的趋势不符。目前，物流企业能够为客户提供的增值服务主要是货物拆拼箱、重新贴标/重新包装、包装/分类/并货/零部件配套、产品退货管理、组装/配件组装、测试和修理等操作层面的一般性服务。这些服务在今后物流市场发展中将会有很大的空间。如何整合这些

服务，使它们之间以及它们与其他物流服务之间能够很好地衔接、配合，实现资源的优化配置，将成为物流企业需要解决的难题。同时，目前只有很少的物流企业有能力提供咨询培训、方案制作等比较高级的服务。这些服务需要大量的物流数据积累为基础。然而，我国大部分企业，无论物流企业还是制造业、商业性企业，系统的数据积累工作都还处于起步阶段。

从物流运营方式信息化、系统化的角度来看，一些物流领域的专业技术还没有得到广泛应用。如货位管理、运输路线智能优化、仓库日常管理工作计划编排、运输调度技术、在途货物自动追踪、现场作业自动化技术(如条码识别、自动仓库等)、现场作业质量控制和技术、物流数据挖掘(如对进出货种类、数量的分析，客户需求的分析等)等专业的物流技术在大量物流企业中还没得到应用，而是更多地出现在教科书上和国外案例中。即使有些企业采用了某些技术，其应用范围也比较有限。例如，库位智能指定技术在一些得到应用的企业里充当的只是工人指定的辅助角色，而且在途货物自动追踪等技术更多地出现在物流企业的宣传材料中，真正实际运用的比较少。

物流流程管理能够很好地从以上两个角度提升物流运营的水平。通过对不同流程的分析进行流程整合和优化，实现不同服务占用资源的优化配置，使企业在开展多项服务时游刃有余。通过系统有效地对流程运营数据进行积累。在数据积累和使用物流运营绩效评价体系的基础上，结合客户和市场的需求进行有效的流程分析，发现对专业物流技术应用的需求。

（2）物流企业流程管理的内容。

物流公司真正的核心内容是流程。所谓流程就是公司如何为客户提供优质服务的程序，即先做什么，后做什么。内部流程是外部流程的一个反映，公司的组织结构是为了让流程更顺畅而建立的。所以，一个物流公司从执行的效率，不是结构决定流程，而是流程决定结构。

物流公司的管理主要分为运营、客户服务、财务和人力资源四大部分，按照流程管理的模式就对应货物流、信息流、资金流和人力流（图3-1-5）。货物的流动需求就产生了物流服务的供求关系，费用就相应产生；货物的流动和费用的支付必须通过信息的流转来实现；一个公司要完成货物流、资金流和信息流等工作，就需要根据流程来设置相应的部门和岗位，将合适的人放在合适的岗位上，也就产生了人力流。

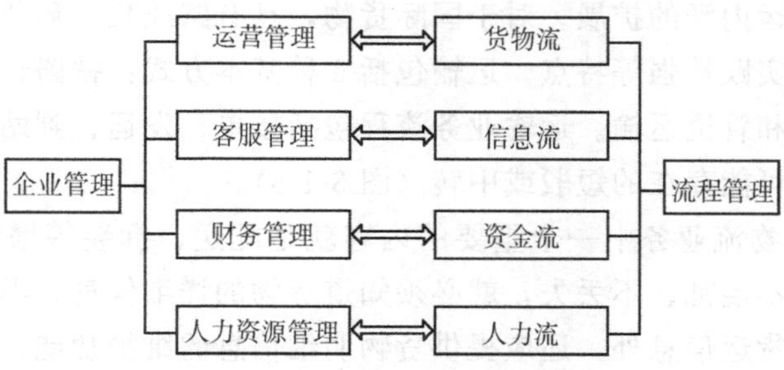

图 3-1-5　物流企业管理图

物流公司的流程管理可分解成货物流、信息流、资金流和人力流四大流程(图 3-1-6)，每一个流程其实是一个相对封闭循环的过程。每一个流程中的每一个节点都是整个流程管理过程中重要的支持部分，只要是任何一个流程中的任何一个节点出现问题或停滞都会导致整个流程正常运转出现困难或产生质量性的事故。所以，为了保证公司的正常运作，就必须依据公司效率最高化、效益最大化的原则来设计或优化管理和运营流程，严格遵照设定的流程及顺序来工作。只有严格进行流程管理，才能保证公司的服务产品的品质不断得到提升，以满足客户日益增长的需求，以实现公司与客户之间的双赢，并促进整个物流行业的健康发展。

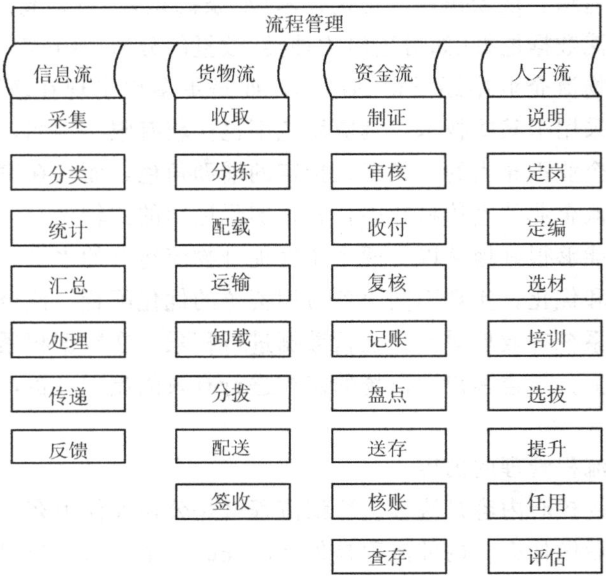

图 3-1-6　物流企业流程管理图

其中，货物流程管理又称物流企业业务流程管理，是本书主要讨论的内容。其具体业务流程如图 3-1-7 所示。货物流程管理中又包含两大主要管理子系统：运输业务流程管理和仓储业务流程管理。

①运输业务流程管理。运输的作用是将货物进行空间移动，物流系统依靠运输作业，克服货物从发货地到收货地的空间距离，创造货物的空间效益。物流系统中的运输环节是传统多式联运内涵的扩展。对于国际货物，具有路线长、环节多、涉及面广、手续复杂、风险大、实践性强等特点。运输包括 5 种基本方式：铁路运输、公路运输、水路运输、航空运输和管道运输。运输业务流程包括接单、发运、到站和签收 4 个环节以及在发运和到站中可能存在的短驳或中转（图 3-1-8）。

a. 接单管理。物流业务中一个重要的内容就是配送、拆装等增值服务，为了保证在进行货物配送时不混乱、不丢失，就必须知道货物的详细信息。因此，在物流的接单环节，除了一般的货运信息外，还应提供货物明细信息的维护功能。

b. 发运管理。发运管理主要包括运输方式安排、接货和发运 3 个部分。首先，物流企业要根据客户的服务要求(时间、货物完好率等)以及自身的成本，选取合适的运输方式，保证运输服务的质量。安排好运输方式和路线以后，企业下达运输指标，随后执

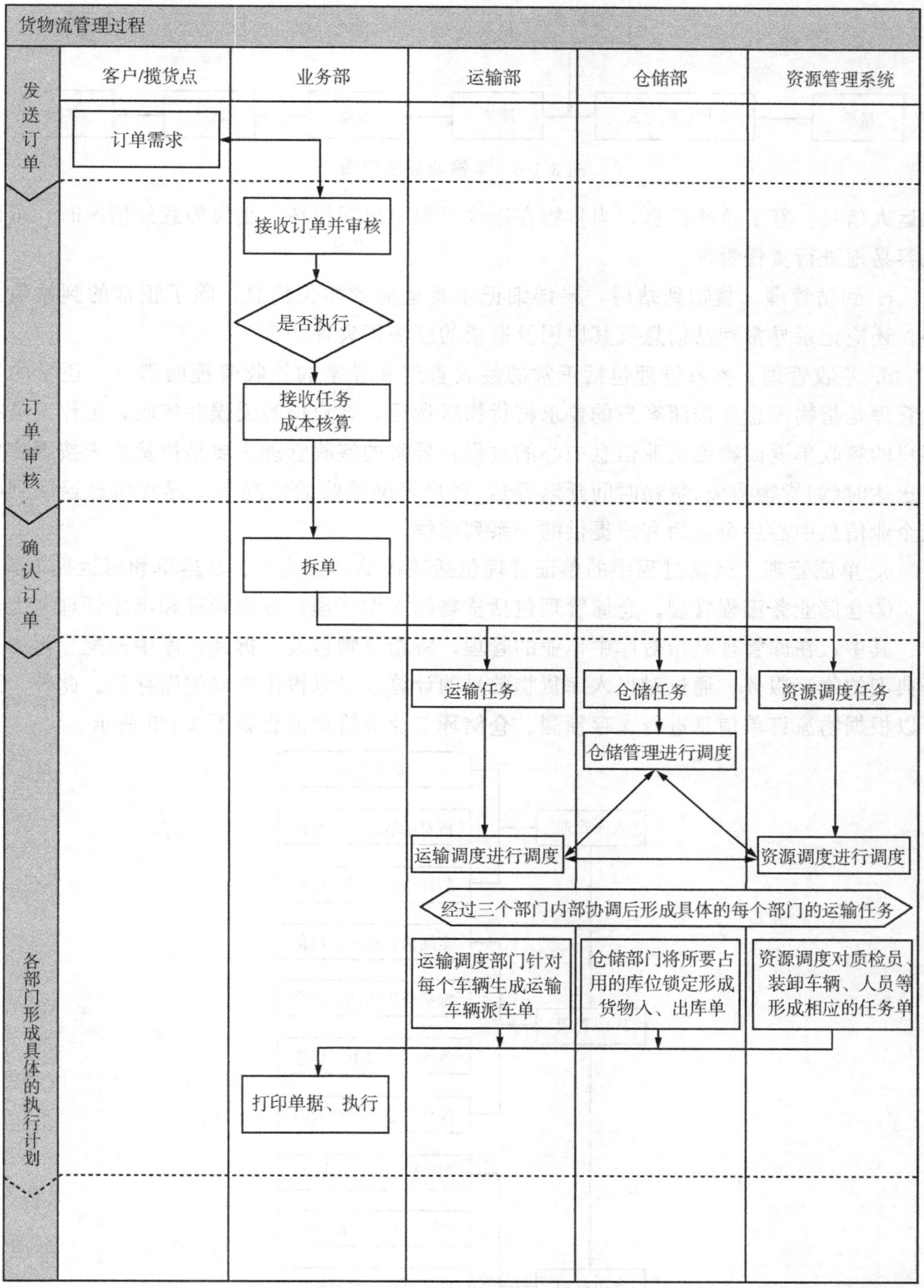

图 3-1-7 物流企业业务流程图

行接货工作。最后，按照客户的要求，将货物发运到指定地点。在发运环节，除了记录货物本身的发运信息(如发运地、到达地等)之外，还需要记录运输工具、集装箱箱号和

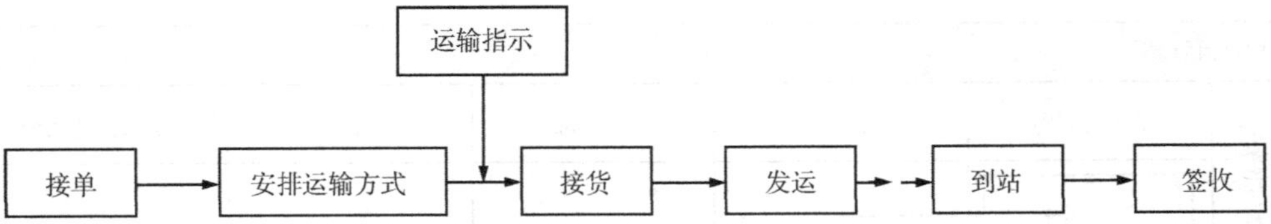

图 3-1-8　运输业务流程图

承运人信息。有了这些信息，当货物在运输过程中出现损坏、丢失等意外情况时，可以很容易地进行责任管理。

c. 到站管理。货物到站后，要详细记录其运输的相关信息。除了正常的到站信息外，还应记录异常到站信息及其原因及造成的经济损失等。

d. 签收管理。签收管理包括正常的签收管理和异常的签收管理两部分。正常的签收管理是指物流企业按照客户的要求将货物送达后，客户检验无误并签收，工作人员将客户的签收单返回物流企业信息中心的过程；异常的签收管理主要是指货物未按客户要求送达时(如货物损失、货物时间延迟等)，客户拒绝签收的情况下，异常信息返回到物流企业信息中心后企业为客户提供的一系列赔偿。

e. 单证管理。运输过程中的单证管理包括装箱单、报关单、联运单和海运提单等。

②仓储业务流程管理。仓储管理包括货物的入库管理、在库管理和出库管理 3 大部分。其中，在库管理是指对库中作业的管理，特指货物包装、拆卸、库中调配、再加工等典型的物流服务。通过对出入库货物数量的计算，可以得出准确的库存量。此外，还可以根据物流订单信息进行库存预测。仓储环节业务管理流程如图 3-1-9 所示。

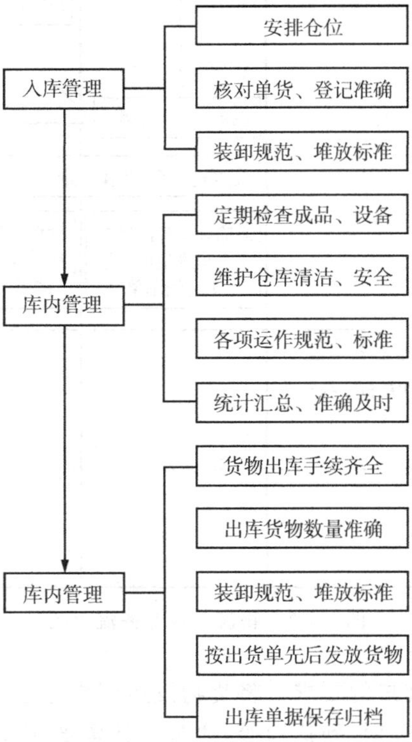

图 3-1-9　仓储业务流程图

a. 入库管理。入库管理主要是进仓排位，即按优化原则自动安排每单进仓货物的存放位置，在入库环节，主要对入库货物的信息进行采集。除一般货物信息外，还应特别注意异常入库信息，如入库拒收等情况。

b. 在库管理。减少库存可以降低成本，提高企业的灵活性，这对库存管理尤为重要。此外，在库管理还包括针对客户的不同需求，进行分拣理货、配送作业；管理对货物的再包装、拆箱、拼箱等增值服务，同时记录每次服务的账目情况；按货主的要求完成物品的搭配出库；管理货物库存位置的变动情况；完全控制库存业务，记录发生的所有库存水平；提供各种工具以掌握库存的最新信息，包括分析快、慢项目动态及库存价值，也可以根据提供的信息准确把握市场走向并相应调整订货点、订货量、安全库存、订货提前期和服务水平等。

c. 出库管理。出库管理既按先进先出原则提货，对出库货物信息进行采集。除采集一般货物信息外，还应注意异常出库信息、货物的去向、提货人、承运人等。

d. 预测分析。在公司的库存量减少或提前期缩短的情况下，保证高质量、可靠的供应至关重要。对市场进行动态准确的预测可以帮助货主盈利。预测分析就是采集分析市场走向、产品生命周期等行业信息，帮助公司预测市场动态并作出相应计划；分析替代品行业及可能出现的动向，并作出相应的库存计划。

e. 盘点管理。盘点管理是实现货物盘点的有效工具，通过盘点管理，不仅能全面盘点货物，还能对部分货物品种进行分抽点。盘点管理包括提供关于搁置货物(指外包装不可修复而包装内货物质量不受影响的货物)的重包装申请表、破损货物(指货物内包装破损，不可修复或因各种原因不可使用的货物)以及过期货物(指货物储存日期已经超过其保质期而必须进行处理的货物)的货物销毁申请表，并提供实际仓位图，表明仓库使用情况，帮助库管员进行货物的出入库管理。

3. 相关案例

某服装连锁超市公司拟采用POS、EOS系统进行商品管理。公司总部主管商品销售的副总经理想让营销专业本科毕业已工作三年的企业策划部小李负责此项目，但公司总部主管商品采购与配送的副总经理却想让物流管理专业专科毕业的配送中心小王负责此项目的实施，但想到小王才毕业一年，又不太放心。而除了小李与小王合适一点外，公司又没有其他合适人选。于是主管商品采购与配送的副总经理就想先试试小王的物流系统设计与规划的能力再定。某一天，主管采购与配送的副总经理找到小王，要他从本集团企业物流供应链管理角度，根据以下要求设计一个合理的基于POS信息系统的以物流与信息流为核心的商品管理业务流程。

(1) 配送中心配送：商品配送之前，总部的配送中心将服装商品的价签一件一件挂上，再经分拣后，按店铺要货单通知门店，然后再配送到各个店铺。

(2) 配送中心发货：对于需要发货的商品进行捆包之后再送达到店铺。

(3) 店铺商品检验：店铺必须对配送中心送来的商品进行验收和确认，并立即上架陈列。

(4) 店铺输入进货信息：验收后的商品，店铺应利用POS终端输入到货信息，并将到货与验收信息反馈给总部计算机中心。

(5) 公司进货信息：配送中心应利用 EOS 电子订货系统输入的供应商配送的商品到货信息，并将供应商配送的商品到货信息与每天配送中心商品的库存信息传送到总部的计算机中心。

(6) 输入销售信息：店铺在销售时利用 POS 终端输入销售信息，同时作成销售单据。

(7) 信息分析和整理：从 POS 终端和 EOS 系统读取的销售信息和进货信息传送到总部的计算机中心后，总部计算机中心应对信息进行整理，同时对从配送中心传来的进货信息和从店铺传送来的商品销售信息，应利用各种分析软件进行分析。

(8) 输出管理资料：总部计算机中心应将各种管理信息，及时提供给配送中心和店铺，包括进货日报、销售日报等资料。

(9) 采购：若配送中心缺货或库存不足，应及时利用计算机网络平台通知采购部门，向供应商订货。

如果您是小王，您将如何设计此商品管理业务流程？请绘制该连锁超市集团企业基于 POS、EOS 系统的以物流与信息流为核心的物流业务流程图（具体流程图如图 3-1-10所示）。

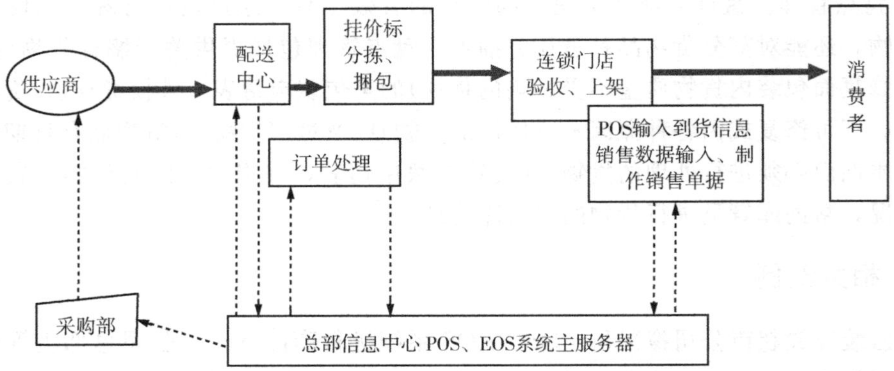

图 3-1-10 商品管理业务流程

3.1.3 任务实施说明

将完成本任务后的流程图的电子档和要求制作说明的 PPT，交给老师。

任务 3.2 物流企业成本控制

3.2.1 任务描述

今天，蒋智对林晓提交上来的有关业务流程问题上的分析报告进行了仔细阅读后，“你提交上的报告，我看了，很仔细也很合理，我很高兴”。

“谢谢蒋总，我会再接再厉！”林晓也高兴地回答道。

“物流业，是一个服务业，也是薄利行业，所以我们必须追求提供尽可能最合理的服务的同时尽可能地控制物流成本，所以成本控制是我们必须好好研究的一个课题。”蒋智说道。

“嗯”林晓。

“这些是我们的几个主要客户的部分经营情况的说明资料，你拿去看看，最好看完后能分别给他们拿出一套成本控制的解决方案来。”蒋智继续道。

1．某电器公司物流成本管理

（1）市场销售现状。

根据市场分析，如果以3500元/台的价格销售，那么平均每天能销售20台电视机，如果以3200元/台的价格销售，那么平均每天能销售30台电视机。商品尽量不要缺货，因为每件商品每天的缺货损失是800元，每台电视机的毛重是20千克，商品的进货价格为2000元/台。

（2）长途运输现状。

从青岛到上海南方物流公司有两个运输方案：用长途卡车运输500元/吨，3天时间送货，装卸两次，5吨起运。用水运，每吨260元，5天时间到，但两端有驳费，每吨50元，装卸4次，20吨起运。以上运输方式，每次装卸费为60元/吨。

（3）仓储管理现状。仓储费：10元/（台·天）

根据以上资料，为该电器连锁公司供应链设计一套合理的营运方案，包括销售策略、订货策略、运输策略和储存策略，要达到销售利润的最大化，物流成本的合理化（时间节点为3个月）。

2．重庆×公司成本管理

×公司配送中心有A、B、C三个顾客订购公司的某休闲商品，该商品每箱20个，每年每个顾客的订货量和次数如表3-2-1所示。其中该商品的操作成本是：每件商品的拣货成本为1元，每箱商品的拣货成本为2元，每批商品的移动成本为5元。

表3-2-1 三个顾客的订货策略

	A顾客	B顾客	C顾客
订货总数/个	500	500	500
订货次数/次	4	5	10
每次订货数量/个	125	100	50

根据以上资料，分析三个顾客每年物流出货操作成本；分析物流中心应鼓励哪类顾客。

3．上海Y公司

Y公司配送中心签订了甲、乙、丙三个物流服务合同，这三个合同的基本内容都是将60000件同样的某洗涤化妆品从香港运至上海，然后配送到上海各便利店（三个合同中服务的起点和终点相同)。乙合同的要求是：60000 件货物分三次入关运到上海分公司的仓库，然后每三天运送 6000 件到各便利店。丙合同的要求是：60000 件货物分五次入关运到上海分公司的仓库，然后每天运送 2000 件到各便利店。

这三个合同租用上海 Y 公司仓库各 1500 平方米，合同期限都为一个月，假设甲、乙、丙三次服务都不需要直接材料（实际情况也可能如此，如货物本身就自带托盘，报关和出入库的单据全部电子化，标签标示的材料费用可以忽略不计)，人工费用和材料费用全部是间接费用，计入企业的营运间接费用，那么它们全部的营运成本就只有营运间接费用这一部分。

甲、乙、丙三次服务所需的作业有：用轮船从香港到上海运输化妆用品(简称运输作业)、货物入境报关事务(简称报关作业)、搬运装卸货物进入仓库(简称入库作业)和货物在仓库中存储(简称仓储作业)。此外还有订单处理作业(包括信息交流、管理等)，即分为五个作业中心。

假设上海分公司该月的全部营运成本和非营运成本费用为 200000 元，且该配送中心在该月的所有营运费用和非营运费用全部由以上五个作业中心引起。公司的成本核算期是一个月，该月只完成了这三个物流服务合同。其他费用分别计算如下。

耗费的各种资源。假设上海分公司的全部耗费资源局限于人工、材料(车辆和装卸设备的燃料)和设备折旧。经上海分公司统计部门的统计，营运和非营运费用中的人工费用为 80000 元，材料费用为 60000 元，设备折旧费为 60000 元。其中仓管部门(主要负责进出仓库的搬运装卸工作)发生人工费用 28000 元，材料费用 10000 元，仓管部门所用的装卸和升降等设备折旧费为 10000 元。

把资源分配到作业，开列作业成本单，归结作业成本库。这一步的工作包括以下几个方面。确认作业所包含的资源种类，也就是确认每一作业所包含的成本要素（资源）项目。以仓管部门的“入库作业”为例进行计算演示说明，“入库作业”消耗三种资源：人工、材料、材料和设备折旧。确认各类资源的资源动因，将资源分配到各受益对象(作业)，据此推算出作业中该成本要素的成本额。仓管部门的总人工成本为 28000 元，仓管部门共有两个作业：入库作业和出库作业。据统计，该部门 50％的员工全职负责货物的入库工作，所以可得出“入库作业”成本的成本要素“工资”的成本额为 14000 元，类似地，仓管部门的材料费用总额为 10000 元，设备折旧总额为 1000 元，因为该部门的搬运设备用于货物进出仓库和发出仓库的操作量是相等的，即可计算出“入库作业”所耗材料为 5000 元，折旧为 5000 元。

根据以上资料，计算入库作业、订单处理作业、运输作业、报关作业、仓储作业、出库作业和配送作业的总成本；选择作业动因，把作业成本库的总成本分配到产品，并开列产品成本单；统计各产品所耗作业量；计算合同甲、乙、丙各自承担的费用，开列产品成本单；分析合同甲的单位产品成本费用最低为多少。

3.2.2 知识拓展

1. 相关概念

(1) 物流成本：是指产品的空间移动或时间占有中所耗费的各种活劳动和物化劳动

的货币表现。具体说，它是产品在实物运动过程中，如包装、搬运装卸、运输储存、流通加工等各个活动中所支出的人力、物力和财力的总和。

(2) 物流成本分析：是以企业物流成本表和其他相关资料为依据，采用专门的方法，系统分析和评价企业物流成本构成及其增减变动，以便为企业物流成本管理和决策提供依据。

(3) 差异分析：通过差异来揭示成绩或差异，作出评价，并找出产生差异的原因及其对差异的影响程度，为今后改进企业物流成本管理指引方向的一种分析方法。

(4) 趋势分析：将实际达到的结果，与不同时期企业物流成本同类指标的历史数据进行比较，从而确定物流成本变化趋势的一种分析方法。

(5) 成本性态：又称成本习性，是指成本总额与业务总量之间的依存关系。

(6) 物流成本控制：物流成本控制就是在成本的形成过程中，对物流作业过程进行规划、指导、限制和监督，使之符合有关成本的各项法规、政策、目标、计划和定额，及时发现偏差，采取措施纠正偏差，使各项费用消耗控制在预定范围内的管理过程。

2. 相关方法

1) 物流成本分析

物流成本是用金额评价物流作业的实际情况。物流成本的大小取决于评价的对象、物流作业的范围和采用的评价方法等。规定的评价范围和使用的方法如果不同，得出的物流成本的差异是很大的。这种差异也许并不与物流作业的实际效率直接相关，认识到这一点是十分重要的。

关于物流成本存在两大现象："物流冰山"现象和"效益背反"现象。其中，造成"物流冰山"现象主要是由于人们并不掌握物流费用的总体内容，提起物流费用大家只看到露出海面的冰山的一角，而看不见潜藏在海水下面的冰山主体，海水中的冰山才是物流费用的主要部分。此外，"效益背反"现象是物流领域中很普遍的现象，是这一领域中内部矛盾的反映和表现。"效益背反"指的是物流的若干功能要素之间存在着损益的矛盾，也就是说，某一个功能要素的优化和利益发生的同时，必然会存在另一个或另几个功能要素的利益损失，反之亦然。

(1) 物流成本的构成。物流成本的构成具体讲，主要包括物流活动中的物资消耗：电力、燃料、包装耗材、固定资产损耗等；为开展物流活动发生的人力资本；物资在物流活动中发生的合理损耗；物流活动中的其他费用，如办公、差旅支出；用于保证物流系统运作顺畅的资金成本，如利息、手续费；研究设计、重建与优化物流过程的费用。

(2) 物流成本的分类。现代物流成本的范围广，贯穿企业经营活动的全过程，包括从原材料供应开始，一直到将商品送达到消费者手中所发生的全部物流费用。到目前为止，由于企业物流成本的特性，对于企业物流成本的构成认识和分析都缺乏一定的标准，而且并不全面，不同的管理者常常根据不同的需要，分析企业物流成本的构成，从而形成不同的分类（具体见表 3-2-2）。

表 3-2-2　物流成本分类

分类标准	分类	构成或特点
物品流通环节	运输成本	人工费＋营运费＋其他运营费
	流通加工成本	流通加工设备费＋材料费＋劳务费＋其他费
	配送成本	配送运输费＋分拣费＋配装费＋流通加工费
	包装成本	包装材料费＋机械费＋技术费＋辅助费
	装卸搬运成本	人工费＋营运费＋装卸搬运合理损耗费＋其他费
物流成本性态	变动成本	成本总额随业务量的增减变化而近似呈正比例增减变化的成本：一是变动成本总额的正比例变动性，即变动成本总额随业务量的变化而成呈比例变化；二是单位变动成本的不变性，即在业务量不为零时，单位变动成本不受业务量的增减影响而保持不变
	半变动成本	对作业基准水平变化的反应低于成比例金额的成本和费用。同时包含固定和变动成分，所以又称混合成本
	固定成本	成本总额与业务量的增减变化无关的成本：一是固定成本总额的不变性，即固定成本总额不随业务量的增减变动而变动；二是单位固定成本的反比例变动性，即单位固定成本随业务量的增减而呈反比例变动
物流成本可控性	可控成本	考核对象能够控制的成本，必须对其负责
	不可控成本	考核对象对成本的发生不能予以控制，不予负责的成本
经济内容	固定资产折旧费	固定资产应计提折旧和固定资产大修理费用
	材料费	材料、包装费、修理用备件和低值易耗品
	动力燃料费	各种固体、气体、液体燃料、水费、电费
	工资	职工工资、职工福利、职工教育经费、工会经费
	利息支出	应计入财务费用的借入款项的利息支出减利息收入后的净额
	税金	应计入企业管理费用的各项税金
	其他支出	不属于以上各要素的费用支出
物流活动	采购物流费	从原材料采购到送达购入者为止的物流活动所发生的费用
	工厂内部物流费	指从产成品包装开始到确定向顾客销售为止的物流活动发生的费用
	销售物流费	指从确定向顾客销售开始到出库为止发生的物流活动费用
	退货物流费	伴随着产品销售的退回等物流活动而发生的费用
	废弃物流费	为了处理已经成为废弃物的产品而发生的包装费、运输用容器、材料费、运杂费等
成本计算方法	实际成本	企业在物流活动中实际耗用的各种费用的总和
	标准成本	通过精确的调查、分析与技术测定而制定，用来评价和控制实际成本、衡量工作效率的一种预计成本
物流费用支付形态	直接成本	企业直接支付
	间接成本	由企业把物流活动委托其他组织或个人而支付的物流费用

①按物品流通环节分类可以分为运输成本、流通加工成本、配送成本、包装成本、装卸与搬运成本；

②按物流成本性态划分可以分为变动成本、固定成本和半变动成本；

③按物流成本是否具有可控性，可将物流成本分为可控成本与不可控成本；

④按经济内容分类可以分为固定资产折旧费、材料费、动力燃料费、工资、利息支出、税金和其他支出；

⑤按照物流活动划分，主要分为采购物流费、工厂内部物流费、销售物流费、退货物流费和废弃物流费；

⑥按成本计算方法，将物流成本分为实际成本和标准成本；

⑦按物流费用的支付形态分为直接物流成本和间接物流成本。

(3) 物流成本的影响因素。在对物流成本实施有效的管理之前，全面了解其影响因素将会使管理活动的针对性加强，达到事半功倍的效果。影响物流成本的因素很多，本书主要从竞争性因素、产品因素、空间因素、管理因素四个方面进行影响性分析。

①竞争性因素。企业必须对竞争作出反应，但每一个环节都是以物流成本的提高为代价的。竞争性的影响体现如下。

a. 客户服务水平：企业所处的市场环境充满了竞争，企业之间的竞争除了产品的价格、性能、质量外，从某种意义上讲，优质的客户服务是决定竞争成败的关键，因此，物流成本在很大程度上是由于日趋激烈的竞争而不断发生变化的，企业必须对竞争作出反应。

b. 订货周期：企业物流系统的高效必然可以缩短企业的订货周期，降低客户的库存，从而降低客户的库存成本，提高企业的客户服务水平，提高企业的竞争力。

c. 库存管理：无论生产企业还是流通企业，对存货实行控制，严格掌握进货数量、次数和品种，都可以减少资金占用、贷款利息支出，降低库存、保管、维护成本。此外，良好的物品保管、维护、发放制度，可以减少物品的损耗、霉变、丢失等事故，从而降低物流成本。相反，若在保管过程中，物品损耗、霉烂、丢失等时有发生，物流成本必然增加。

d. 运输：不同的运输工具和方式，成本高低不同，运输能力大小不等。运输工具和方式的选择，一方面取决于所运货物的体积、质量及客户的要求，另一方面又取决于企业对某种物品的需求程度及工艺要求。所以，选择运输工具和方式要同时兼顾既保证生产与销售的需要，又要力求物流成本最低两个方面。

②产品因素。产品因素包括产品价值，产品价值越大，所需运输工具越高，仓储、库存成本也高；产品因素还包括产品密度，其中密度越大、成本越低；此外产品因素还有产品的易损性，越易损，对库存、运输提出更高要求，成本更高。

③空间因素。空间因素是指物流系统中企业制造中心或仓库相对目标市场或供应点的位置因素。如果企业距离目标市场太远，则必然会增加运输和包装等成本；如果在目标市场建立或租用仓库，则会增加库存成本。此外，进货方向决定了企业货物运输距离的远近及运输成本的高低。因此，空间因素对物流成本的影响是较大的。

④管理因素。管理成本与生产和流通没有直接的数量依存关系，但却直接影响着物

流成本的大小，节约办公费、水电费、差旅费等管理成本相应可以降低物流成本总水平。此外，企业利用贷款开展物流活动，必然要支付一定的利息（如果是自有资金，则存在机会成本问题），资金利用率的高低，影响着利息支出的大小，从而也影响着物流成本的高低。

（4）物流成本分析的步骤与方法。

物流成本分析的基本功能是将大量的物流成本报表数据转换成对特定物流成本管理决策有用的信息，减少决策的不确定性。本质上，物流成本计算的目的就是为物流成本分析提供数据依据，物流成本计算结果是物流成本分析的基础。物流成本分析的目的包括分析评价企业物流成本计划执行情况，明确企业物流成本升降的原因、寻求进一步降低物流成本的途径和方法。

①物流成本分析的步骤。物流成本分析的具体步骤和程序，是根据分析目的、分析方法和特定对象，由分析人员具体设计的。物流成本分析的一般步骤应包括：明确分析的目的；收集有关的信息；运用具体方法进行分析；解释结果，提供对决策有帮助的信息。

②物流成本分析的方法。物流成本分析可以采用多种方法，既包括定量分析也包括定性评价。定性分析法是根据各个成本账户的性质、合同中关于支付费用的规定、生产过程中各种成本的技术测定等来具体分析。其中账户分析法根据各个成本项目及明细项目的账户性质，通过经验判断。此方法简单明了，结果能清楚反映具体成本项目，实用价值较高，但是工作量大，成本性态的确定较粗；合同确认法根据合同中关于支付费用的具体规定来确定，其优点是成本性态分析比较准确，但是应用范围小；技术测定法是根据生产过程中消耗量的技术测定和计算来划分，其划分比较准确，但是工作量较大。

定量分析是根据混合成本在过去一定期间内的成本与业务量的历史数据，采用适当的数学方法加以分解，来确定固定成本总额和单位变动成本的平均值。其具体分析方法如下。

a. 比较分析法。比较分析法是将实际达到的数据与特定的各种标准相比较，从数量上确定差异，并进行差异分析或趋势分析的一种分析方法。其中差异分析是通过差异来揭示成绩或差异，作出评价，并找出产生差异的原因及其对差异的影响程度，为今后改进企业物流成本管理指引方向的一种分析方法。趋势分析是将实际达到的结果，与不同时期企业物流成本同类指标的历史数据进行比较，从而确定物流成本变化趋势的一种分析方法。

（a）比较数据。比较数据包括绝对数和相对数比较两种。绝对数比较是将企业物流成本表中两个或两个以上的绝对数进行比较，以揭示其数量差异。相对数比较是对与物流成本有相关关系数据的相对数进行对比，包括计算物流成本项目占物流总成本的结构百分比以及物流总成本与相关数据的比率等，在此基础上，再将结构百分比指标、比率指标与企业以前年度或其他企业进行比较。

（b）比较标准。在物流成本分析过程中，可使用的比较标准主要有：本期实际与预定目标、计划或定额比较；本期实际与上期同期实际或历史最高水平比较，以及与若干期的历史资料比较；本企业实际与行业先进水平比较；本企业实际与评价标准进行比较。

上述比较标准中，前两项是与企业内部指标进行比较，包括与预定目标、计划或定额比较，也包括与企业历史资料的比较；后两项是与企业外部指标进行比较，包括与行业先进水平的比较，也包括与行业均值的比较。

(c) 比较方法。比较方法包括横向比较法和纵向比较法。

横向比较法又称水平分析法，是将实际达到的结果与某一标准包括前面提到的各种比较标准进行比较。这种比较既可以使用绝对数也可以使用相对数。横向比较也可以采用比较物流成本表的方式来进行，这种比较物流成本表的方式既可以选择最近两期的数据并列编制，也可以选择数期的数据并列编制，前者一般作为差异分析，后者则可作趋势分析。

纵向比较法，又称垂直分析法或动态分析法，即以物流成本表的某一关键项目为基数，以其金额为100，而将其余项目的金额分别除以关键项目金额，计算出百分比，这个百分比表示各项目的比重，通过比重对各项目进行判断和分析。这种只有百分比而没有金额的物流成本表称为共同比物流成本表，它是纵向分析的一种重要形式。共同比物流成本表通常以物流总成本作为基数。共同比物流成本表也可用于几个会计期间的比较，为此而编制的物流成本表称为比较共同比物流成本表。它通过物流成本表各项目所占百分比的比较，不仅可以看出其差异，而且通过数期比较，还可以看出其变化趋势。

(d) 运用比较分析法时的注意事项。在运用比较分析法时，主要应注意相关指标的可比性。具体包括：指标内容、范围和计算方法的一致性；时间单位的一致性；企业类型、规模和经营目标大体一致。

b. 比率分析法。在物流成本分析中，比率分析法是指在物流成本表的不同项目之间，或在物流成本表与其他财务报表的有关项目之间进行对比分析，以计算出的比率反映各项目之间的相互关系，据此分析评价企业的物流成本水平。

由于比率是由密切关联的两个或两个以上的相关数字计算出来的，是相对数，排除了规模的影响，所以通过比率分析，往往可以更好地揭示企业的物流成本水平。但是，与比较分析法一样，比率分析法只适用于某些方面，其揭示信息的范围也有一定的局限性。

c. 因素分析法。物流成本的变动受各种因素的影响，而这些因素之间又存在密切的关系。因此，因素分析法也是物流成本分析的一个重要方法。因素分析法又称连锁替代法，是确定影响因素，测量其影响程度，查明指标变动原因的一种分析方法。在物流成本管理活动过程中，某些指标往往受到多种因素的影响。只有分别分析各个因素的变动及影响程度，才能在此基础上分析明确资金占用成本的变动原因。

因素分析法的具体方法包括连环替代法、定基替代法、差额计算法和指标分解法。

(a) 连环替代法。连环替代法是指确定影响因素，并按照一定的替换次序逐个因素替换，计算出各因素对物流成本相关指标影响程度的一种计算方法。

(b) 差额计算法。差额计算法是因素分析法实际运用的一种简化形式。它的计算程序是：首先，计算各个因素的差额；其次，如果影响因素是两个，那么以第一个因素的差额乘以第二个因素的上年数（或计划数等其他数值），求出第一个因素的影响程度，以第二个因素的差额乘以第一个因素的本年数（或实际数等其他数值），求出第二个因素的影响程度；最后，汇总各个因素对物流成本指标差异数的影响。

（c）运用因素分析法时的注意事项。按照影响因素与物流成本指标之间的因果关系，确定影响因素，计算过程的假设性，因素替代的顺序性。

2）物流成本控制

物流成本控制是一项成本管理工作，也是企业经营活动的重要部分，因此，实施物流成本控制不仅要有财务核算的基础，还要有企业开展经营活动所必要的管理模式、基础设施建设、信息化等基础条件。物流成本控制的现实意义是物流成本管理的重要手段；有效降低物流成本；促使企业不断提高物流管理水平；提高经济效益。同时能够配合企业实现竞争优势，增加企业盈利途径。

（1）物流成本控制的要求。

①物流成本控制与物流服务质量控制相结合。物流成本控制的目的在于加强物流管理、促进物流合理化。物流是否合理，取决于两个方面，一是对客户的物流服务质量水平，二是物流成本的水平。从二者的最佳结合上，谋求物流效益的提高。

②局部控制与整体控制相结合。物流成本控制最重要的原则是对总成本进行控制，要求将整个物流系统及各个辅助系统有机地结合起来进行整体控制。总成本的系统控制是决定物流现代化成败的决定性因素，物流成本控制应以降低物流总成本作为目标。

③全面控制与重点控制相结合。物流系统的这一特点也从根本上要求我们进行成本控制时，必须遵循全面控制的原则。无论产品设计、工艺准备、采购供应，还是生产制造、产品销售、售后服务，各项工作都会直接或间接地引起物流成本的升降变化。为此，要求对整个生产经营活动实施全过程控制。物流成本的发生直接受制于企业供、产、销各部门的工作，为此要求实施物流成本的全部门和全员控制。物流成本是各物流功能成本所构成的统一整体，各功能成本的高低直接影响物流总成本的升降。为此，还要求实施全功能的物流成本控制。从构成物流成本的经济内容来看，物流成本主要由材料费、人工费、折旧费、委托物流费等因素构成。为此，要求实施物流成本的全因素控制。需要指出的是，强调物流成本的全面控制，并非要将影响成本升降的所有因素事无巨细、一律平等地控制起来，而应按照例外管理的原则，实施重点控制。

④经济控制与技术控制相结合。经济控制与技术控制相结合就是要求把物流成本日常控制系统与物流成本经济管理系统结合起来，进行物流成本的综合管理与控制。物流成本是一个经济范畴，实施物流成本管理，必须遵循经济规律，广泛地利用利息、奖金、定额、利润等经济范畴的概念和责任结算、绩效考核等经济手段。同时，物流管理又是一项技术性很强的管理工作。要降低物流成本，必须从物流技术的改善和物流管理水平的提高上下工夫。通过物流作业的机械化和自动化，以及运输管理、库存管理、配送管理等技术的充分利用，来提高物流效率，降低物流成本。

⑤专业控制与全员控制相结合。对与物流成本形成有关的部门（单位）进行物流成本控制是必要的。这也是这些部门（单位）的基本职责之一。如运输部门对运输成本的控制，仓储部门对仓储成本的控制，会计部门对所有成本的控制等。有了专业部门的物流成本控制，就能对物流成本的形成过程进行连续的、全面的控制，这也是进行物流成

本控制的一项必要工作。有了全员的成本控制，形成严密的物流成本控制网络，可以有效地把握物流成本形成过程的各个环节和各个方面，厉行节约，杜绝浪费、降低物流成本，保证物流合理化措施的顺利进行。

（2）物流成本控制的分类。

①按物流成本控制对象分类。

a. 绝对成本控制，是指把成本支出控制在一个绝对金额以内的控制方法。绝对控制要求节约各种成本支出，杜绝浪费。进行物流成本控制，要求把劳动生产过程发生的一切成本支出划入成本控制范围内。标准成本控制和预算成本控制是绝对成本控制的主要方法。

b. 相对成本控制，是通过成本与产值，利润、质量和服务等对比分析，寻求在一定制约因素下取得最优经济效益的一种控制方法。相对成本控制扩大了物流成本控制领域。要求在降低物流成本的同时，注意与成本关系密切的因素，如产品结构、项目结构、服务质量水平、质量管理等方面的工作，目的在于提高控制成本支出的效益，即减少单位产品成本投入，提高整体经济效益。

②物流成本控制按成本发生时间先后划分。

a. 事前控制，是指经过成本预测和决策，确定目标成本，将目标成本分解，结合经济责任制，层层落实。物流成本事前控制主要涉及物流系统的设计，如物流配送中心的建设，物流设施、设备的配备，物流作业过程的改进控制等。物流成本事前控制是极为重要的环节，直接影响以后各物流作业流程成本的高低。

b. 事中控制，物流成本的事中控制就是对物流活动过程中发生的各项费用按预定的成本标准进行严格审核和监督，并计算差异，进行信息反馈，以及时纠正差异。

c. 事后控制，物流成本的事后控制是对目标成本的实际发生情况进行分析评价，揭示问题，查明原因，为以后进行成本控制和制定新的目标成本提供依据。

（3）物流成本控制的方法。

物流成本控制方法包括目标成本控制法、标准成本控制法、预算成本控制法、责任成本控制法、成本差异控制法和相对成本控制法。本书主要讲解目标成本控制法和标准成本控制法。

①物流目标成本控制法。目标成本是一种预计成本，是指产品、劳务、工程项目等在其生产经营活动开始前，根据预定的目标所预先制定的成本，是一种全过程、全方位、全人员的成本管理方法。物流目标成本是成本管理和目标管理结合的产物，又称物流目标成本管理，是企业在一定时期内为保证实现目标利润而定的成本控制目标。是企业目标管理的重要组成部分。

物流目标成本的测定一般都是在确定目标利润的基础上，根据大量准确、及时的情报资料进行认真的研究分析，结合企业实际情况，采用一定的方法测定物流服务的目标成本。

倒扣法是测定物流目标成本的主要方法，其测定之初是要确定目标利润，预计目前市场的销售收入。根据预计销售收入，预测税金和期间费用，从物流服务的预定价格中减去税金、期间费用和目标利润，余额就是要努力实现的目标成本。即

物流目标成本＝预计收入－目标利润－应缴税金－预计期间费用

其中，目标利润的确定如下。

a. 用国内或国际同行业服务销售利润率乘以企业预计服务收入来确定目标利润；

目标利润＝预计收入×同行业服务销售利润率

b. 用本企业上期或较好年度的服务销售利润率乘以企业预计服务收入来确定目标利润；

目标利润＝预计收入×上期或较好年度服务销售利润率

c. 按照边际利润来确定目标利润；

目标利润＝预计收入×边际利润－预计固定费用

d. 在生产任务不足、服务收入低于去年、企业必须保持上年的利润水平时，可将上年的利润作为目标利润；

e. 用本企业历史最高资产利润率、同行业平均资产利润率或同行业中最高资产利润率乘以企业资产平均占用额来确定目标利润。

目标利润＝企业资产平均占用额×资产利用率

例如，某物流企业有甲、乙两种服务，根据该企业市场占有率和市场容量测定期甲、乙两种服务量分别为10000件和40000件，预计单价分别为500元和100元。该企业甲、乙两种服务预计税金分别为400000元和125000元。现根据上述资料作如下预测：

预计服务收入＝（预计服务量×预计单价）＝9000000元

预计应交税金＝400000＋125000＝525000（元）

假定同行业平均服务销售利润率为10％，则有

预计目标利润＝9000000×10％＝900000（元）

假定期间费用率为5％，则有

预计期间费用＝9000000×5％＝450000（元）

物流目标成本＝9000000－525000－900000－450000＝7125000（元）

②物流标准成本控制法。在成本会计中，标准成本是通过精确的调查，分析与技术测定而制定的，用来评价实际成本，衡量工作效率的一种预计成本。“标准成本”一词在实际工作中有两种含义。第一，是指单位产品的标准成本，它是根据单位产品的消耗量和标准单价计算出来的。第二，是指实际产出量的标准成本，它是根据实际产出量和单位产品成本标准计算得出的。

物流标准成本是指通过对物流过程精确的调查，分析与技术测定，制定出有关物流过程中物流费用的支出，评价物流实际成本，衡量物流系统工作效率的一种预计成本。

物流标准成本的特点包括：标准成本法计算各种产品的标准成本，不计算各种产品的实际成本；实际成本和标准成本发生的各种差异，分别设置各种差异成本账户进行归集，以便对成本进行日常控制和考核；可以与变动成本法相结合，达到成本管理和控制的目的。物流标准成本按照不同的标准可以进行不同的分类，具体见图3-2-1。

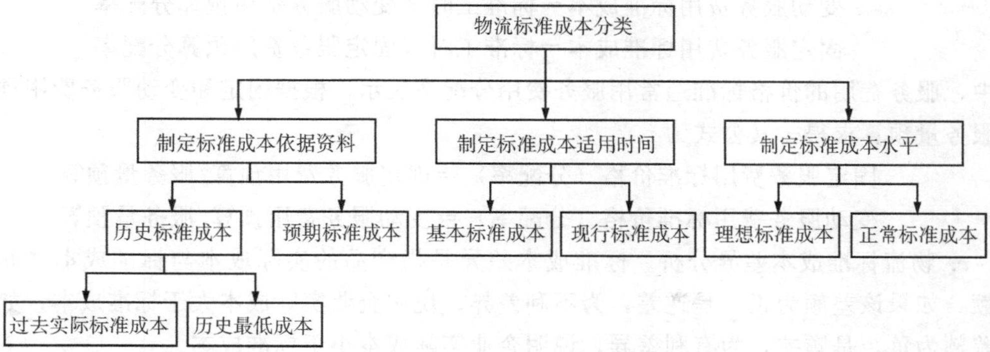

图 3-2-1 物流标准成本分类

实行物流标准成本应具备的条件有完善成本管理的基础工作，健全成本管理组织。实行物流标准成本的步骤如下。

a. 制定物流成本的标准。物流标准成本有两种形式，一种是指单位产品或服务的标准成本，它是根据单位产品或服务的标准消耗量和标准单价计算出来的，准确地说应称为“成本标准”。其公式为

标准成本＝单位产品或服务标准消耗量×标准单价

其中，数量和价格区分开便于分析“量差”和“价差”对成本差异的影响，以便分清责任。例如，物流企业包装材料耗用量差异通常是生产部门的责任，而价格差异则是采购部门的责任。耗用量和价格分开便于修订标准成本。例如，如果原材料标准单价调整，则该种原材料的标准成本只要用标准消耗量乘以新的单位标准价格即可求得。

另一种是根据实际产品产量和单位产品或服务的成本标准计算出来的，称为实际产量的标准成本。其公式为

标准成本＝实际产量×单位产品标准成本

b. 制定标准成本的各成本项目。制定物流标准成本主要有三个方面，即直接材料标准成本、直接人工标准成本和物流服务费用的标准成本。三个数据相加可得单位物流服务标准成本。

(a) 物流直接材料标准成本：由物流直接材料标准消耗量和物流直接材料的标准价格确定。计算公式为

物流直接材料标准成本＝直接材料标准消耗量×直接材料的标准价格

(b) 直接人工标准成本的制定包括直接人工的用量标准和直接人工的价格标准制定。计件工资下，直接人工的价格标准就是生产单位产品应支付的计件单价；计时工资下，直接人工的价格标准就是单位工时工资率标准。

物流直接人工标准成本＝直接人工的用量标准×直接人工的价格标准（标准工资率）

标准工资率＝标准工资总额÷标准总工时

(c) 物流服务费用标准成本：第一种情况只对全部服务费用编制标准成本。

服务费用标准成本＝标准工时×服务费用预算分配率

第二种是分别编制固定费用和变动费用标准成本。

变动服务费用标准成本＝标准工时×变动服务费用预算分配率

固定服务费用标准成本＝标准工时×固定服务费用预算分配率

其中，服务费用的价格标准通常用服务费用分配率表示，根据固定和变动服务费用预算和服务量预算求得。其公式为

固定服务费用标准价格（分配率）＝固定服务费用预算/服务量预算

变动服务费用标准价格（分配率）＝变动服务费用预算/服务量预算

c. 物流标准成本差异分析。标准成本差异是指产品的实际成本与标准成本之间的差额。如果该差额为正，是逆差，为不利差异，说明企业实际成本大于标准成本；如果该差额为负，是顺差，为有利差异，说明企业实际成本小于标准成本。

造成标准成本差异的原因有很多，主要是数量差异和价格差异，按成本项目可划分为 8 大差异。物流标准成本差异的形成如图 3-2-2 所示。

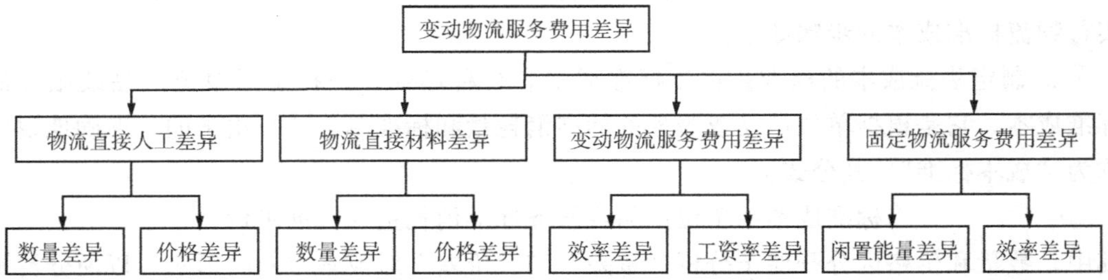

图 3-2-2　物流标准成本差异

（a）物流标准成本直接材料差异为

直接材料数量差异＝（材料实际耗用量－材料标准耗用量）×材料标准价格

直接材料消耗价格差异＝（材料实际价格－材料标准价格）×实际消耗量

（b）物流标准成本直接人工差异为

直接人工数量差异＝（实际工时－标准工时）×标准工资率

直接人工价格＝（实际工资率－标准工资率）×标准工时

（c）物流标准成本服务费用差异为

服务费用数量差异＝（实际工时－标准工时）×服务费用预算分配率

服务费用价格差异＝（服务费用实际分配率－服务费用预算分配率）×实际工时

例如，某仓储企业要将大包装货物拆包后进生单独包件，标准成本为 22 元。本期实际包装货物 500 件，实际包装材料用量 2100 千克，实际购入单价为 5.6 元，则成本差异为

直接材料数量差异＝（材料实际耗用量—材料标准耗用量）×材料标准价格

＝（2100－500×4）×5.5＝550（元）

直接材料消耗价格差异＝（材料实际价格—材料标准价格）×实际消耗量

＝（5.6－5.5）×2100＝210（元）

3. 相关案例

【案例 1】长安福特为什么要把生产基地迁到南京？据了解，重庆市一些外商投资

企业在经营中物流成本现在已占到总成本的30%～40%，而在东部沿海地区经营同类产品的外商投资企业物流成本仅占总成本的6%左右，物流成本居高不下成为重庆吸引外商直接投资的主要障碍。

所以长安福特要从最优物流成本，最贴近销售市场去布局。

【案例2】从2004年以来，汽车业竞争加剧，降价已是大势所趋，从汽车制造商的角度看，由于利润空间的下降，降低生产成本的要求已经显得越来越迫切。作为企业营运成本的组成部分，中国汽车企业的物流成本占据了相当大的比重，有数据显示，欧美汽车制造企业的物流成本占销售额的比例是8%左右，日本汽车厂商只有5%，而中国汽车生产企业这一数字普遍在15%以上。可见，中国汽车企业的物流成本明显偏高。

物流资源配置效率低下是一个重要的方面。由于物流资源不能有效配置，我国汽车物流效率低下，资源浪费严重。特别是在公路运输方面，我国公路汽车物流的空驶率达到了很高的程度。

据中国物流与采购联合会副会长戴定一介绍，我国车辆的运输成本是欧洲和美国的3倍，全国运输汽车的空驶率约为37%，其中汽车物流企业车辆空驶率高达39%，存在着回程空驶、资源浪费、运输成本高等问题。

厂商有什么资本降价呢？除了那些本身定价高的以及扩大产能降低了成本的，还有一些厂商背地里降低配置甚至偷工减料。在目前车价整体下跌的情况下，厂家不可能通过价格因素来转嫁物流成本，就可能会在产品质量和服务质量上打折扣，这样，最终受损失的还是消费者。怎么办？

企业间的信息化，特别是汽车生产企业间的横向沟通少之又少，基本上处于相对封闭状态，汽车生产企业在汽车物流方面实行“各自为政”的运作方式，生产企业之间、物流企业之间实施壁垒级保护，汽车物流资源共享缺少综合信息平台的支持。各大物流企业也自成体系，信息保密，未能进行有效合作。有的地方汽车产销量大，但物流能力不足；而有些地方汽车产销量小，物流资源过剩，这种资源分配的不平衡，在一定程度上阻碍了汽车市场的发展。

在汽车物流领域，水运的成本要比陆路运输低20%～30%，国内四大航运集团之一的长江航运集团（以下简称“长航”）提供的数据表明：从长春运输到广州的轿车，每辆车的陆路运输成本约为3800～4000元，而海运只需要2500～2800元，比陆路运输节省30%的成本。

然而，在目前中国汽车工业每年轿车产量超过500万辆的背景下，只有不到10%的汽车运输通过水路完成。有关数据表明，广州本田目前几乎全部依靠陆路运输，一汽大众只有不到10%的部分通过水路运输，东南汽车也只有不到15%的部分通过长江海运进入西南。

中国汽车水运物流市场拥有巨大的潜力，在中国绵延的海岸线上，长春、北汽汽车制造基地有大连、天津港，上海、江浙汽车制造基地有上海等港口，另一个日系盘踞的汽车制造基地广州有黄埔港，海运互通，并沿着长江深入西南市场，这是一个顺畅廉价的运输系统。相信随着成本压力的不断增大，势必有越来越多的汽车企业采用水路运输来降低物流成本。

【案例3】1975年初春的一天，美国亚默尔肉食品加工公司的老板在翻阅报纸时无意间看到一则十几个字的短讯："墨西哥发现疑似瘟疫的病例"。职业敏感使得这位老板马上想到：如果墨西哥发生了瘟疫，那么，就一定会从加利福尼亚州或德克萨斯州边境传染到美国，而这两个州是美国肉食供应的主要基地。这样一来，肉食供应肯定会紧张，肉价一定会猛涨。在经过多方调查核实短讯内容确凿无误的情况下，亚默尔老板果断决策，集中全部资金购买加州和德州的牛肉和猪肉，并及时运到美国东部。不出所料，瘟疫很快蔓延到美国西部几个州。美国政府下令，严禁一切食品从这几个州外运，当然也包括牲畜在内。顿时，美国国内肉食奇缺，价格一下暴涨，亚默尔公司在短短几个月内，净赚了900多万美元。

这则故事告诉我们：亚默尔公司在经营过程中，善于捕捉身边的任何有利信息，充分搜集整理信息资源，分析市场环境对需求的影响，预测市场需求的变化趋势，准确地判明了市场前景，测定出市场潜在需求，果断地调整了公司的经营方向。而实际上物流公司亦如此，要想求得生存和发展，必须对物流成本进行充分分析、大胆预测、果断决策，使企业最终掌握竞争的主动权。

3.2.3 任务实施说明

按照任务描述中的要求，完成任务，并将电子档交给老师。

1．方案设计参考

(1) 假设电视机的数量为 x 。

①用长途卡车运输，需满足质量等于5t.

即 $20x/1000=5$，解得 $x=250$（台），

一次运费为 $5\times500+5\times60\times2=3100$（元）。

②水运运输，需满足质量等于20t。即 $20x/1000=20$，解得 $x=1000$，

一次运费为 $20\times260+20\times50+20\times60\times4=11000$（元）。

用长途卡车运输 $20t$ 时，运费为 $3100\times4=12400$（元）。

因为时间节点为3个月，所以如果以3500元/台 的价格销售的话，平均每天能销售20台电视机，3个月销售电视机的台数为 $30\times3\times20=1800$（台），1800台电视机的质量为（1800×20）/1000=36（t）。

如果以每台3200元的价格销售的话，三个月内销售电视机的台数为 $30\times3\times30=2700$（台），2700台电视机的质量为（2700×20）/1000=54（t）。

(2) 如果以每台3500元的价格销售的话，运输情况分为两种。

①以长途卡车进行运输时，三个月内总的运输量是36t，每次运5t，总共要运输8次，电视机不会缺货。

最优仓储费为

$$20\times10\times(1+2+3+4+5+6+7+8+9+10+11)\times7$$
$$+20\times10\times(1+2)=93000(\text{元})$$

运费为

$$3100\times7+500\times1+60\times1\times2=22320(\text{元})$$

利润为

$$(3500-2000)\times1800-93000-22320=2584680(\text{元})$$

②以水运运输的话，三个月内的总的运输量是 36t，每次运 20t，总共要运输 2 次，电视机也不会缺货。

最优仓储费为

$$20\times10\times(1+2+3+\cdots+49)+20\times10\times(1+2+3+\cdots+39)$$
$$=245000+156000=401000(\text{元})$$

运费为

$$11000+16\times260+50\times16+60\times16\times14=19800(\text{元})$$

利润为

$$(3500-2000)\times1800-401000-19800=227920(\text{元})$$

(3)如果以每台 3200 元的价格销售的话，运输情况分为两种。

①以长途卡车运输时，三个月内总的运输量 54t，每次运 5t，总共要运输 11 次，电视机不会缺货。

最优仓储费为

$$30\times10\times(1+2+3+\cdots+8)\times10+30\times10\times(1+2+\cdots+6)=114300(\text{元})$$

运费为

$$3100\times10+500\times4+60\times4\times2=33480(\text{元})$$

利润为

$$(3200-2000)\times2700-114300-33480=3092220(\text{元})$$

②以水运运输的话，三个月内的总运输量是 54t，每次运 20t，总共要运输 3 次，电视机不会缺货。

最优仓储费为

$$30\times10\times(1+2+3+\cdots+32)\times2+30\times10\times(1+2+\cdots+23)$$
$$=158400\times2+82800=399600(\text{元})$$

运费为

$$11000\times2+260\times14+50\times14+60\times4\times14=29700(\text{元})$$

利润为

$$(3200-2000)\times2700-399600-29700=2810700(\text{元})$$

综上所述，应该以每台 3200 元的价格销售，并选择用长途卡车运输。

2. 方案设计参考

（1）根据活动内容，对三个顾客的成本结构进行分别计算，如表 3-2-3 所示。

表 3-2-3 顾客成本计算

顾客成本内容	A	B	C
单件	5×1×4=20	0	10×1×10=100
整箱	6×2×4=48	5×2×5=50	2×2×10=40
整批	4×5=20	5×5=25	10×5=50
合计	88	75	160

（2）物流中心应鼓励的顾客：B 顾客成本最低，应鼓励。

3. 方案设计参考

（1）开列作业成本单，汇总各成本要素，得出作业成本库的总成本额。以“入库作业”为例，开列作业成本单，如表 3-2-4 所示。

表 3-2-4 入库作业成本单

成本要素	金额/元	百分比/%
工资	14000	58
材料	5000	21
折旧	5000	21
总成本	24000	100

类似“入库作业”，可分别开列其他六项作业——订单处理作业、运输作业、报关作业、仓储作业、出库作业和配送作业的成本单，计算出各作业成本库的总成本额依次为 10000 元、60000 元、100000 元、40000 元、24000 元和 32000 元。

（2）选择作业动因，把作业成本库的总成本分配到产品。

确认各作业的作业动因，并统计作业动因的总数，据此分别计算各作业的单位作业动因的费率分配率。

根据订单处理作业、运输作业、报关作业、入库作业、仓储作业、出库作业和配送作业与服务型产品甲、乙、丙之间的逻辑关系，选择的作业动因依次为订单处理次数、运输次数、报关次数、入库搬运装卸货物件数、仓储时段数、出库搬运装卸货物件数、配送运输次数。

其统计数和计算的各作业的单位作业动因费用分配率如表 3-2-5 所示。

表3-2-5　单位作业动因的运营与非运营费用分配率计算

作业名称	作业动因	作业成本单总成本/元	作业动因数	单位作业动因费用分配率/元
订单处理作业	次数	10000	3	3333
运输作业	次数	60000	9	6667
报关作业	次数	10000	9	1111
入库作业	件数	24000	180000	0.13
仓储作业	时段数	40000	3	13333
出库作业	件数	24000	180000	0.13
配送作业	次数	32000	46	696

(3) 统计各产品所耗作业量

根据有关原始记录进行分类、汇总，得到服务型产品消耗的“作业动因”。统计结果如表3-2-6所示。

表3-2-6　产品消耗作业量统计

作业名称及动因	合同甲	合同乙	合同丙	总计
订单处理作业次数	1	1	1	3
运输作业次数	1	3	5	9
报关作业次数	1	3	5	9
入库作业件数	60000	60000	60000	180000
仓储作业时段数	1	1	1	3
出库作业件数	60000	50000	60000	180000
配送作业件数	10	10	30	46

(4) 计算合同甲、乙、丙各自承担的费用，开列产品成本单。

以表3-2-5、表3-2-6的数据为基础，可计算合同甲、乙、丙按“作业动因”计算而得的费用成本，如表3-2-7所示。

表3-2-7　运营与非运营费用分配表

作业名称	单位作业动因分配率/元	合同甲		合同乙		合同丙	
		作业动因数	分配额/元	作业动因数	分配额/元	作业动因数	分配额/元
订单处理作业	3333	1	3333	1	3333	1	3333
运输作业	6667	1	6667	3	20001	5	33335
报关作业	1111	1	1111	3	3333	5	5555
入库作业	0.13	60000	7800	60000	7800	60000	7800
仓储作业	13333	1	13333	1	13333	1	13333

续表

作业名称	单位作业动因分配率/元	合同甲		合同乙		合同丙	
		作业动因数	分配额/元	作业动因数	分配额/元	作业动因数	分配额/元
出库作业	0.13	60000	7800	60000	7800	60000	7800
配送作业	696	6	4176	10	6960	30	20880
运营、非运营费用合计			44220		62560		92036
产品生产件数			60000		60000		60000
单位产品费用			0.74		1.04		1.53

(5) 由分析可知，合同甲的单位产品费用最低，为0.74元。

【小结】

本项目主要针对在物流企业经营管理过程中，随着业务量的增大，企业规模的扩大所带来的越来越多的在经营管理中的问题，怎么分析和处理的知识，尤其对业务处理流程上怎么优化才能避免各种问题，让企业管理、运作得很流畅以及如何分析和控制成本。

思考与练习

(1) 什么是流程？流程具有哪些要素？
(2) 流程管理对物流企业具有怎样的意义？
(3) 简述订单业务流程、运输业务流程和仓储业务流程。
(4) 影响物流企业经营流程设计的因素有哪些？
(5) 物流企业进行流程设计时应把握哪些原则？
(6) 物流企业流程设计有哪些方法？
(7) 物流企业流程优化的基本内容有哪些？
(8) 物流企业流程优化的策略主要有哪些？

案例拓展

某物流公司是专门从事集装箱运输和仓储的物流公司，目前，铁路货运是其主要的物流业务。该公司在从传统物流现代物流转型的过程中，拟定发展的总体目标为：通过场站网络、信息网络、服务体系建设及制度、机制创新，不断增强对市场的快速反应能力，进一步拓展业务领域、提高市场份额，力争在3年内把公司发展成为集运输、中转、储存、包装、配送、服务功能于一体的货运代理和国内外集装箱多式联运企业。

(1) 企业组织机构设置。该公司目前采用直线职能制组织结构。在公司经理的领导下，下设有仓储科、集装箱科、运输科、整车联办科、计划商务科、财务科和办公室等部门，各科室科长或主任负责本科室的工作。仓储科负责货物的储存与保管，集装箱科和整车联办科负责接货与发货的组织，运输科负责货场与车站间或货场与客户间的运输及车辆的管理与调度，计划商务科主要负责客户的接单和向铁路部门报批计划的工作，财务科负责各种往来账务及结算手续，办公司负责各种行政事务。

(2) 企业业务流程现状。

①信息流。

发货业务：客户向业务科科室（包括集装箱科、整车联办科，下同）提出货代需求，业务科室办理相关手续，把货物运单交给计划商务科，计划商务科拿货物运单到铁路某站批计划，并拿回凭证交给业务科室，业务科室再把领货凭证交给客户。客户结费时，业务科室把结算凭证交给结算室，结算室把客户已结费信息反馈给业务科室。

到货业务：计划商务科从铁路部门领取货物运单交给业务科室，业务科室通知客户来提货，办理客户提货手续，把结费凭证交给结算室，业务科室在得到结算室返回的客户已结费信息后，准许客户提货。

如果在发货、到货时需要使用车辆，业务科室要通知运输科运送货物，并给运输开结算凭证，用以结算运输费用。运输科把分拨费用凭证交给财务科，财务科分拨相关费用。计划商务科从业务科室收集发运和到达货物量信息，进行业务统计，再把统计报表交总部业务处。财务科进行财务统计，把财务报表交总部财务处。

②服务流。业务科室为客户提供货运代理服务，运输科为业务科室提供运输服务，铁路部门为业务科室提供货运服务。

③资金流。客户在办理发货、到货、提货手续时，要把货代费用交给结算室；结算室把货代费用交财务科，进行统一管理；再由财务科把铁路运输费用交给铁路部门。

④物流。发货时，客户把要发运货物交给业务科室，业务科室再把发运货物交给铁路部门。到货时，铁路部门把到达货物交给业务科，业务科再把到达货物交给客户。

(3) 对现行组织结构与业务流程的剖析。通过对公司现行业务流程的描述，可以看出公司存在信息传递不直接、操作环节不简便、客户需求不突出、部门业务冲突等问题。

①多个部门业务重复或设置不合理。例如，集装箱科、整车联办科和运输科等均承担铁路货运业务，业务范围没有多大区别，相互之间可能存在竞争，既不利于对客户的统一管理，也不利于降低公司的运营成本。

②没有实现运输和仓储两大主营业务的继承，不能为客户提供运输加仓储、“门到门”运输等一体化物流服务，而且费用结算过程繁琐，部门之间也容易因各自的利益驱动而产生矛盾，不利于整体的流程运作。

③客户的货代需求必须先通过集装箱科或整车联运科，然后转送到计划商务科，再由商务科送到铁路某站报批；计划批准后再逆向返回；信息传送中的集装箱科或整车联运科完全可以省去。

④客户的货运代理费先通过结算科，再送至财务科办手续，导致财务手续繁琐。

⑤上午计划科的业务量统计来源于与集装箱科或整车联运科发货与到货统计的相同数据，需要人工重复作业。

⑥没有专门的部门来统一管理和发展客户关系，也没有市场营销部门进行营销策划和营销业务管理，只有商务计划科等着客户的需求上门，很难适应市场经济的模式，更难满足第三方物流的客户需求。

(4) 组织重组与业务流程重组的方案。遵循流程重组将以企业利益为目标变为以满足客户需求为目标的思想，根据物流过程重组的基本原则，应从以下几个方面对该公司进行组织重组与业务流程重组。

①合并集装箱科、整车联办科、运输科、仓储科为业务运作科。内部分仓储业务和接货、发货与运货业务两部分。

②撤销结算科，增设信息中心。原结算信息由信息中心完成，财务部门通过信息中心接收阶段信息，结清财务手续、结算财务费用。

③改计划商务科为市场部，分两部分协调工作：一部分负责客户服务、计划报批、业务协调；另一部分负责市场业务开发、市场营销策划与市场营销管理。

④将客户货代需求改为直接向市场部提出，再由市场部拿货物运单到铁路某站批计划，拿回领货凭证直接交给客户，并将货运信息传送到信息中心，供业务运作科查询。货物到达后，由铁路部门通知市场部，市场部从铁路部门领取货物运单（到达大票），将大票信息传送到信息中心供业务运作科查询安排工作，同时向客户发出提货通知。

⑤客户结费时直接到财务科，财务科通过信息中心接收的结算数据（来自业务运作科）与用户结账，并把已结算信息传送到信息中心，同时把铁路运输费用交给铁路部门。

⑥客户将货物交给该物流公司业务运作科代办，业务运作科将货物交铁路某站托运；货物到站后，由业务科到铁路货站接货，然后负责送给用户。

⑦铁路某站为该物流公司业务运作科提供货运服务，该物流公司业务运作科为客户提供货代服务。

公司业务流程重组后的信息流、物流、资金流及服务如图 3-2-3 所示。

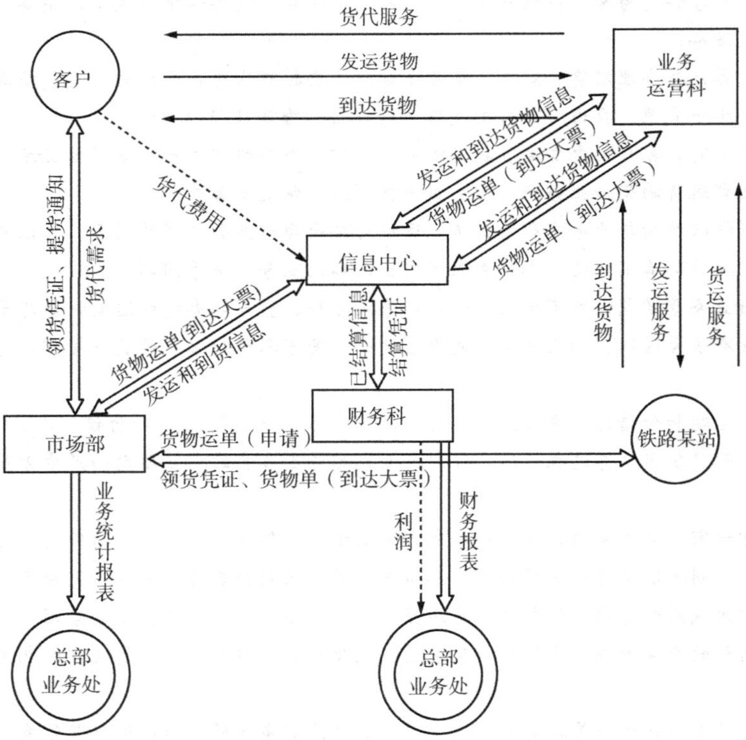

图 3-2-3 流程重组后的信息流、物流、资金流及服务

由图 3-2-3 可以看出，重组后的业务流程呈现以下格局：一方面，以信息中心为核心，将整个公司的各个部门及总部的关系有机地联系起来。另一方面，通过 3 条路径与外界相连，一是通过业务运

作科相连客户与铁路某站的物流与服务；二是通过市场部相连客户与铁路某站的信息流；三是通过财务科相连客户与铁路某站的资金流。

该物流公司通过撤销不增值的部门、合并业务重复部门、调整流程不合理的顺序、增设信息中心等重组工作，即方便了客户需求，提高了客户的满意度，提高了外部反应速度，又使内部资源得以共享，提高了内部工作效率，降低了企业的运作成本。

案例讨论

(1) 建立信息中心的目的是什么？一定要这样做吗？

(2) 案例中提到的流程重组方案还有哪些待完善之处？

项目 4　物流企业经营发展

教学目标

(1) 了解物流企业经营本质：企业生存、发展；

(2) 了解和认识物流企业财务报表及财务指标计算；

(3) 认识、掌握物流企业市场开发方法和流程；

(4) 了解和认识物流企业环境分析及其战略选择。

项目背景

四年前新组建的第三方物流运输企业进入了稳定发展期，今天正好周末，雷迅物流公司的杜川和他的学弟，现在是半岛物流公司的总经理黄齐，还有他们的大学老师卢教授，以及快达物流公司老总曾涛等几人相约在三江会所喝茶聚聚。

“业务很不好做啊!”曾涛感叹道。

“前几年公司的经营业绩还拿得出来说说，平均每年经营收入增加上千万，年年翻倍，虽然每天都很忙，但是感觉很充实，可是现在却感觉生意越来越难做了!”

“怎么，生意不好做了?”卢教授笑着问道。

现在的物流生意很难做，杜川和黄齐也深有同感。

“现在很多公司都走国际化，同时很多国外的公司也越来越多来到了中国，世界排名前 10 的跨国物流公司，早在我们国家加入 WTO 前两三年就开始通过开设办事处，和国内的公司以合资等形式投资布局。像丹麦的马士基，从 1997 年就开始在上海开设了办事处，荷兰的 TNT 和上海长途汽车运输公司合资成立了上海天地物流有限公司，新加坡美集集团和长安集团、民生集团合资成立了长安民生物流公司，和这些国际一流的物流公司竞争，倍感压力呀!”杜川感叹着说道。

“这样子，市场的竞争必然会越来越激烈。”黄齐也说道。

“嗯，这两天我们公司在业务上也是投入了很大力气，但是效果却远远不如预期的那么好，经营收入的增长也开始放缓了很多，卢教授，您说我们该如何应对呀?”曾涛看着卢教授问道。

“呵呵，先问你几个问题?”卢教授说道，“你觉得你的公司现在位于什么发展阶段?”

“什么阶段”曾涛茫然地回道。

卢教授又问道：“你们公司靠什么和竞争对手抢市场?”

曾涛很干脆地回答道：“当然是质量和服务。”

“那你们公司和你们的竞争对手在质量、服务上有哪些区别呢?”卢教授问。

曾涛眨巴眨巴眼睛："区别，这个我没调查过。"

卢教授继续问道："你们公司目前采取的战略态势是什么？"

曾涛听后还是摇摇头，感到很尴尬。

卢教授接着说："你告诉我，你们公司的经营与发展所做的总体构想是什么？为实现这种构想公司打算分几步走？主要立足于实现哪些具体的目标？详细地讲，你们公司准备怎么样实现不断改善经营环境、扩大经营规模、提高经营绩效的？"

"公司每年都有年度经营计划和财务预算，有明确的计划指标，但是基本上都是一年以内的规划，没有更长远的打算。总是目前的工作都做不完，更不用说以后的事情了。"

曾涛解释后紧接问道："您觉得我们公司的问题在哪些地方？"

"公司缺少了战略性的构想，没有战略意识，起码你作为一个公司的老总缺少应有的战略意识，这是不行的。"卢教授继续说道，"公司经营是一项复杂的系统工程，本没有什么模式或捷径可以解决所有的问题。何况每个公司自有其独特性的实际情况，所以解决具体的问题的方法也是各不相同的。但是作为公司的总经理，你们应该特别注意从战略意识的高度来思考公司的发展问题。"

…………

不知不觉，一个上午就在卢教授的讲解中过去了。

任务4.1 理解企业经营本质

4.1.1 任务描述

经过几年的辛苦经营，雷迅物流公司在激烈的市场竞争中渐渐地站稳了脚跟，成为西南地区一家小有名气的物流企业，看到企业现在的经营成果，想到未来企业发展中可能面对的种种困难，杜川回忆着上周末卢教授给他们讲解的经营之道，开始反思，我们的企业现在处在何处，未来将走向何方，企业经营的本质……

根据知识拓展中的提示，思考与物流企业生存发展有关的因素。

4.1.2 知识拓展

1. 相关概念

认识企业经营本质：企业一般是指以盈利为目的的，运用各种生产要素（土地、劳动力、资本、技术和企业家才能等），向市场提供商品或服务，实行自主经营、自负盈亏、独立核算的具有法人资格的社会经济组织。

经营是指企业以市场为对象，以商品生产和商品交换为手段，为了实现企业的目标，使企业的投资、生产、销售等经济活动与企业的外部环境保持动态均衡的一系列有组织的活动。

作为一个以盈利为目的的组织，企业经营的本质可概括为生存、盈利和发展。

（1）企业生存。企业在市场上生存下来的基本条件：一是以收抵支，二是到期还债。首先要可以保证企业有足够的资金流经营，才可以去谋划企业更长远的发展。因此，作为企业的经营者，必须掌握较好的财务知识，通过对财务各种数据的分析，掌握企业的经营状况，了解企业在市场中生存的可能性。和企业生存密切相关的财务报表及报表的解读分析，将在任务 4.2 中进行阐述和展示。

（2）企业盈利。企业经营的另一本质是股东权益最大化，即盈利。而从利润表中的利润构成中不难看出，盈利的主要途径一是扩大销售（开源），二是控制成本（节流）。

①扩大销售。利润主要来自销售收入，物流企业的收入主要由承运货物、仓储以及其他一些附加增值业务获取的服务费用。

物流企业提高销售收入主要有以下方式。

a. 扩张现有市场，开拓新市场；

b. 进行企业核心业务开发和优化，提升企业竞争力；

c. 合理选址建仓，扩建或改造仓储、运输设施，提高运输调度能力；

d. 扩建或者优化企业管理资源，招聘具有市场竞争力的人才，提升企业信誉度，不断提升企业的竞争能力。

e. 分析市场、分析竞争对手，进行合理投标，获得需要的订单或者提升企业的续约能力。

扩大销售是企业获得利润的主要来源，企业扩大销售就必须明确自我定位，了解客户及客户需求，分析竞争对手和对市场有较准确的把握。关于物流企业市场开发的相关知识和技能将在任务 4.3 中进行介绍。

②控制成本。物流成本是指产品的空间移动或时间占有中所耗费的各种劳动和物化劳动的货币表现。具体地说，它是产品在实物运动过程中，如包装、搬运装卸、运输、储存、流通加工等各个活动中所支出的人力、物力和财力的总和。

现代物流成本的范围更广，贯穿企业经营活动的全过程，包括从原材料供应开始一直到将商品送到消费者手中所发生的全部物流费用。物流成本按不同的标准有不同的分类，按产生物流成本主体的不同，可以分为企业自身物流成本和委托第三方从事物流业务所发生的费用，即委托物流费。如果按物流的功能，可以对物流成本进行如下分类。

a. 运输成本。主要包括人工费用，如运输人员工资、福利等；营运费用，如营运车辆燃料费、折旧、公路运输管理费等；其他费用，如差旅费等。

b. 仓储成本。主要包括建造、购买或租赁仓库设施设备的成本和各类仓储作业带来的成本。

c. 流通加工成本。主要有流通加工设备费用、流通加工材料费用、流通加工劳务费用及其他。

d. 包装成本。主要包括包装材料费用、包装机械费用、包装技术费用、包装人工费用等。

e. 装卸与搬运成本。主要包括人工费用、资产折旧费、维修费、能源消耗费以及其他相关费用。

f. 物流信息和管理费用。包括企业为物流管理所发生的差旅费、会议费、交际费、管理信息系统费以及其他杂费。

物流成本控制的相关理论和方法在项目 3 中有专门的介绍。在这里就不再赘述。

③企业发展。企业发展是指企业面对未来未知环境的适应，使企业得以进一步运行，实现企业目标。

通常来说，企业要实现发展，就需要思考四个问题。

a. 企业发展方向：企业未来要发展成为什么样子；

b. 企业发展的速度与质量：企业未来以什么样的速度与质量来实现发展；

c. 企业发展点：企业未来从哪些发展点来保证这种速度与质量；

d. 企业发展能力：企业未来需要哪些发展能力支撑。

企业发展涉及企业的发展战略选择以及企业一个较长时期内的发展规划，关于企业发展的相关内容，将在本项目的任务 4.4 中进行介绍。

4.1.3 任务实施说明

开展小组讨论，分析物流企业生存发展有关的因素有哪些？

任务 4.2 读懂财务报表

4.2.1 任务描述

企业生存能力是指企业维持原有状态的能力，最主要的表现为财务保值，即以收抵支和偿还到期债务的能力。因此，杜川拿出了公司去年的财务报表，希望从财务报表中看出企业的现状和存在的问题，也为更长远的战略找到依据。

根据雷迅物流公司财务信息进行简单的公司财务分析，公司财务信息如表 4-2-1 和表 4-2-2 所示。

表 4-2-1 雷迅物流股份有限公司资产负债表

编制单位：雷迅物流股份有限公司 2013-12-31 单位：元

项目	期初数	期末数
流动资产：		
货币资金	355，419，767.97	458，522，585.64
交易性金融资产		
应收票据	67，245，596.32	3，066，028.40
应收账款	21，886，772.58	24，304，784.72
预付款项	24，733，373.63	163，385，607.51
应收利息		
应收股利	1，950，000.00	42，615，632.54
其他应收款	2，286，353，380.61	1，581，745，543.48
存货	3，981，715.86	4，456，892.01

续表

项目	期初数	期末数
一年内到期的非流动资产		
其他流动资产	13，022，502.88	14，049，637.78
流动资产合计	2，774，593，109.85	2，292，146，712.08
非流动资产：		
可供出售金融资产		18，452，500.00
持有至到期投资		
长期应收款		
长期股权投资	546，735，478.01	334，898，006.59
投资性房地产		
固定资产	1，556，592，267.02	1，334，854，173.07
在建工程	39，555，727.56	168，924，252.36
工程物资		
固定资产清理	1，119，766.30	4，353，050.93
生产性生物资产		
油气资产		
无形资产	28，451，754.06	22，893，273.96
开发支出		
商誉		
长期待摊费用	17，231，611.88	15，137，966.11
递延所得税资产	9，526，610.78	6，240，988.31
其他非流动资产		
非流动资产合计	2，199，213，215.61	1，905，754，211.33
资产总计	4，973，806，325.46	4，197，900，923.41
流动负债：		
短期借款	375，000，000.00	
交易性金融负债		
应付票据	5，000，000.00	
应付账款	39，101，117.79	35，899，595.77
预收款项	27，034，686.85	35，070，276.32
应付职工薪酬	1，240，031.97	1，533，669.22
应交税费	5，017，899.74	11，632，557.41
应付利息		
应付股利	43，127，868.44	35，610.00
其他应付款	257，978，158.64	231，279，245.05
一年内到期的非流动负债		

续表

项目	期初数	期末数
其他流动负债		
流动负债合计	753，499，763.43	315，450，953.77
非流动负债：		
长期借款		
应付债券		
长期应付款		
专项应付款		
预计负债		
递延所得税负债	510，888.92	2，444，924.19
其他非流动负债	24，833，972.46	28，029，826.30
非流动负债合计	25，344，861.38	30，474，750.49
负债合计	778，844，624.81	345，925，704.26
所有者权益（或股东权益）：		
实收资本（或股本）	1，305，521，874.00	1，305，521，874.00
资本公积	171，823，700.63	177，619，325.63
减：库存股		
专项储备		
盈余公积	440，592，740.44	391，353，789.18
一般风险准备		
未分配利润	2，277，023，385.58	1，977，480，230.34
所有者权益（或股东权益）合计	4，194，961，700.65	3，851，975，219.15
负债和所有者权益（或股东权益）总计	4，973，806，325.46	4，197，900，923.41

表 4-2-2 雷迅物流股份有限公司损益表

编制单位：雷迅物流股份有限公司　　2013 年度　　单位：元

项目	期初数	期末数
一、营业收入	2，128，537，250.81	3，193，700，132.31
减：营业成本	1，757，221，801.89	2，746，864，388.06
营业税金及附加	22，701，374.06	35，210，800.58
销售费用	17，934，276.69	17，354，039.65
管理费用	57，591，279.63	57，540，418.08
财务费用	6，352，390.94	－5，485，891.49
资产减值损失	－83，281，362.74	13，638，027.46

续表

项目	期初数	期末数
加：公允价值变动收益（损失以“—”号填列）		
投资收益（损失以“—”号填列）	191，645，513.39	151，695，374.08
其中：对联营企业和合营企业的投资收益	6，374，915.56	2，906，250.72
二、营业利润（亏损以“—”号填列）	541，663，003.73	480，273，724.05
加：营业外收入	9，147，262.28	35，103，613.82
减：营业外支出	1，856，121.68	745，828.50
其中：非流动资产处置损失	1，627，947.10	338，603.63
三、利润总额（亏损总额以“—”号填列）	548，954，144.33	514，631，509.37
减：所得税费用	56，564，631.69	80，737，957.81
四、净利润（净亏损以“—”号填列）	492，389，512.64	433，893，551.56
五、每股收益：		
（一）基本每股收益		
（二）稀释每股收益		
六、其他综合收益	—5，795，625.00	771，375.00
七、综合收益总额	486，593，887.64	434，664，926.56

4.2.2 知识拓展

1. 相关概念

1）认识财务报表

财务报表，是会计主体对外提供的反映会计主体财务状况和经营的会计报表，包括资产负债表、损益表、现金流量表或财务状况变动表、附表和附注等。

（1）资产负债表。资产负债表是指反映企业在某一特定日期的财务状况的报表。资产负债表主要反映资产、负债和所有者权益三方面的内容，并满足“资产＝负债＋所有者权益”平衡式。

在我国，资产负债表采用账户式结构，报表分为左右两方，左方为资产，反映全部资产的分布及存在状态；右方为负债和所有者权益，反映全部负债及所有者权益的内容及构成情况。表 4-2-3 为资产负债表的基本格式。

表 4-2-3 资产负债表

编制单位： 年 月 日 单位：元

资产	行次	期初数	期末数	负债及所有者权益	行次	期初数	期末数
流动资产：				流动负债：			
货币资金	1			短期借款	30		
短期投资	2			应付票据	31		
应收票据	3			应付账款	32		
应收账款	4			预收账款	33		
减：坏账准备	5			其他应付款	34		
应收账款净额	6			应付工资	35		
预付账款	7			应付福利费	36		
其他应收款	8			未交税金	37		
存货	9			未付利润	38		
待摊费用	11			其他未交款	39		
待处理流动资产净损失	12			预提费用	40		
一年内到期的长期债券投资	13			一年内到期的长期负债	41		
其他流动资产	14			其他流动负债	42		
流动资产合计	15			流动负债合计	43		
长期投资：				长期负债：			
长期投资	16			长期借款	44		
固定资产：				应付债券	45		
固定资产原价	17			长期应付款	46		
减：累计折旧	18			其他长期负债	47		
固定资产净值	19			其中：住房周转金	48		
固定资产清理	20			长期负债合计	49		
在建工程	21			递延税项：			
待处理固定资产净损失	22						
固定资产合计	23			递延税款贷项	50		
无形资产及递延资产：				负债合计	51		
无形资产	24			所有者权益：			
递延资产	25			实收资本	52		
无形资产及递延资产合计	26			资本公积	53		
其他长期资产：				盈余公积	54		
其他长期资产	27			其中：公益金	55		
递延税项：				未分配利润	56		
递延税款借项	28			所有者权益合计	57		
资产总计	29			负债及所有者权益总计	58		

（2）利润表。利润表又称损益表，是用以反映公司在一定期间利润实现（或发生亏损）的财务报表，是一张动态报表。利润表是企业经营业绩的综合体现，又是利润分配的主要依据，因此，利润表是财务报表中的主要报表。

损益表的项目，按利润构成和分配分为两个部分。其利润构成部分先列示销售收入，然后减去销售成本，得出销售利润；再减去各种费用后得出营业利润（或亏损）；再加减营业外收入和营业外支出后，即利润（亏损）总额。利润分配部分先将利润总额减去应交所得税后得出税后利润；其下就是按分配方案提取的公积金和应付利润；如有余额，就是未分配利润。利润表中的利润分配部分如单独划出列示，则为“利润分配表”。表 4-2-4 为利润表的基本格式。

表 4-2-4 利润表

编制单位： 年 月 日 单位：元

项目	行次	累计数
一、主营业务收入	1	
减：主营业务成本	2	
营业费用	3	
主营业务税金及附加	4	
二、主营业务利润	5	
加：其他业务利润	6	
减：管理费用	7	
财务费用	8	
三、营业利润	9	
加：投资收益	10	
营业外收入	11	
减：营业外支出	12	
加：以前年度损益调整	13	
四、利润总额	14	
减：所得税	15	
五、净利润	16	

（3）现金流量表。现金流量表是反应一定时期内（如月度、季度或年度）企业经营活动、投资活动和筹资活动对其现金及现金等价物所产生影响的财务报表。这份报告显示资产负债表及损益表如何影响现金和等同现金。

现金流量表是反映一个企业在一定时期现金流入和现金流出动态状况的报表。其组成内容与资产负债表和损益表一致。通过现金流量表，可以概括反映经营活动、投资活动和筹资活动对企业现金流入流出的影响，对于评价企业的实现利润、财务状况及财务管理，能比传统的损益表提供更好的基础。表 4-2-5 为现金流量表的基本格式。

表 4-2-5 现金流量表

编制单位：　　　　　　　　　　　　　　　年　月　日　　　　　　　　　　　　　　　单位：元

项目	行次	金额	项目	行次	金额
一、经营活动产生的现金流量：			购建固定资产、无形资产和其他长期资产所支付的现金	30	
销售商品、提供劳务收到的现金	1		投资所支付的现金	31	
收到的税费返还	3		支付的其他与投资活动有关的现金	35	
收到的其他与经营活动有关的现金	8		现金流出小计	36	
现金流入小计	9		投资活动产生的现金流量净额	37	
购买商品、接收劳务支付的现金	10		三、筹资活动产生的现金流量		
支付给职工以及为职工支付的现金	12		吸收投资所收到的现金	38	
支付的各项税费	13		借款所收到的现金	40	
支付的其他与经营活动有关的现金	18		收到的其他与筹资活动有关的现金	43	
现金流出小计	20		现金流入小计	44	
经营活动产生的现金流量净额	21		偿还债务所支付的现金	45	
二、投资活动产生的现金流量：			分配股利、利润或偿付利息所支付的现金	46	
收回投资所收到的现金	22		支付的其他与筹资活动有关的现金	52	
取得投资收益所收到的现金	23		现金流出小计	53	
处理固定资产、无形资产和其他长期资产所收回的现金净额	25		筹资活动产生的现金流量净额	54	
收到的其他与投资活动有关的现金	28		四、汇率变动对现金的影响	55	
现金流入小计	29		五、现金及现金等价物净增加额	56	

（4）所有者权益变动表。所有者权益变动表是反映公司本期（年度或中期）内至期末所有者权益变动情况的报表。通过所有者权益变动表，既可以为报表使用者提供所有者权益总量增减变动的信息，也能为其提供所有者权益增减变动的结构性信息，特别是能够让报表使用者理解所有者权益增减变动的根源。

在所有者权益变动表中，企业应当至少单独列示反映下列信息：

①净利润；

②直接计入所有者权益的利得和损失的项目及其总额；

③会计政策变更和差错更正的累积影响金额；

④所有者投入资本和向所有者分配利润等；

⑤提取的盈余公积；

⑥实收资本或股本、资本公积、盈余公积、未分配利润的期初和期末余额及其调节情况。表 4-2-6 为所有者权益变动表的基本格式。

2）物流企业的财务报表分析

（1）财务报表分析的意义。

财务报表分析，又称财务分析，是通过收集、整理企业财务会计报告中的有关数据，采用专门的方法，对企业的财务状况、经营成果和现金流量情况进行综合比较和评价，为财务会计报告使用者提供管理决策和控制依据的一项管理工作。

财务分析的起点是财务报表，财务分析中所使用的数据大部分来自财务报表。因此，财务报表分析的前提是理解财务报表。财务分析的结果就是从报表中获取符合报表使用人分析目的的信息，认识企业活动的特点，评价其业绩，发现其问题。

做好财务报表分析工作，可以正确评价企业的财务状况、经营成果和现金流量情况，揭示企业未来的报酬和风险；可以检查企业预算完成情况，考核经营管理人员的业绩，为建立健全合理的激励机制提供帮助。

①与财务部门进行卓有成效的沟通；

②对企业的经营绩效做出正确的评估；

③从财务角度出发，为决策者提供支持；

④从所有者和经营者不同的角度理解企业三大报表；

⑤快速识别财务数据中可能存在的造假成分；

⑥学会分析企业的营运资本，审视企业存在的弊病；

⑦从现金流量表来分析企业的利润水平。

（2）财务报表分析的内容。物流企业的财务总监，一般需要通过财务报表对企业进行如下的财务分析：

①企业资产流动性分析；②企业运营能力分析；③企业长期安全性分析；④企业盈利能力分析。

表 4-2-6 所有者权益变动表

编制单位：　　　　　　______年度　　　　　　单位：元

项目	本年金额						上年金额					
	实收资本（或股本）	资本公积	减：库存股	盈余公积	未分配利润	所有者权益合计	实收资本（或股本）	资本公积	减：库存股	盈余公积	未分配利润	所有者权益合计
一、上年年末余额												
加：会计政策变更												
前期差错更正												
二、本年年初余额												
三、本年增减变动金额（减少以“—”号填列）												
（一）净利润												
（二）直接计入所有者权益的利得和损失												
1. 可供出售金融资产公允价值变动净额												
2. 权益法下被投资单位其他所有者权益变动的影响												
3. 与计入所有者权益项目有关的所得税影响												
4. 其他												
上述（一）和（二）小计												
（三）所有者投入和减少资本												
1. 所有者投入资本												
2. 股份支付计入所有者权益的金额												
3. 其他												
（四）利润分配												

续表

项目	本年金额						上年金额					
	实收资本（或股本）	资本公积	减：库存股	盈余公积	未分配利润	所有者权益合计	实收资本（或股本）	资本公积	减：库存股	盈余公积	未分配利润	所有者权益合计
1. 提取盈余公积												
2. 对所有者（或股东）的分配												
3. 其他												
（五）所有者权益内部结转												
1. 资本公积转增资本（或股本）												
2. 盈余公积转增资本（或股本）												
3. 盈余公积弥补亏损												
4. 其他												
四、本年年末余额												

2. 相关方法

物流企业财务分析与评价的指标体系

(1) 资产流动性分析。

资产流动性是指企业资产变现速度或变现能力，变现能力取决于可以在近期转变成现金的流动资产的多少，及其在总资产中所占比重的大小。一般企业通过流动比率及速动比率等指标来进行资金流动性分析。

①流动比率。

公式：

$$流动比率=\frac{流动资产}{流动负债}$$

物流企业设置参考值：2。

意义：体现企业的偿还短期债务的能力。流动资产越多，短期债务越少，则流动比率越大，企业的短期偿债能力越强。

分析提示：低于正常值，企业的短期偿债风险较大。一般情况下，营业周期、流动资产中的应收账款数额和存货的周转速度是影响流动比率的主要因素。

②速动比率。

公式：

$$速动比率=\frac{(流动资产-存货)}{流动负债}$$

物流企业设置参考值：1。

意义：比流动比率更能体现企业的偿还短期债务的能力。因为流动资产中，包括变现速度较慢且可能已贬值的存货，因此，将流动资产扣除存货再与流动负债对比，以衡量企业的短期偿债能力。

分析提示：低于1的速动比率通常认为是短期偿债能力偏低。影响速动比率的可信性的重要因素是应收账款的变现能力，账面上的应收账款不一定都能变现，也不一定非常可靠。

(2) 营运能力分析。

企业营运能力主要指企业营运资产营运、循环的效率与效益。企业营运资产的效率主要用资产的周转率或周转速度来衡量。企业营运资产的效益通常是指企业的产出额与资产占用额之间的比率。营运能力分析是从动态上把握资产的流动性，衡量公司各类资产营运过程中赚取收入的能力。反映企业营运能力的指标主要有营业周期、流动资产营运能力和总资产营运能力。

①存货周转率。

公式：

$$存货周转率=\frac{销售成本}{平均存货}$$

其中

$$平均存货=\frac{期初存货+期末存货}{2}$$

物流企业设置参考值：6。

意义：存货的周转率是存货周转速度的主要指标。提高存货周转率，缩短营业周期，可以提高企业的变现能力。

分析提示：存货周转速度反映存货管理水平，存货周转率越高，存货的占用水平越低，流动性越强，存货转换为现金或应收账款的速度越快。它不仅影响企业的短期偿债能力，也是整个企业管理的重要内容。

②应收账款周转率。

定义：指定的分析期间内应收账款转为现金的平均次数。

公式：

$$应收账款周转率=\frac{销售收入}{平均应收账款}$$

其中

$$平均应收账款=\frac{期初应收账款+期末应收账款}{2}$$

物流企业设置参考值：9。

意义：应收账款周转率越高，说明其收回越快。反之，说明营运资金过多呆滞在应收账款上，影响正常资金周转和偿债能力。

分析提示：应收账款周转率，要与企业的经营方式结合考虑。以下几种情况使用该指标不能反映实际情况：第一，季节性经营的企业；第二，大量使用分期收款结算方式；第三，大量使用现金结算的销售；第四，年末大量销售或年末销售大幅度下降。

③流动资产周转率。

公式：

$$流动资产周转率=\frac{销售收入}{平均流动资产}$$

其中

$$平均流动资产=\frac{期初流动资产+期末流动资产}{2}$$

物流企业设置参考值：3。

意义：流动资产周转率反映流动资产的周转速度，周转速度越快，会相对节约流动资产，相当于扩大资产的投入，增强企业的盈利能力；而延缓周转速度，需补充流动资产参加周转，形成资产的浪费，降低企业的盈利能力。

分析提示：流动资产周转率要结合存货、应收账款一并进行分析，和反映盈利能力的指标结合在一起使用，可全面评价企业的盈利能力。

④总资产周转率。

公式：

$$总资产周转率=\frac{销售收入}{平均资产总额}$$

其中

$$平均资产总额=\frac{期初资产总额+期末资产总额}{2}$$

物流企业设置参考值：2。

意义：该项指标反映总资产的周转速度，周转越快，说明销售能力越强。企业可以采用薄利多销的方法，加快资产周转，带来利润绝对额的增加。

分析提示：总资产周转指标用于衡量企业运用资产赚取利润的能力。经常和反映盈利能力的指标一起使用，全面评价企业的盈利能力。

(3) 长期安全性分析。

长期安全性分析和企业风险性分析紧密相连。从财务角度看，企业的风险与企业的负债行为及资本结构相关，企业负债越多，每年要偿还的利本和就越多，公司无法偿还债务的可能性和概率就上升，风险越大，安全性越低。因此对企业长期安全性分析就显得尤为重要。常用的安全性分析的财务指标有资产负债率、产权比率和已获利息倍数等。

①资产负债率。

公式：

$$资产负债率=\frac{负债总额}{资产总额}\times 100\%$$

物流企业设置参考值：0.7。

意义：反映债权人提供的资本占全部资本的比例。该指标又称举债经营比率。

资产负债率涉及债权人、股东和经营者三方利益，可以从三者的角度来评价这一指标。

a. 债权人。债权人关心的是融资安全程度以及能否按期收回本金和利息。因此，债权人希望资产负债率越低越好，资产负债率低，表示公司有足够的资产作为举债的后盾，即公司对债务的偿还是有保障的，公司的风险主要由公司自身承担。

b. 股东。股东关心的是总资产收益率。当总资产收益高于为贷入资本所付利息时，股东能够获得贷入资本为公司带来的利益与所支付的利息之间的差额。这种情况下，负债率越高，股东所能获得的差额就越大，股东的收益也就越大。

c. 经营者。经营者希望资产负债率稍高些，但也必须控制在一定的合理水平。因为通过举债经营，扩大生产规模，开拓市场，增强企业活力，获取较高的利润，但如果举债数额很大，超出债权人的心理承受程度，企业就融不到资金。

分析提示：在总资产收益率高于贷入资本的利息比率时，负债比率越大，企业获取利润的能力也越强，但企业面临的财务风险也越大。特别是如果企业资金不足，依靠欠债维持，导致资产负债率特别高，偿债风险就应该特别注意。物流企业的资产负债率为60%～70%时比较合理；达到85%及以上时，应视为发出预警信号，企业应提起足够的注意。

②产权比率。

公式：

$$产权比率=\frac{负债总额}{股东权益}\times 100\%$$

物流企业设置参考值：1.2。

意义：反映债权人与股东提供的资本的相对比例。反映企业的资本结构是否合理、稳定，同时也表明债权人投入资本受到股东权益的保障程度。

分析提示：一般说来，产权比率高是高风险、高报酬的财务结构，产权比率低，是低风险、低报酬的财务结构。从股东来说，在通货膨胀时期，企业举债，可以将损失和风险转移给债权人；在经济繁荣时期，举债经营可以获得额外的利润；在经济萎缩时期，少借债可以减少利息负担和财务风险。

③已获利息倍数。

公式：

$$已获利息倍数=\frac{息税前利润}{利息费用}=\frac{利润总额+财务费用}{财务费用中的利息支出+资本化利息}$$

通常也可用近似公式：

$$已获利息倍数=\frac{利润总额+财务费用}{财务费用}$$

物流企业设置参考值：4。

意义：企业经营业务收益与利息费用的比率，用以衡量企业偿付借款利息的能力，又称利息保障倍数。只要已获利息倍数足够大，企业就有充足的能力偿付利息。

分析提示：企业要有足够大的息税前利润，才能保证负担得起资本化利息。该指标越高，说明企业的债务利息压力越小。

(4) 盈利能力分析。

盈利能力就是企业赚取利润的能力。无论股东还是债务人，都非常关心这个指标。在分析盈利能力时，应只涉及正常的营业状况。

①销售净利率。

公式：

$$销售净利率=\frac{净利润}{销售收入}\times100\%$$

物流企业设置参考值：0.08。

意义：该指标反映每一元销售收入带来的净利润是多少，表示销售收入的收益水平。

分析提示：企业在增加销售收入的同时，也必须要相应获取更多的净利润才能使销售净利率保持不变或有所提高。销售净利率可以分解成销售毛利率、销售税金率、销售成本率和销售期间费用率等指标进行分析。

②销售毛利率。

公式：

$$销售毛利率=\frac{销售收入-销售成本}{销售收入}\times100\%$$

物流企业设置参考值：0.2。

意义：表示每一元销售收入扣除销售成本后，有多少钱可以用于各项期间费用和形成盈利。

分析提示：销售毛利率是企业销售净利率的最初基础，没有足够大的销售毛利率便不能形成盈利。企业可以按期分析销售毛利率，据以对企业销售收入、销售成本的发生及配比情况作出判断。

③资产净利率（总资产报酬率）。

公式：

$$资产净利率=净利润/[(期初资产总额+期末资产总额)/2]\times 100\%$$

$$资产净利率=\frac{净利润}{平均资产总额}\times 100\%$$

其中

$$平均资产总额=\frac{期初资产总额+期末资产总额}{2}$$

物流企业设置参考值：根据实际情况而定。

意义：把企业一定期间的净利润与企业的资产相比较，表明企业资产的综合利用效果。指标越高，表明资产的利用效率越高，说明企业在增加收入和节约资金等方面取得良好的效果，否则相反。

分析提示：资产净利率是一个综合指标。净利的多少与企业资产的多少、资产的结构、经营管理水平有着密切的关系。影响资产净利率高低的原因有产品的价格、单位产品成本的高低、产品的产量和销售的数量和资金占用量的大小。可以结合杜邦财务分析体系来分析经营中存在的问题。

④净资产收益率（权益报酬率）。

公式：

$$净资产收益率=\frac{净利润}{平均净资产}\times 100\%$$

其中

$$平均净资产=\frac{年初净资产+年末净资产}{2}$$

物流企业设置参考值：0.08。

意义：净资产收益率反映公司所有者权益的投资报酬率，又称净值报酬率或权益报酬率，具有很强的综合性。是最重要的财务比率。

分析提示：杜邦分析体系可以将这一指标分解成相联系的多种因素，进一步剖析影响所有者权益报酬的各个方面，如资产周转率、销售利润率、权益乘数。此外，在使用该指标时，还应结合对“应收账款”、“其他应收款”、“待摊费用”进行分析。

3. 相关案例

雷迅物流企业20××年财务报表的主要资料如表4-2-7和表4-2-8所示。

表 4-2-7 资产负债表

20××年 12 月 31 日 单位：千元

资产	金额		负债及所有者权益	金额	
	年初	年末		年初	年末
库存现金	764	310	应付账款	500	516
应收账款	1,156	1,344	应付票据	400	336
存货	700	966	其他流动负债	446	468
固定资产净值	1,170	1,170	长期负债	1,000	1,026
			实收资本	1,444	1,444
合计	3,790	3,790	合计	3,790	3,790

表 4-2-8 利润表

20××年 12 月 31 日 单位：千元

项目	金额
销售收入	8,430
销售成本	6,570
毛利	1,860
管理费用	980
利息费用	498
税前利润	382
所得税	152.8
净利	229.2

任务一：计算该公司有关的财务比率（表 4-2-9）。

任务二：与行业平均水平比较，说明该公司可能存在的问题。

表 4-2-9 财务比率

财务比率	雷迅物流	行业平均水平
1. 流动比率		2
2. 速动比率		1
3. 资产负债率		50%
4. 存货周转率		6 次
5. 应收账款周转率		9 次
6. 销售净利率		8%
7. 销售毛利率		20%
8. 权益收利率		10%
9. 已获利息倍数		4 倍

根据表 4-2-7、表 4-2-8 的相关数据，分析雷迅物流企业的各财务指标，并对雷迅公

司的财务状况进行评价。

完成步骤如下。

(1) 雷迅公司资产流动性分析。

①分析流动比率。

$$流动资金=现金+应收账款+存货=310+1344+966=2620$$

$$流动负债=应付账款+应付票据+其他流动负债=516+336+468=1320$$

$$流动比率=\frac{流动资产}{流动负债}=\frac{2620}{1320}\approx 1.98$$

分析：流动比率体现雷迅公司的偿还短期债务的能力。行业平均水平参考值为2，雷迅公司的流动比率为1.98，与行业水平基本持平，说明雷迅公司的短期债务偿还能力健康，短期偿债风险较小。

②分析速动比率。

$$速动比率=\frac{(流动资产-存货)}{流动负债}=\frac{2620-966}{1320}\approx 1.25$$

分析：资产速动比率进一步体现了企业的短期偿债能力，在扣除存货后，雷迅公司的速动比率为1.25，比行业的平均水平偏高，再结合雷迅公司的流动比率可以看出，公司的短期偿债能力较强，短期债务风险较小。

(2) 雷迅公司营运能力分析。

①存货周转率。

$$平均存货=\frac{期初存货+期末存货}{2}=\frac{700+966}{2}=833$$

$$存货周转率=\frac{销售成本}{平均存货}=\frac{6570}{833}\approx 7.89$$

分析：从存货周转率可以看出，雷迅企业的存货周转率为7.89，远高于行业平均水平的6，因此，可以认为雷迅公司的存货管理水平较高，存货流动性较强，存货转换为现金或应收账款速度较快。公司的营业周期较短，公司的变现能力强。

②应收账款周转率。

$$平均应收账款=\frac{期初应收账款+期末应收账款}{2}=\frac{1156+1344}{2}=1250$$

$$应收账款周转率=\frac{销售收入}{平均应收账款}=\frac{8431}{1250}\approx 6.74$$

分析：雷迅公司的应收账款周转率为6.74，低于行业平均水平，说明该公司营收状况的回收较慢，资金的周转和偿债能力存在问题。

③流动资产周转率。

$$平均流动资产=\frac{期初流动资产+期末流动资产}{2}=\frac{2620+2620}{2}=2620$$

$$流动资产周转率=\frac{销售收入}{平均流动资产}=\frac{8430}{2620}\approx 3.22$$

物流企业设置参考值：3。

分析：流动资产周转率略高于行业平均水平，说明雷迅企业的流动资金的周转速度较快，企业的盈利能力比较强。

④总资产周转率。

$$平均资产总额=\frac{期初资产总额+期末资产总额}{2}=\frac{3790+3790}{2}=3790$$

$$总资产周转率=\frac{销售收入}{平均资产总额}=\frac{8430}{3790}\approx 2.22$$

分析：雷迅公司的总资产周转率为 2.22，说明该公司的总资产周转速度较快，公司销售能力比较强，运用资产赚取利润的能力比较好。

结合四个指标可以认为，雷迅公司的整体运营能力较好，在市场同类型物流企业中具有较强的竞争能力。

(3) 雷迅公司债务长期安全性分析。

①资产负债率。

$$资产负债率=\frac{负债总额}{资产总额}\times 100\%=\frac{3790-1444}{3790}\times 100\%\approx 62\%$$

分析：雷迅公司的资产负债率为 62%，高于行业的平均水平 50%，说明公司的资产结构中，负债所占有的比率较大，从长期来看，企业面临一定的财务风险，但该数值还在一定的合理范围之类，因此还未对雷迅公司形成较大的威胁。

②产权比率。

$$产权比率=\frac{负债总额}{股东权益}\times 100\%=\frac{3790-1444}{1444}\times 100\%\approx 1.62\%$$

分析：雷迅公司的产权比率为 1.62，高于行业平均水平，说明雷迅公司的资本结构还是相对比较稳定的，债权受到股东权利的保障程度比较高。

③已获利息倍数。

$$已获利息倍数=\frac{息税前利润}{利息费用}=\frac{1860-980}{498}\approx 1.77$$

分析：雷迅公司的利息保障倍数远低于行业平均水平，这可能是雷迅公司财务指标中最大的一个问题，这说明公司偿付利息的能力还比较薄弱，债务利息压力较大。

(4) 雷迅公司盈利能力分析。

①销售净利率。

$$销售净利率=\frac{净利润}{销售收入}\times 100\%=\frac{229.2}{8430}\times 100\%\approx 2.72\%$$

分析：从雷迅公司的销售净利率来看，该指标的水平远低于行业平均水平，说明公司的销售收益水平过低，销售能为企业带来的利润空间太小。

②销售毛利率。

$$销售毛利率=\frac{销售收入-销售成本}{销售收入}\times 100\%=\frac{1860}{8430}\times 100\%\approx 22\%$$

分析：雷迅公司的销售毛利率略高于行业平均水平 0.2，说明公司的毛利率水平相对居中，但公司的净利率远低于行业平均水平，可见销售毛利中用于费用的支出过大。

③资产净利率（总资产报酬率）。

$$资产净利率=\frac{净利润}{平均资产总额}\times 100\%=\frac{229.2}{3790}\times 100\%\approx 6\%$$

分析：雷迅公司的资产净利润是一个综合指标。

④净资产收益率（权益报酬率）。

$$净资产收益率=\frac{净利润}{平均净资产}\times 100\%=\frac{229.2}{1444}\approx 16\%$$

分析：雷迅公司的权益报酬率也是一个综合指标，雷迅公司的权益报酬率高于行业平均水平，说明公司投资者投资的盈利能力较强。

4.2.3 任务实施说明

(1) 根据公司财务报表，进行简单的公司财务分析，将分析结果上交老师。

(2) 在上海证券交易所网站（http：//www.sse.com.cn）查询港中旅华贸国际物流股份有限公司2013年年报，阅读年报内容，了解公司财务及发展状况。

任务4.3 学会市场开发

4.3.1 任务描述

市场无处不在，竞争也无处不在。只有掌握了市场环境的变化及其发展趋势，才能制定出与之相应的战略，才能有明确的目标、方针，才能在激烈的市场竞争中求得生存和发展。

上午九点，公司的会议室里，公司领导的一次会议如期举行。

会上，公司总经理杜川首先发言：“市领导非常重视物流企业的发展，制定了很多优惠政策，现在，整个中国的第三方物流公司都还相当分散，第三方物流企业的规模都很小，没有一家物流服务能够拥有超过全国2%的市场份额，而且大家提供的服务都差不多，所以整个市场隐藏着巨大的机遇，但如何才能在看起来一团乱麻的市场中找到公司的接入口，扩大市场份额呢？”

“嗯，知己知彼，才能百战百胜。公司要发展，首先就必须了解市场的情况，市场需要什么服务，我们能够提供什么服务？这是我们迫切需要分析调研的内容”业务部长老张提出了自己的想法。

…………

以雷迅物流公司基本情况和所面临的市场为例，分析确定公司在西南地区物流市场上的定位，如果现在公司希望开拓一个新的市场（可能是扩大区域范围或者将服务延伸到新的行业），请为雷迅公司设计一个适合的市场开发方案。

4.3.2 知识拓展

1. 相关概念

(1) 物流企业市场开发战略。

市场开发战略是由现有产品和新市场组合而产生的战略，即企业用现有的产品开辟新的市场领域的战略。它是发展现有产品的新顾客群，从而扩大产品销售量的战略。

物流企业的市场开发战略是指物流企业利用自身优势而制定的如何争取客户、在市场竞争中获取优势地位的物流目标、政策和措施。物流企业采用何种市场开发战略，主要涉及企业自身的经济实力、资源优势、所面对的市场及市场中的客户需求。比较常见的物流企业市场开发战略主要有以客户需求为导向的物流市场开发战略、以管理为中心的物流市场竞争战略和以客户满意为目标的服务营销策略。

（2）物流企业市场定位。

市场定位是指企业及产品确定的在目标市场上所处的位置，即企业根据竞争者现有产品在市场上所处的位置，针对顾客对该类产品某些特征或属性的重视程度，为本企业产品塑造与众不同的、给人印象鲜明的形象，并将这种形象生动地传递给顾客，从而使该产品在市场上确定适当的位置。（艾·里斯，杰克特劳特，1972 年）

对于物流企业，可以从以下几个方面进行市场定位。

（1）企业经营业务及级别。

物流企业的经营业务及评价标准可以参照《物流企业分类与评估指标》（GB/T 19680—2005），标准中按照物流企业的经营业务，将物流企业分为运输型物流企业、仓储型物流企业和综合型物流企业，并按照企业的经营状况、资产、设施设备、管理及服务、信息化水平等几个指标将企业分为 A、AA、AAA、AAAA 和 AAAAA 共 5 个级别。（参看阅读材料 1）

（2）企业核心竞争力定位。

核心竞争力是企业自身具备而其他企业没有能力长期为企业提供竞争力的能力，企业核心竞争力的识别标准有四个。

①价值性。首先这种能力能很好地实现顾客所重视的价值，从而给企业带来竞争优势，如能显著地降低成本，提高产品质量，提高服务效率，增加顾客的效用等。

②稀缺性。这种能力必须是稀缺的，只有少数的企业拥有它。

③不可替代性。这种能力在为顾客创造价值的过程中具有不可替代的作用，竞争对手无法通过其他能力来替代它。

④难以模仿性。核心竞争力还必须是难以转移或复制的，即该能力是企业所特有的，并且是竞争对手难以模仿的，这种难以模仿的能力将为企业带来超过平均水平的利润。

对于物流企业，核心竞争力可以从市场开拓、市场营销等市场活动中获得，也有的企业通过建设特有的有价值的企业文化而获得。

（3）主要经营区域定位。

物流企业的业务性质，特别是运输型物流企业的业务特点使得物流企业的业务区域很广，往往覆盖全国甚至更大的区域，但一般情况下，每个物流企业都有自己主要经营的区域，在该区域，相对于其他区域，其在该区域占有的市场份额较大，比较容易获得竞争优势。

（4）主营行业定位。

由于受到物流企业资本实力和竞争能力的限制，除少数大型物流企业外，市场中大多数的企业只服务于一个或几个特有的行业，在其特定的主营行业内，该物流企业可能获得更大的竞争优势。

(5) 资产能力及服务水平。

资产能力往往决定着物流企业是否有能力进行市场或主营业务扩张，或抵御新进入者或市场主要竞争者的外来风险，保持自身在市场中的定位。

服务水平则是从客户的角度对企业进行的定位，表明市场中客户对物流企业的接受和认可程度。

2. 相关方法

1) 物流企业市场开发的方法

目前，物流企业常用的市场开发方法主要有以下几种。

(1) 广告宣传。

广告宣传是物流企业通过在电视等媒体上投放广告的形式来寻找客户的一种市场开发形式。

①广告宣传的适应性。一方面，广告宣传具有传播速度快、影响范围大、效果明显等特点，因此更适合刚成立的物流企业或已有物流企业打开新市场，但由于其初期投入成本高，小型、财力有限的物流企业并不合适。另一方面，由于广告播出时间有限制，因此该种方法更适合专业性强的物流企业，必须能在短时间展示其竞争优势及服务特点。

②广告的操作流程。广告的操作流程一般涉及广告媒体、广告制作公司和物流企业等主体，具体的操作流程如图 4-3-1 所示。

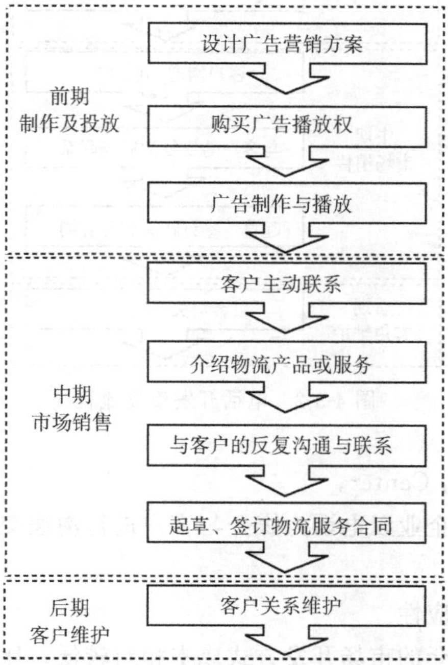

图 4-3-1 广告操作流

广告宣传销售主要分为三个阶段。

前期广告制作及投放阶段。在该阶段，物流企业根据自身需要制定广告营销方案，确定广告覆盖的范围、受众群体、广告预算等内容。在确定了广告方案后，企业需要联系广告播放渠道商，购买播放权，最后，企业联系广告公司进行广告制作并进行投放。

中期是广告投放后，客户与物流企业联系，进行咨询、洽商、选择产品或服务并签订合同的阶段。由于广告属于典型的“拉”式营销，因此，在广告后的市场销售活动要由客户发起，即由客户主动联系企业进行业务咨询，在市场活动中，客户往往占有主导地位。

后期是客户的维护阶段，该阶段主要是保持客户关系和挖掘客户的新需求以形成持续的市场销售。

③广告宣传的注意事项。

要能清楚地了解所投放广告客户的定位；

需要了解物流企业的广告客户期望的服务产品和接受方式；

一般需要有专业的广告公司进行广告策划和制作，广告应该能简明扼要地概括出物流企业的特点；

物流企业需有选择合适的广告媒体投放渠道；

需要具体考虑自己的财力、对广告播放时间、时段以及媒体选择都要有所规划；

物流企业最好分批次投放广告，以了解广告投放的效果，以便及时调整广告策略。

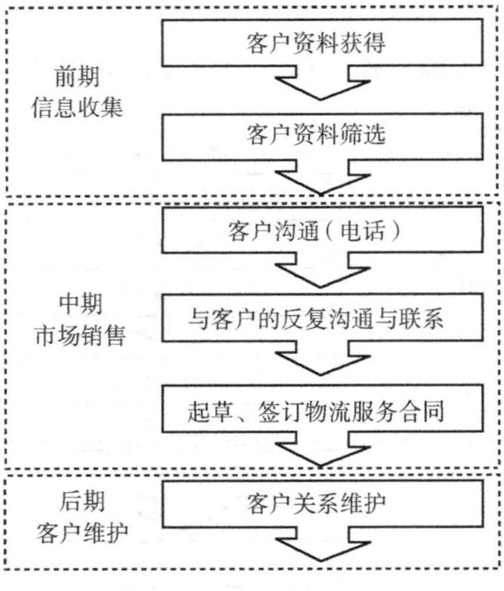

图 4-3-2 电话开发市场流程

(2) 电话/传真与 Call Center。

电话开发市场是物流企业以电话为媒介与客户进行沟通交流并促成交易的市场开发方法。

①电话开发市场的适应性。

低成本，以电话为媒介的市场开发方式成本相对较低，比较适合中小型物流企业；

针对性强，电话销售的针对性较强，适合专业物流服务；

时效性强，电话能进行及时沟通，较适合与刚进入市场的物流企业快速开发市场。

②电话开发市场的流程，如图4-3-2所示，分为前期、中期和后期。市场开发的前期，业务员先通过黄页、网页、公司已有客户的名片等渠道获得客户信息，然后再对这些信息进行筛选，以获得有价值的潜在客户信息。

中期，物流企业根据前期收集整理的客户信息，通过电话途径主动与客户进行联系，并介绍公司的服务产品；经过与客户多次反复的交流，达成合作意向并和客户签订相关物流服务合同。

后期是客户的维护阶段，该阶段主要是保持客户关系和挖掘客户的新需求以形成持续的市场销售。

③电话开发市场的注意事项。物流企业电话营销的关键是客户的筛选，企业需要有一套科学合理的客户筛选标准，以保证有效客户不被错误地筛选掉；

电话方式对开发人员的要求较高，需要业务员有很强的语言沟通能力可以在非面对面的情况下与客户进行有效的沟通；有很强的应变能力，以实时应对客户提出的各种问题；还需要有很强的心理压力承受力，以应对不同的客户需求。

④典型工具——Call Center。Call Center，即呼叫中心，是充分利用现代通信与计算机技术，如CTI（计算机通信集成）、IVR（交互式语音应答系统）、ACD（自动呼叫分配系统）等，可以自动灵活地处理大量各种不同的电话呼入和呼出业务及服务的运营操作场所。呼叫中心在企业应用中已经逐渐从电话营销中心向着综合呼叫中心转变，已经将电话、计算机、互联网等多种媒介综合应用于营销、服务等多项工作当中。目前企业中实施电话营销的方法主要有以下三种形式。

物流企业没有Call Center，只有几条电话线，这需要电话销售人员有较强的能力，同时承担客户筛选和销售的工作；

物流企业自行投资建设自己的Call Center，由Call Center完成客户的筛选，并协助电话销售人员来完成销售；

物流企业与一些Call Center运营商合作，将自己的产品委托给Call Center进行销售，属于电话销售外包。

（3）Internet市场开发。

①网络市场开发的适用性。网络营销是一种新型的市场营销方式，网络营销在物流企业的应用主要有三种。

网站、Blog广告：这种方式的效果与前面所述的广告宣传模式的市场开发具有相同的特点；

E-mail、IM（即时通信软件）工具：该模式通过E-mail和IM工具与潜在客户主动联系，这种方式与电话模式的市场开发有类似的特点；

B/B、B/C模式：该模式是基于电子商务平台展开的营销，通过专业的网络商务网站发布供应信息，买家通过浏览商务网站寻找供应信息，进而促进双方的交易，如阿里巴巴B/B电子商务平台、慧聪网等。

②网络市场开发的流程。按照网络营销在物流企业的不同应用模式，网络市场开发的流程分别如图4-3-3～图4-3-5所示。

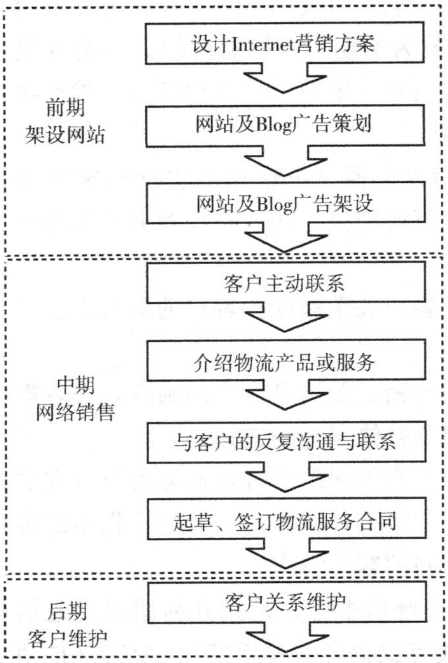

图 4-3-3 架构网站式市场开发流

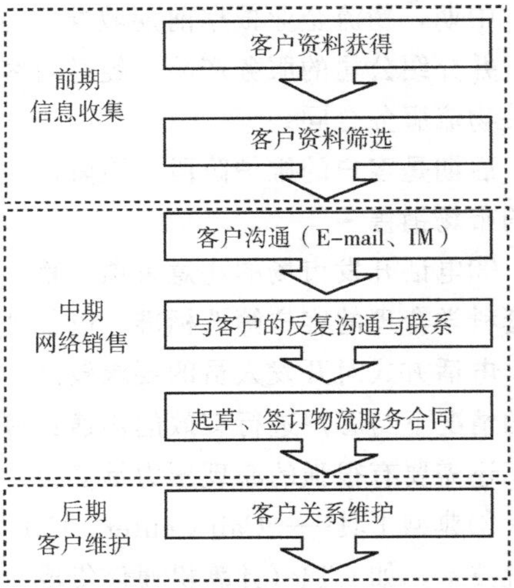

图 4-3-4 E-mail、IM 市场开发流

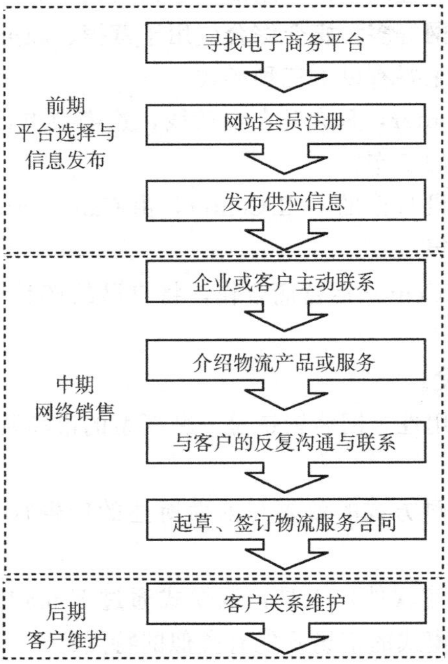

图 4-3-5 电子商务平台市场开发流

a. 网站架构、Blog 式市场开发流程。该模式的前期阶段为物流企业制定 Internet 方案，并和 IT 公司合作进行网站、Blog 广告的策划，最后由 IT 公司负责网站及 Blog 的架构，即物理实现。

中期为网络销售阶段，浏览网站的客户，主动与企业取得联系，并通过网站或其他方式了解物流企业的产品及服务，通过多次的沟通与磋商，最终和客户签订物流服务合同。

后期是客户的维护阶段，该阶段主要是保持客户关系和挖掘客户的新需求以形成持续的市场销售。

b. 机遇 E-mail、IM 方式的市场开发流程。该模式的前期，业务员先通过黄页、网页、公司已有客户的名片等渠道获得客户信息，然后再对这些信息进行筛选，以获得有价值的潜在客户信息。

中期，物流企业根据前期收集整理的客户信息通过 E-mail、IM 等工具主动与客户进行联系，并介绍公司的服务产品，经过与客户多次反复的交流，达成合作意向并和客户签订相关物流服务合同。

后期是客户的维护阶段，该阶段主要是保持客户关系和挖掘客户的新需求以形成持续的市场销售。

c. 基于电子商务平台的市场开发流程。该模式的前期为平台选择及信息发布阶段。在该阶段，物流企业寻找适合的网络商务平台，由于物流企业主要以提供服务为主，其业务具有一定的特殊性，所以物流企业一般寻找专业型的物流信息发布平台，接着进行会员注册，物流企业所选择的平台不同，会员注册的收费方式可能不同，有的网站采用免费注册的方式，但也有的网站需要缴纳一定的会员费用，才能有更优质的信息服务，在注册成为会员后，物流企业可以在商务平台上发布自身的产品或服务信息。

中期为销售阶段。在该阶段，企业可以根据客户发布的需求信息找到客户，客户也可以通过物流企业发布的供应信息主动联系企业，双方经过多次反复的交流，达成合作意向并和客户签订相关物流服务合同。

后期是客户的维护阶段，该阶段主要是保持客户关系和挖掘客户的新需求以形成持续的市场销售。

③网络市场开发注意事项。要由专门的人员对网站、Blog 广告进行维护，以便广告和物流企业的产品、服务现状相吻合，同时，也可及时处理因系统故障导致的 Internet 广告无法被客户访问的情况；

选择最适合企业的服务器。服务器主要有自架服务器，委托服务器托管，还可以租用虚拟机。物流企业应根据自己的需要与经济实力选择最合适企业的服务器架构方式；

对于网络营销，域名具有唯一性，选好与自己企业形象和名称相符的域名可独家享用“一生”；

物流企业自己架构网站时，必须进行网站整体策划与网页设计；

Internet 广告对美工、软件开发人员的设计要求较高，专业的广告开发能更有效、广泛地吸引到客户群；

注意网站效果与客户体验的平衡，过多的图片或是累赘的修饰会影响网站响应速度从而影响顾客体验；

注意网络是无国界的，如果要进行海外市场拓展，就应该考虑多种语言版本；

合理利用网站空间。应以客户的需求和喜好出发设计网站功能，用户不喜欢的功能花了再多时间精力也要去掉；

和电话营销相同，当物流公司采用E-mail、IM等工具时，需要有一套科学合理的潜在客户筛选标准，以保证有效客户不被错误地筛选掉；

注意网站内容的筛选，网站中不是内容越多越好，专业性和权威性才是信息的关键；

注意网站的更新速度，网站的更新应与企业的发展同步，特别是信息的及时性、有效性是企业进行网络销售的另一个关键；

重视网站的宣传，通过客户推介、搜索引擎及与专业网站合作等形式来提高网站知名度和访问量，让客户更容易了解和进入网站；

关注客户体验管理，对客户的询问应及时回复。

（4）品牌开发市场模式。

①品牌开发市场的模式及其流程。品牌开发是指物流企业通过各种渠道在消费者心目中建立起自身的品牌形象，再通过品牌形象进行市场开发的一种业务拓展方式。

品牌开发模式主要包含确立品牌形象、推广品牌形象、品牌销售和品牌管理四个环节，具体的开发流程如下。

确立品牌形象：这是物流企业实施品牌开发市场的第一步，一般建立在物流企业定位的基础上。如某区域知名物流企业、某领域知名物流企业，全国知名物流企业或国际知名物流企业等。

推广品牌形象：品牌的确立是物流企业自我定位的环节，而该品牌形象要被市场接受还需要对品牌形象进行传播和推广。推广品牌的方式很多，如电视等各种媒体广告、会展、网络等，但品牌推广是一个长期的过程，很多推广方式只能在一个较短时期内形成短暂的品牌形象，而品牌形象在客户心中的确立需要企业长期有计划地进行推广和管理。

品牌销售：在建立起品牌形象之后，就可以进行品牌销售。对于物流企业，品牌销售的重点在于建立合理的销售渠道，让客户更容易获得企业的产品及服务。

品牌管理：品牌的建立是一个长期的过程，品牌管理则是在品牌形象建立的基础上进一步延伸，包括品牌形象维护、销售渠道维护等内容，使得品牌真正的具有延续性，长期被市场接受。

②品牌开发的注意事项。

质量为本：服务质量是品牌形象的本质，只有消费者获得高质量的物流服务才能在消费者心目中建立起正面的品牌形象。

诚信至上：品牌源于信任。对于物流企业，赢得客户的信任除了提供优质的服务质量外，还来源于是否能完成对客户的承诺。因此，在实施品牌开发时，要充分了解自身的能力，在此基础上才能对客户进行合理的承诺。

定位准确：企业品牌要建立在物流企业自身定位准确的基础上，否则品牌形象的建立就缺乏核心内涵。对于物流企业的定位是多方面的，如区域定位、行业定位等。

推广巧妙：确立自身的品牌定位，也就明确了产品和服务的对象群体，就可以做到有的放矢地进行品牌推广，通过对对象群体进行分析，正确地选择合适的推广方式。

（5）展会开发模式。展会开发是指物流企业通过一些物流展会向客户展示自身产品、服务及服务网络资源、企业核心优势等内容，获得市场认可的一种市场开发方式。

展会开发的一般流程包含以下几个阶段。

①确定参展目标。物流企业参加展会的目的是开发市场，但参加展会的本身并不一定仅是为了开发客户，很多时候是为了后续的开发客户，如收集展会的客户信息等。因此，在参展前，应明确参展的目的。

②选择展会。不同的展会，形式和目的是不同的，有的展会是为了提升企业形象，有的展会则是为了收集客户信息，而有的展会则是进行交易。因此，在参加展会前，要根据参展目标研究展会的性质再来确定是否参加展会或选择与参展目标相吻合的展会。

③参展前准备。物流企业参加展会是一个较复杂的过程，因此在参展前，应该就参展的各项工作，如参展人员的培训、展位的选择、展位的设计与布局、向客户发送参展信息等做好充分的准备。

④展后跟踪。在参加完展会之后，要注意展会信息的收集、整理、筛选和分类，做好有用信息筛选，客户跟踪，潜在客户备份等工作。

(6) 竞标开发模式。

①招投标流程。竞标开发是物流企业通过向物流招标方投标的方式获得物流业务的一种市场开发方式。

物流招投标流程如图 4-3-6 所示。流程可以分为招标前期准备、投标方资格审查、投标方投标、后期商务谈判和合同签订四个阶段。

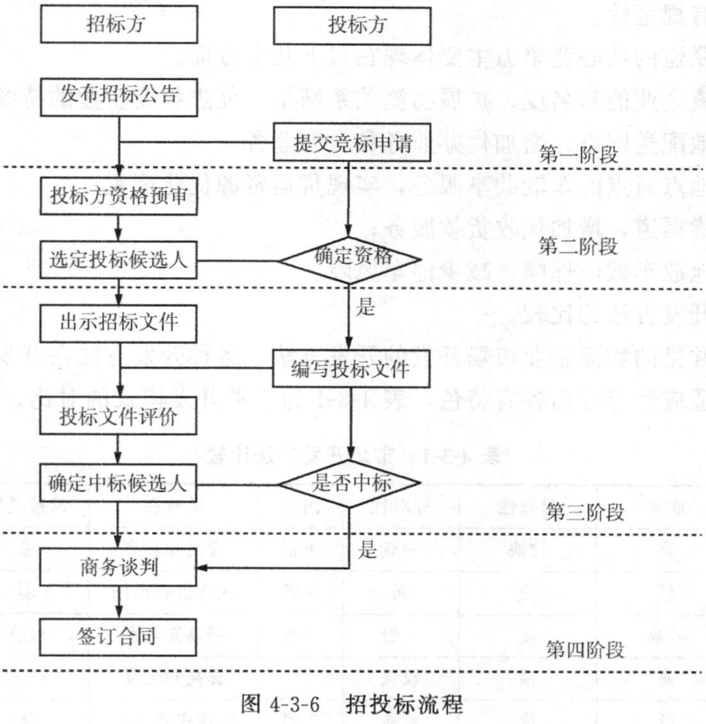

图 4-3-6 招投标流程

招投标的前期准备包括招标方发布招标公告和投标方通过各种途径获得招标信息后提交竞标申请。

资格审查阶段由招标方对投标方的资格进行审核，确定最后的投标候选人。

投标评价阶段对投标企业的标书进行评价，确定中标候选人。

最后是商务谈判和签订合同。双方就合同细节部分进行商讨，并最终签订合同。

②竞标的注意事项。一般物流项目的竞标应遵循详细、明确、真实三个原则。

详细：企业进行物流招标时，除了对物流企业资格有硬性指标要求外，招标方更关心物流企业的服务能力，物流企业一般会在招标文件中注明一些关于服务能力的说明，所以投标物流企业在制作项目提案时，要尽可能详细地阐述自身能在哪些方面帮助客户解决问题。

明确：物流企业在做项目提案时，经常会涉及各种专业的指标，如运输时效、月盘点差异率、发货准确率等的制定，这些关键指标的制定要清晰明确，让招标方清晰地了解投标物流企业物流运营管理的能力。

真实：是指投标物流企业在制作项目提案时，各种指标的制定以及其他的物流能力的阐述必须要真实准确、不能为了获得招标方的认可而编造虚假信息。

（7）产业联盟开发模式。产业联盟开发是一种新的物流企业业务开发模式，所谓物流产业联盟是指通过联合不同区域的物流机构，整合业界优势资源，突破企业恶性竞争瓶颈，形成良性的合作关系，以达到资源有效利用，优势有效放大，产业有效集聚，人力有效流动，为物流产业造新优势，形成新合力的一种组织。而产业联盟开发则是建立在产业联盟的基础上进行的，相对于单个物流企业的市场开发，产业联盟开发更具有竞争力，也更具有规范性。

物流产业联盟的核心竞争力主要体现在以下几个方面。

①提升物流企业的知名度、扩展物流关系网络，促进物流企业的持续发展；

②延伸异地配送网络，增加代办业务和自有业务；

③实现异地点对点的车辆共享服务，实现货运资源优化配置；

④增加集货渠道，增加代收货款服务；

⑤实现异地放车诚信保障，减少停车风险。

（8）不同开发方法的比较。

本节介绍常见的物流企业市场开发的开发方法，各种开发方法在开发的成本、时效性、针对性、适应性等方面各有特色，表 4-3-1 为 7 种开发模式的对比。

表 4-3-1　市场开发方法比较

开发模式	成本	时效性	针对性	内容	适应性	易接受性	传播特点
广告方式	高	较快	一般	丰富	提高知名度	强	点对面
电话方式	低	快	强	单调	快速占领市场	弱	点对点
网络方式	较高	慢	一般	丰富	提高知名度	较强	点对面
品牌开发	高	慢	较强	—	提高知名度	—	点对面
展会开发	低	快	较强	丰富	快速占领市场	强	点对面
竞标开发	低	较慢	强	单调	快速占领市场	强	点对点
联盟开发	低	—	强	—	物流业务延伸	—	—

物流企业在选择市场开发方法时，应该根据自身的企业定位、物流特点、市场知名度等各个方面进行综合性的衡量，制定合理的市场开发策略。

2）市场开发方式选择

物流企业市场开发取决于多种因素，如当地物流市场成熟度、物流环境、消费者习惯等。所以在企业制定市场开发策略时，需要从以下几个方面进行分析。

(1) 物流市场分析。

物流企业在进入某一个区域进行市场开发时，首先应该对当地的物流市场进行分析，物流市场分析的内容主要包括两个方面，即物流市场规模分析和物流市场构成。

物流市场规模分析，即该区域每年的物流需求总量。一般对当地企业数量、企业类型、产业类型等情况进行调查，通过物流企业的规模来确定市场的规模。

物流市场构成分析，即该区域的物流市场中有哪些物流企业及这些企业的规模大小、所占市场份额等。

(2) 消费者分析。

物流消费者是物流服务的主体，只有得到了消费者的肯定，企业才能在市场中有所发展。对物流消费的分析如下。

物流消费群体分析，消费者群体分析的关键是找出重点客户，找到对自身产品或服务有需求并能为企业带来利润的真正的客户。

物流消费者获取途径分析，受经济发展水平和习惯的影响，各地方消费者获得信息的途径不尽相同，物流企业在进行市场开发前，需要对当地消费者获取信息的途径进行针对性调查，才能选择最适合的市场开发途径。

(3) 物流产品/服务分析。

物流产品/服务分析是为了确定与竞争者的区别，一般指物流企业对其提供的物流产品或服务进行的综合分析，一般包括下列几个方面。

物流产品定位分析，即对物流产品或服务所处的层次进行定位，定位的标准可能不同，如按区域定位的全国物流企业、地方物流企业；按行业定位的零售行业物流、酒类物流等；按企业性质定位的仓储型物流企业、综合型物流企业等。

竞争者物流服务分析，对市场上存在的主要的竞争对手的物流产品或服务的质量、特点、水平等进行分析，通过与竞争者的对比进行更好的自我定位。

通过上述分析，物流企业可以确定目标客户群体、了解当地的消费者行为习惯和竞争对手的基本情况，再结合企业自身的定位，帮助企业选择合适的市场开发方式。

3. 相关案例

【案例】 杭州娃哈哈集团有限公司全国公路运输招标公告。

杭州娃哈哈集团有限公司是国内最大的饮料企业集团，目前在全国各地建有三十多个生产基地。为降低物流成本，提高物流质量，公司决定近期对2014年国内公路运输业务进行全国招标，竭诚欢迎符合要求的各地物流公司前来投标。

一、招标内容

从以下各生产基地发往全国各地的产品及促销品运输。

东北区域：黑龙江的双城，吉林延吉、白山、莲花山、吉林，辽宁沈阳；

华北区域：天津，河北高碑店，山西晋中，内蒙古临河；

华中区域：湖北红安、宜昌，河南新乡、南阳，江西南昌、吉安；

华西区域：贵州贵阳，重庆涪陵，四川广元，陕西咸阳，甘肃天水；

华南区域：福建厦门，广东深圳、韶关，广西桂林，湖南长沙；

独立区域：新疆石河子；

云南：大理；

浙江：杭州。

二、投标资格要求

1. 投标单位注册资本在100万元以上且资信良好；

2. 运输供应商必须是专业的物流企业，具有两年以上物流营运经验，并具有铁路或公路运输经营的相关资质证明；

3. 自有车辆不低于5辆（需提供车辆行驶证复印件）；

4. 提供装卸服务；

5. 提供7×24小时服务，具有流畅的信息沟通渠道；

6. 具备抗运输风险能力和运输质量保障能力，能承担在运输中造成的损失；

7. 本次招标不接受两家及以上运输供应商联合投标；

8. 中标运输供应商在签订运输合同前必须通过娃哈哈集团的资格审核。

娃哈哈集团有限公司全国运输招标报名表如表4-3-2所示。

表4-3-2　杭州娃哈哈集团有限公司全国运输招标报名表

<table>
<tr><td>报名单位名称</td><td colspan="3"></td></tr>
<tr><td>单位地址</td><td colspan="3"></td></tr>
<tr><td>联系人姓名</td><td></td><td rowspan="4">联系方式</td><td>电话：</td></tr>
<tr><td>注册资本额</td><td></td><td>传真：</td></tr>
<tr><td>自有车辆数量</td><td></td><td>手机：</td></tr>
<tr><td>营运时间</td><td></td><td>电子邮箱：</td></tr>
<tr><td rowspan="2">拟参加投标的区域（在□内打√，可多选）</td><td colspan="3">□东北　□华北　□华中　□华西　□华南</td></tr>
<tr><td colspan="3">□独立区域：新疆　□云南　□杭州</td></tr>
</table>

4.3.3 任务实施说明

各组同学完成《雷迅物流公司市场调查及分析》报告，形成展示文档，并进行交流。

任务4.4 制定企业发展战略

4.4.1 任务描述

叙府是物流发展的黄金旺地，经过这几年的发展，雷迅物流已经一跃成为叙府乃至整个西南地区首屈一指的第三方物流公司。但是同时也面临着巨大的竞争压力，现在越来越多的大、中、小企业进入物流市场，想趁着好时光分一杯羹。并且很多物流外企巨头也都纷纷进入国内市场，抢占市场份额，这些外资企业不仅资金雄厚，而且管理理念先进。面对物流市场越演越烈的竞争态势，雷迅物流公司的总经理杜川已经带领一批领导出国考察学习了两个月。

杜川想通过这种办法，迅速提高团队的战略意识，为回国后制定下一个五年发展规划奠定更好的基础。

根据资料，在认真阅读本项目后的案例拓展材料，为雷迅物流公司制作一个五年战略发展规划。

4.4.2 知识拓展

1. 相关概念

物流企业战略概述如下。

(1) 物流企业战略的定义。

物流企业战略是物流企业在充分了解市场环境和物流环境及分析自身物流条件的基础上，为适应未来环境的变化，以求得长期生存和不断发展，对物流企业发展目标、实现物流发展目标的途径和手段所进行的总体谋划。

(2) 物流企业战略的基本内容。

物流企业战略基本内容包含战略思想战略目标、战略方针、战略优势、战略态势、战略重点、战略阶段、战略步骤、战略手段、战略措施等内容，其中物流战略目标、物流战略优势和物流战略态势是物流战略设计的基本要点。

①物流战略思想：物流战略思想是物流战略的灵魂，是对物流企业发展的总体思路与设想。它由一系列观念或观点构成，是企业高层对物流重大问题的认识与态度的总和，是物流企业正确发展观的体现。战略思想一旦形成，就可进而确定战略方针，“是进攻还是防御”等，但它要求企业领导者必须有基于物流发展态势的敏感超前意识，对企业的市场竞争环境有科学的分析和准确的判断。

②物流战略目标：物流战略目标是物流战略的核心问题，是战略方案制定的依据。它是由整个物流系统的使命所决定的，是可在一定时期内实现的可量化的目标。物流战略目标的确定为物流企业展示了一个可见和可以达到的未来，为物流基本要点的设计和选择指明了努力的方向。

一个完整的物流战略目标应明确阐述三个问题：

a. 企业物流目的——做什么？

b. 发展标准——物流达到什么水准？

c. 时间进程——什么时候完成？

③物流战略重点：有了战略思想，并有了明确的战略目标，下一步就是要确定关键性、全局性的企业战略重点，如某基于运输业务的物流企业的重点是发展公路长途货运还是城市仓储配送。

④物流战略方针：物流战略方针是物流企业为贯彻战略思想和实现战略目标、战略重点，所确定的物流运营的基本原则、指导规范和行动方略，它解决的是“进攻还是防御”的问题。

⑤物流战略态势：物流战略态势分析是物流战略设计的基础。物流战略态势是指物流企业的市场规模、营销能力、服务能力等企业能力在当前市场上的有效地位及战略逻辑过程的不断演变过程和推进趋势。如针对第三方物流企业，物流战略态势反映了它参与社会物流系统运作，在客观上的物力、人力资源表现的竞争能力与实力体现，以及企业在智慧谋略方面的动态组合和运作状况。

研究公司的物流战略态势，就应该对整个行业和竞争对手的策略有敏锐的观察力和洞察力，不断修改自身定位，从而做到知己知彼，以期在行业中获得相应的市场份额。

战略态势主要从宏观环境、微观环境和企业自身三个方面分析。分析方法比较典型的有 SWOT 分析和波特的五种力量模型。

⑥物流战略优势：物流战略优势是指物流企业能够在战略上形成的有利形势和地位，尤其是其相对其他物流企业或物流系统的优势。物流企业战略可在很多方面形成优势，如产业优势、资源优势、地理优势、技术优势、组织优势和管理优势等。

技术优势是现代企业战略优势的一种重要选择，随着顾客对物流企业服务质量的要求越来越高，很多企业都在争相运用先进的技术来保证其服务水平，其中，能更完美地满足顾客需求的企业将成为优势企业，如仓储运型物流企业在国内率先利用 GPS 定位系统。

⑦战略部署：任何战略行动都要有周密的、现实可行的资源配置与思想动员来保证，为保证战略目标的完成，战略设计阶段、战略实施的各个阶段必须有相应的战略手段与措施来落实，这就是战略部署。战略部署应有三个方面的内涵：

a. 战略资源配置计划，如人、财、物等；

b. 战略计划文件编制；

c. 战略动员计划，包括培训、研讨等。

2. 相关方法

1）物流企业战略的制定

（1）物流战略环境分析。

企业是在一定的内外环境中产生的，与其所在的环境共同构成一个大的系统，因此企业制定战略计划，必须首先立足所处的环境。

物流企业在制定其发展战略前，也必须对其所处的物流环境进行科学的分析，物流环境分析包括外部环境（宏观环境、行业环境、物流体系环境）和企业内部环境。

①宏观环境分析。宏观环境指目标市场的经济发展状况主要包括政治稳定情况、技术的进步、法律完善情况以及社会文化四个方面的内容，在对企业所处宏观环境进行分析时，主要采用的分析方法是 PEST 分析法。

PEST 分析是指宏观环境的分析（图 4-4-1），P 是政治（political），E 是经济（economic），S 是社会（social），T 是技术（technological）。

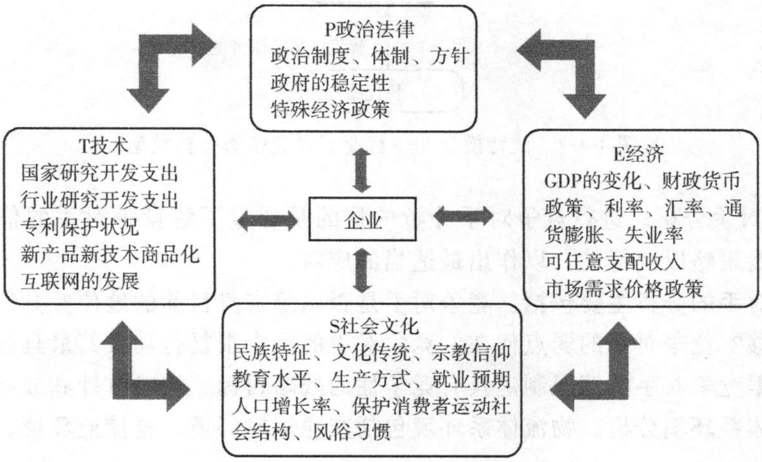

图 4-4-1 PEST 分析

②行业环境分析。物流行业环境指物流行业的现状和发展，主要包括行业市场规模与发展周期、竞争者情况、技术经济支持情况和新技术新产品的影响。

a. 行业的发展周期判断。

投入期：市场增长率较高，市场需求增长较快，技术变动较大，有很大的不确定性，进入壁垒低；

成长期：市场增长率较高，市场需求增长快，技术渐趋稳定，竞争者数量增多，进入壁垒提高；

成熟期：市场增长率不高，市场需求增长不快，技术成熟，进入壁垒较高；

衰退期：市场增长率下降，市场需求下降，竞争者减少。

b. 行业结构分析。

规模结构：企业规模大小悬殊，竞争不激烈；规模大小相当，竞争激烈。

数量结构：行业内企业数量的多少。

行业市场结构：供大于求，竞争激烈，价格下跌，企业亏损；供不应求，竞争不太激烈，价格稳定，企业均可找到合适市场。

c. 行业竞争性分析。

行业竞争性分析可以采用波特模型进行行业五种竞争力分析。波特五力模型是由美国哈佛大学著名战略学家迈克尔·波特指出的，一个行业中的竞争，远不只限于原有竞争对手之间进行，而是存在着五种基本的竞争力量，即进入壁垒、替代品威胁、买方议价能力、卖方议价能力和现存竞争者之间的竞争。波特模型如图4-4-2所示。

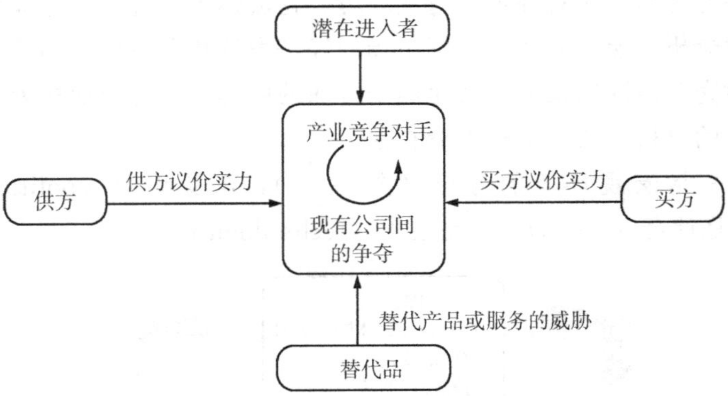

图4-4-2 波特模型——行业五种竞争力分析模型

d. 竞争对手分析。进行竞争对手分析的目的是通过了解竞争对手的信息，获知竞争对手的发展策略以及行动，以作出最适当的应对。

对竞争对手的分析主要包括：竞争对手是否满足自身目前的地位？竞争对手将有怎样的战略转移？竞争对手的弱点何在？竞争对手的反击报复行动及其最具影响力的因素如何？并根据竞争对手的情况制定具有竞争性的战略目标、战略方针和战略方案。

③物流体系环境分析。物流体系环境包括交通运输环境、仓储业环境、资源环境和商业环境。

a. 交通运输环境。交通运输业是物流业的重要组成部分，本身也是一个独立的物质生产部门。交通运输生产力的布局，对物流企业使用交通运输生产力，依靠交通运输来建立物流系统，组织物流合理化有很大意义。交通运输环境包括以下几种运输方式的环境：

(a) 铁路运输环境（如2007年底营业里程达到7.8万千米）；

(b) 水路运输环境（沿海港口主要深水泊位800个，内河通航11万千米）；

(c) 公路运输环境（通车里程357万千米，高速公路6.4万千米）；

(d) 其他运输环境：航空运输、管道运输。

b. 仓储业环境。

根据历史形成和现状管理看，我国仓储业有五大系统：

(a) 军队仓储业，储存军用物资，近年来也部分向社会开放；

(b) 外贸仓储业，储存外贸及进口物资，也从事外贸生产基地一般产品流通的储运；

(c) 商业、供销、粮食储运业，统称商业储运业，是我国分布最广、储运物资种类最多的储运业，主要承担商业系统物资的储运；

(d) 物资储运业，是我国生产资料的专业储运行业，主要用于储存及中转国家分配、地区分配、市场流转的各种生产资料，是我国一个庞大的储运系统；

(e) 乡镇储运业，是我国仓储业突起的一支新军，主要集中于港区极大的交通枢纽附近，主要从事代储业务。

c. 资源环境。资源环境包含生产资料货源市场、生产资料销售市场和生产资料流向三部分内容。

(a) 生产资料货源市场。生产资料生产一般规模较大，因此货源市场较集中，其规律是以矿区和大城市为主要货源市场，某些开放城市及沿海城市为主要进口货源市场。我国主要产品货源市场如下。

钢材货源市场：辽宁省是最大货源市场，此外还有上海、北京、包头、武汉等地；广州、深圳等地是进口货源市场。

木材货源市场：内蒙古北部、黑龙江是我国最大的木材货源市场，此外还有云南、贵州、四川和福建。

水泥货源市场：由于水泥生产力布局比较分散，所以货源市场集中程度不高。主要货源市场为辽宁、河南、河北、安徽等地；主要出口货源市场为广东。

化肥：主要货源市场有四川、山东、江苏、上海及云南、贵州。

汽车：货运车货源市场主要为吉林及湖北，此外还有济南、北京、沈阳等地；轻型车货源市场有北京、上海、长春、广州、重庆等地。

其他多种生产资料货源市场，集中于产地。

(b) 生产资料销售市场。生产资料销售市场分布为：农业生产资料销售市场十分普遍，但从销售量和人均销售量来看，主要集中于东北、沿海省及内地的河南、湖北等省。西北、西部、西南部市场较小。

工业品生产资料销售市场通常集中于大城市，一般取决于投资规模，因此有一定的不稳定性，大项投资一旦结束，某些生产资料市场会迅速收敛。近些年来，其销售市场集中于北京、上海、广州、深圳、天津、西安、南京等大中城市。

(c) 生产资料流向。合理流向要求主要反映在批量大、品种规格、花色较少的生产资料领域，如化肥、水泥、木材等。有些生产总量虽然大，但品种规格繁多，分布到单一品种规格上的数量则相对较小，这就很难区分不同品种、规格上的合理流向。

化肥流向：基本流向为由四川的氮肥流向甘肃、青海、新疆、陕西、贵州及内蒙古等地；山东的氮肥流向河北、山西、河南北部；江苏氮肥流向安徽、河北、内蒙古；上海氮肥流向浙江、安徽、广西；磷肥流向基本是由南向北。

木材流向：基本流向为东北特种木材（如红、白松）流向全国；一般木材流向华北、中南、西部及华东；南方木材基本就地使用；西南木材流向华南等地。

水泥流向：基本流向为东北水泥除本地用之外部分南流；河南水泥向南、北两方向流；山东水泥西运及南运；甘肃水泥部分东运及西运；四川、贵州水泥部分北运；广东水泥南运出口。

煤炭流向：陕西、内蒙古煤沿大秦、青石、太焦、京广等几条铁路东运、南运，有的登船后南运出口，贵州煤东运，其他地区一般就近使用。

d. 商业环境。商业环境主要包含商品货源市场、商品销售市场和商品流向三部分。

(a) 商品货源市场。我国商品货源市场有四种：

购进总额最大的货源市场（上海、江苏、广州）；

全国商品货源重要市场（北京、广州、山东、四川、辽宁、河南、浙江、湖北、黑龙江、天津、安徽等)；

农副产品及某些工业品货源市场（吉林、福建、云南、江西、陕西、广西、山西、新疆、内蒙古、甘肃、贵州等)；

土特畜产品货源市场（青海、宁夏、西藏等)。

(b) 商品销售市场。我国商品销售市场按销售总量及人均社会商品零售额分为四种：

全国重大商品销售市场（北京、上海、天津及广东、江苏、山东、四川、辽宁、河南等)；

全国商品销售重要市场（河北、湖北、浙江、湖南、黑龙江、安徽、吉林等)；

商品销售一般市场（福建、山西、广西、江西、云南、内蒙古、新疆、贵州等)；

商品销售次要市场（青海、宁夏和西藏)。

(c) 商品流向。我国几种主要商品流向如下。

粮食：东北地区的小麦、大豆、杂粮向南运往华北、向西运往西北；长江流域大米向南运往广东、向北运往华北、向东运往上海及沿海城市。

糖：基本是南糖北运、西运，东北及内蒙古产的甜菜、糖少量运至华北及西北。

盐：基本是北方沿海盐场流向华北、华南及南部地区，我国西部的盐除本地消费外，还运至我国中部地区。

e. 企业内部环境分析。物流企业内部环境分析主要包括企业物流资源分析和企业物流能力分析。

物流资源包括人力资源、财力资源、物力资源、外协物流资源等；企业物流能力则主要指企业运输与仓储等设备的物流运作处理能力、企业内部与外部的融资能力、企业人力资源开发能力、企业物流方案和新技术开发能力、市场营销及客户服务能力等。

f. 企业环境分析方法。企业总体环境分析可以采用SWOT分析方法。SWOT (strengths、weakness、opportunity、threats) 分析法，又称态势分析法或优劣势分析法，用来确定企业自身的竞争优势（strength)、竞争劣势（weakness)、机会 (opportunity) 和威胁（threat)，从而将企业的战略与企业内部资源、外部环境有机地结合起来。

SWOT分析的步骤如下。

(a) 确认企业当前实行的战略；

(b) 运用各种调查研究方法，分析企业或组织所处的外部环境因素和内部能力因素，包括这些因素的历史、现状，以及对将来的预测；

(c) 确认企业外部环境中关键因素的变化，分析可能出现的机会或威胁，并根据企业的资源组合状况明确企业的优势和劣势；

(d) 按照各因素的重要程度，将其排列于SWOT矩阵（表4-4-1）中，确定企业的核心竞争力，再将SWOT分析图中的各种因素相互匹配，进行系统分析，得出一系列可供选择的对策，并制订出相应的行动计划。

表 4-4-1　SWOT 矩阵

	内部优势（S）	内部劣势（W）
外部机会（O）	SO 战略（增长型战略） 依靠内部优势 利用外部机会	SO 战略（扭转型战略） 利用外部机会 克服内部劣势
外部威胁（T）	ST 战略（多种经营战略） 利用内部优势 回避外部威胁	WT 战略（防御型战略） 减少内部劣势 回避外部威胁

（2）物流企业战略方案的设计。

著名管理学家杜拉克认为企业管理与企业战略有三个核心问题（图 4-4-3），这三个问题是：

a. 你的业务（产品或服务）是什么——产品或服务定位；

b. 谁是你的客户——市场定位；

c. 客户认知的价值到底是什么——价值定位（功能－成本优势）。

为促使物流企业长期发展，建立有利的市场竞争地位，企业可以根据各自的具体情况与产业环境及其发展态势，制定不同的战略计划方案。

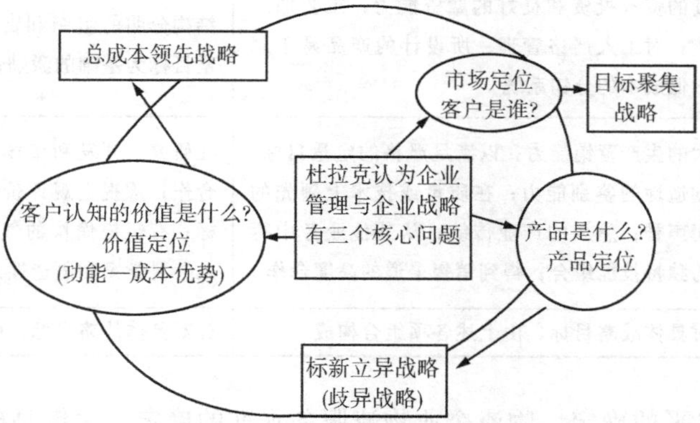

图 4-4-3　企业战略选择

①企业战略的基本类型。

a. 总成本领先战略（overallcostleadership）。

战略思想：成本低于竞争对手。

战略方针：通过采取一系列针对本战略的具体政策在产业中赢得总成本领先。

战略优势构筑要求：具备较高的相对市场份额（规模批量）；有一个覆盖面较宽，效率、弹性较大的公共服务平台；保持较宽的相关产品或服务系列；设备投资更新与维护成本领先良性循环。

b. 标新立异战略（differentiation）（歧异战略）。

战略目标：将企业提供的产品或服务标新立异，形成行业范围中具有独特性的东西，成本不是首要目标；

战略措施：从设计品牌形象、技术特点、服务特色、物流网络等方面入手，构筑特色；

战略重点：特色构筑、品牌树立；

战略思想：利用客户对品牌的忠诚以及由此产生对价格的敏感下降使公司避开竞争；

战略劣势：标新立异的服务成本高昂，如研究、开发设计、高质量的材料、周密的服务安排等。

c. 目标聚集战略（focus）。

战略目标：主攻某个特定的顾客群、某产品系列的一个细分区段或一个地区市场；

战略思想：为某一狭窄的战略对象服务，从而超越更广阔范围内的竞争对手；

战略优势：或可以通过较好地满足特定对象的需要实现标新立异，同时在为这一对象服务时实现低成本。可在狭窄的目标市场中获得一种或两种优势。

三种基本战略在基本技能和资源及组织要求上有明显的不同，表 4-4-2 是对三种基本战略的比较。

表 4-4-2 三种基本战略比较

战略类型	基本技能和资源	基本组织要求
总成本领先战略	持续的资本投资和良好的融资能力；工艺加工技能；对工人严格管理；所设计的产品易于制造；低成本的分销系统	结构分明的组织和责任；以满足严格的定量目标为基础的激励；严格的成本管理
标新立异战略	强大的生产营销能力；以满足严格的定量目标；对创造性的鉴别能力；在质量或技术上领先的公司声誉；悠久的产业传统；从其他业务中得到的独特技能组合；得到销售渠道的高度合作	在研究、开发和市场营销部门之间的密切合作；重视主观评价和激励而不是定量目标；有轻松愉快的气氛，以吸引高技能工人、科学家和创造性人才
目标集聚战略	针对具体战略目标，由上述各项组合构成	针对具体战略目标，由上述各项组合构成

②目标服务水平的确定。物流企业物流服务水准的确定，关键是确定恰当的衡量客户服务水平的指标。企业在选择指标一般有以下的要求：

a. 选择用户最关心的指标（如送货的准确性、时效性、货品的完好程度等）；

b. 以满意度表示客户服务水平；

c. 以客户满足率表示客户服务水平（如“在 5 天期限内，90%的订单能得到满足”是客户可接受的，就是客户起点服务水平）；

d. 以销售收入来衡量；

e. 根据市场占有率上升速率和利润下降速率指标分析客户服务水平。

确定目标服务水平时还要处理好两个关系：客户服务要求与企业成本支出的关系和目标市场网点设施数量与成本的关系。

③服务水平持续改进的分析方法——敏感度分析。敏感度分析的关键是服务改善方案的制订，它起始于确认与分析最小成本系统设计。最小成本系统相关的客户服务水平

称为“总起点服务水平”。物流企业改进服务水平的三种方法如下。

a. 设施数量的变化：随着物流网络中仓库数量的增加，总成本会急剧增加；

b. 改变一个或多个工作周期：长的工作周期，相比短期间隔可更快取得等级的服务；

c. 改变安全存货政策：服务增加时，所需要的安全库存也将增加。

2）物流企业战略的实施与控制

（1）物流企业战略的实施。

物流企业战略方案实施的关键是依物流战略目标制定战略实施计划。制定物流企业战略实施计划也是物流运营系统设计的依据。

物流企业战略实施计划有两个方面的内涵：一是对物流长远发展规划的计划与其相应的系统设计；二是对现有的物流系统改善进一步以符合物流战略设计的要求。

在制定物流战略计划与组织实施时，还要采取有效的管理与控制手段使计划实施不偏离预定的战略目标，因此战略评价与控制也不容忽视。

（2）物流企业战略实施控制与评价。

物流战略控制是指把物流战略实施过程中所产生的实际效果与预定的目标和评价标准进行比较，评价工作业绩，发现偏差，采取措施，以达到预期的战略目标，实现战略规划。它是物流战略实施中保证物流战略实现的一个重要阶段。物流战略控制与评价的流程如图4-4-4所示。

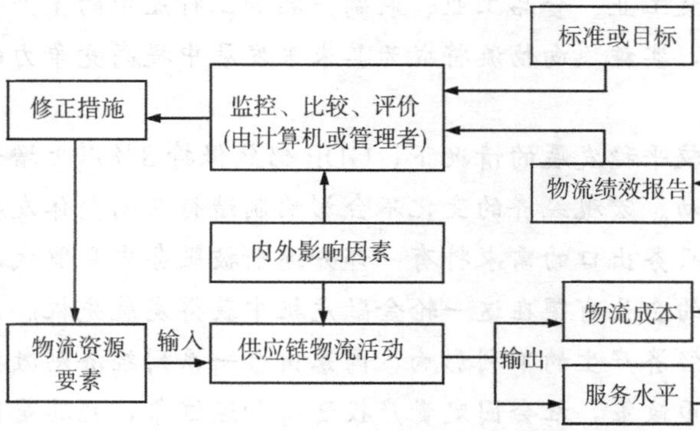

图4-4-4　物流企业战略实施控制与评价流程

3. 相关案例

【案例1】

企业实施逆向物流的PEST分析

（1）政治环境。

伴随着世界环保意识的逐渐增强，逆向物流在实践运营领域和管理研究领域越来越受重视。随着资源枯竭威胁的加剧，垃圾处理能力不足，在众多工业化国家中，废品控制已经成为一个众人瞩目的焦点问题。而且对使用过的产品及材料的再生恢复，已逐渐成为企业满足消费市场需求的关键力量，因此许多发达国家已经强制立法，责令生产商对产品的整个生命周期负责，要求他们回收处理所生产的产品或包装物品等。例如，德国1991年颁布的关于包装材料的条例中，要求厂商回收所有销售物品的包装材料；荷兰则要求汽车制造商对所有废旧汽车实行再生。对于废弃品的处理，其成本是巨大的，如果没有政府立法的强制执行，很少企业会愿意承担这样一笔费用。在产品所有权已经转移的情况下，政府通过立法以迫使企业对产品负起责任，这直接促使了近年来逆向物流的迅速发展。

在国际社会环保要求的大环境下，我国也越来越重视对废旧产品的处理问题。加强了环境资源保护方面的国内立法，其中有许多法律法规与逆向物流有关，如《矿产资源法》、《环境保护法》、《固体废物污染环境防治法》、《海洋环境保护法》、《大气污染防治法》、《清洁生产促进法》等。此外，国家环保总局、海关总署等部门曾联合发文，明确规定自2000年4月1日起禁止进口废电视机及显像管、废计算机、废显示器及显示管、废复印机、废摄（录）像机、废家用电话等11类废旧电器。

在此基础上，我国开始尝试建立生产者责任延伸制度。2004年1月13日信息产业部颁布了《电子信息产品污染防治管理办法》，并于2005年1月1日起施行；2004年3月15日发布了由国家质检总局、国家发展和改革委员会、商务部和海关总署共同制定的《缺陷汽车产品召回管理规定》，并于2004年10月1日起开始实施，拉开了中国产品召回制度的序幕。

随着全社会环保意识的提高和政府部门环境执法力度的进一步加大，我国的环保法规体系日益完善，包装工业、食品工业、农副产品加工行业中的生产企业必将面临污染达标排放的巨大压力，实施逆向物流将成为其未来发展中提高竞争力的发展趋势。

（2）经济环境。

在中国经济保持较平稳发展的情况下，GDP仍然保持8%以上增长率，中国的实体经济不会产生激烈波动。宏观经济的变化不会影响制造行业的整体发展方向，只会带来行业的结构性调整，服务出口的需求将有一部分逐渐被服务内需取代，能够快速调整业务结构适应市场变化的企业有望在这一轮金融危机中获得发展先机。为缓解金融危机引起的出口下降对我国经济产生的不利影响，国家出台一系列经济刺激措施，并实行适度放宽的财政政策和货币政策，社会固定资产投资有加速迹象，尤其是国家出台4万亿的刺激方案，直接促进基础建设步伐的加快，并形成对下游产业及物流产业的重大影响。而且通货膨胀得到抑制，企业、政府、个人的收入仍然增加较快。

面对以上经济环境，逆向物流的机会与挑战并存。产品生命周期正在变得越来越短，这种现象在许多行业都变得非常明显，尤其是计算机行业。新品和升级换代产品以前所未有的速度推向市场，推动消费者更加频繁地购买。当消费者从更多的选择和功能中受益时，这种趋势也不可避免地导致消费者使用更多的不需要的产品，同时也带来了更多的包装、更多的退货和更多的浪费问题。缩短的产品生命周期增加了进入逆向物流的浪费物资以及管理成本。面对这日渐强大的消费者群体，在以服务营销为主导思想的全球化企业的经营战略中，许多公司都将逆向物流看成提升竞争力的重要法宝。企业通过对废旧物品的回收再利用，一方面可以减少生产成本、减少物料的消耗、挖掘废旧物品中残留的价值，直接增加经济效益；另一方面，可以在激烈的竞争环境中，提升企业的“环保”形象、改善企业与消费者的关系，间接地提高企业的经济效益。

(3) 社会环境。

当前，在科学技术的有力推动下，人类征服自然和改造自然的能力大大增强。然而，对自然界强有力的征服与改造，却导致了环境污染、资源枯竭、能源危机、生态破坏和气候反常等一系列全球性的严重危机。以“高投入、高消耗、高污染”为特征的传统工业发展模式已难以为继。为此，人们开始追寻理想的方法，以期最大限度地减轻工业的负面影响，从而达到持久地实现福利增长和人与自然的和谐相处。于是，循环经济概念应运而生。循环经济要求人类的经济活动以3R为准则，即减量（reduce），减少进入生产和消费过程的物质量，从源头节约资源使用和减少污染物排放；再利用（reuse)，要求提高产品和服务的利用效率，产品能以初始形式多次使用，减少一次性用品的污染；再循环（recycle)，要求物品完成使用功能后能够重新变成再生资源。在大力提倡循环经济的今天，物流业的发展也将顺应这一要求。逆向物流的出现也弥补了正向物流单向运作模式的缺陷，有利于减少不恰当的物流所带来的环境污染，减少因焚烧、填埋带来的资源浪费，同时也降低了企业处理产品的成本，改善企业经营绩效，产生巨大的生态效益和经济效益。

随着我国公众的环境意识明显的提高，积极主动参与环保成为大众的心声。同时2006年“十一五”节能减排约束性目标的提出，公众对环境保护和节能减排的关注日益升温。“绿色奥运”理念的成功实践也充分证明中国公众愿意提高自己的环保意识，而企业的绿色物流策略则会充分适应这一趋势，从而迅速全面地占领这一市场。将逆向物流融入到绿色物流中去，促进物流与生态环境的和谐发展，对促进逆向物流理念在全社会的传播、促进全社会物流的绿色化发展具有重要的意义。

(4) 技术环境。

从技术层面上讲，改革开放以来中国政府和企业就一直注重创新环保新技术，并取得了一定的功效。节能环保新技术在广泛的领域得以应用：绿色食品和药品的包装，汽车替代能源、天然气、石化、金属、高密研究、建筑等。同时，从农业到工业的各个领域鼓励节能减排新技术的研发。相关的研讨会、博览会、成果展也在各地进行。可以说，在环保领域形成了一套较完整的激励机制。因此，技术环境也为企业实施逆向物流提供了保证。

集中式回收处理中心的建立。集中式回收处理中心作为处理回收物资的第一个节点，具有强大的分类、处理、库存调节功能。回收中心通过强大的分类功能，按照企业的要求，将回收物品分为能再次出售的、能修理后再次出售的、无法再利用的，并作出不同的处置决策。能再次销售的立即返回分销体系，能再加工后出售的进入再加工阶段，无法再利用的则拆解，提炼出有用的原材料，包装材料返回给本企业或供应商，通过统一有效的处理过程，能加快处理速度，实现从回收物品获取利润的最大化。此外，回收中心能够有效减少销售部无法销售的库存产品，结合生产计划和市场需要，对多余的库存进行重新调配和销售，并且与生产计划结合，有效降低整个生产过程的成本。借助于专业化和规模化优势，降低运输成本和储存成本。

利用信息技术及完善的信息系统，对逆向物流从入口到最后处置的全过程进行信息跟踪和管理，能显著缩短逆向物流处置周期。例如，利用POS、EDI技术和射频技术自动采集回流物品信息、自动归类，直接跟踪回流过程；通过对回流物品原因及最后处置情况进行编码，并统计回流品的回流率、再生利用率、库存周转率等，有利于对逆向物流过程进行实时跟踪和评估。此外，基于EDI的信息系统还能实现生产环节与销售环节之间共享退货信息，为企业提供包括质量评价和产品生命周期的各类营销信息，减少逆向物流过程中的不确定性，使退货在最短时间内分流，为企业节约大量的库存成本和运输成本。

企业的任何活动，都离不开它所处的外部环境。管理者在制定逆向物流发展计划前，必须先要了解究竟是哪些外部因素在影响着逆向物流活动。只有针对具体因素，制定出有针对性的发展计划，才可能使企业集中有限的资源积极应对外部环境。

【案例2】

中国长江航运集团南京油运股份有限公司2011年经营状况

（一）经营情况

2011年前三季度，受国际油价和油运需求持续低迷及运价较低等因素影响，中国长江航运集团南京油运股份有限公司运输业务出现持续亏损。1～9月份公司累计实现营业收入36.86亿元，第三季度亏损额度加大，实现净利润－2.18亿元，1～9月份累计实现归属于上市公司股东的净利润为－5.38亿元，如表4-4-3所示。

表4-4-3　2011年前三季度中国长江航运集团南京油运股份有限公司经营效益

（单位：亿元）

报告期	2010-9-30	2010-12-31	2011-3-31	2011-6-30	2011-9-30	同比增长/%
营业总收入	31.76	42.93	11.78	23.91	36.86	16.07
营业总成本	30.14	42.66	12.72	27.17	42.38	40.62
营业利润	1.61	0.27	－0.94	－3.26	－5.52	－442.74
利润总额	1.65	0.44	－0.90	－3.11	－5.25	－417.93
净利润	1.16	0.03	－0.94	－3.17	－5.38	－564.18
基本每股收益（元/股）	0.072	0.0055	－0.0595	－0.1017	－0.17	－331.94

数据来源：公司定期报告，中经网整理

（二）公司重大事项（表4-4-4和表4-4-5）

表4-4-4　31.6万吨级VLCC“长江之冠”号加盟长航油运

31.6万吨级VLCC“长江之冠”号加盟长航油运	
时间	2011年9月16日
事件	中国长航南京油运股份有限公司、上海外高桥造船有限公司在上海外高桥造船有限公司基地隆重举行超大型油轮“长江之冠”号的命名交船仪式。超大型油轮“长江之冠”号是上海外高桥造船有限公司为长航油运建造的四艘31.6万吨级超大型油轮中的第二艘
评价	自此，长航油运目前拥有和控制的超大型油轮达到13艘，年运载能力达2600万吨，已成为保障中国石油运输战略安全的一支重要力量

资料来源：中经网整理

表 4-4-5 长航油运实现大陆乙烯首次直供台湾

长航油运实现大陆乙烯首次直供台湾	
时间	2011 年 9 月 22 日
事件	长航油运下属的大陆第一艘乙烯运输船“鹏顺”轮，满载中石化 3500 吨乙烯安全靠泊台湾高雄港，这是大陆乙烯首次直供台湾，也是两岸直航以来，大陆乙烯运输船首航台湾
评价	首次实现了国内乙烯船在台湾海峡的通航，为海峡两岸的直航打开了新局面

资料来源：中经网整理

（三）公司战略与竞争分析（表 4-4-6）

表 4-4-6 长航油运股份有限公司 SWOT 分析

公司战略分析	公司 SWOT 评价
优势	1. 致力于国际原油、成品油和化工品、液化气等特种液货运输，具有规模化和专门化优势； 2. 公司 VLCC 及 MR 型船只数量众多，运输实力极强，运力还在持续快速增长； 3. 逐步完备的运输网络
劣势	1. 市场运价低迷、燃油价格不断攀升，成本增长控制面临困难； 2. 公司 VLCC 运价明显低于市场平均水平致业绩基本无改善
机会	1. 全球经济继续复苏，中国经济长期向好，油轮需求增加； 2. 仍有部分区域航线未覆盖，未来留下发展空间
威胁	1. 国际经济形势恶劣，国际油价和油运需求持续低迷； 2. 面临运力过剩风险； 3. 国内成品油和特种品运输因货源减少，竞争激烈

资料来源：中经网整理

4.4.3 任务实施说明

各组同学收集中远、中铁、中外运等我国大型物流企业的转型战略相关资料，了解我国物流产业的发展趋势及前景。

将完成的雷迅物流公司五年发展规划文档交给老师。

【小结】

在物流企业经营和发展的过程中，企业的经营管理者必须要认识到企业生存和发展的本质，在该项目中，我们通过四个任务分别阐述了企业经营的本质、通过读懂企业的财务报表了解企业的生存状况、选择合适的市场开发方式为企业带来更高的盈利可能以及为企业未来的发展做科学的规划。通过本项目的学习，使学生从一个企业决策层的高度去理解企业的本质和存在的意义，以及掌握使企业能在激烈的市场竞争中更好地生存和发展的技能。

思考与练习

（1）如何理解企业经营的本质；

（2）物流企业市场开发的方法有哪些，比较这些方法的特点；

（3）物流企业战略包含哪些内容；

（4）应该如何制定物流企业的战略。

案例拓展

四川×××物流有限公司五年发展规划

第一章　概　　述

第一节　编制的依据及目的

《×××物流五年发展规划》编制的依据：坚持“整合资源、优化流程、规范管理、效率经营”的理念，紧紧抓住国家物流振兴规划，严格依照安吉物流集团“十二五规划”战略步骤。目的是要通过研究制定规划，确定公司未来五年正确的发展战略，发扬和培育公司的核心竞争力、核心项目，确保第一个五年发展规划目标顺利实现。

第二节　现状与存在的问题

一、四川×××物流公司现状

四川×××物流限公司（以下简称“×××物流”）是四川安吉物流集团的全资子公司。×××物流于2007年在成都战略布点，入驻新都物流中心，占地66亩。现有员工77人，其中本科学历19人，大专学历37人，研究生1人，从人力资源结构来看公司人员结构年轻化，平均素质较高，这是公司的一大优势，但项目管理人员相对较少，急需补充。2012年8月正式更名为四川×××物流有限公司，主要为集团客户提供优质物流配送服务，同时，为大型商超、电器卖场、生产型企业、果蔬加工企业、电子商务运营商等提供配送服务。

二、存在的问题

虽然×××物流在激烈的竞争中取得了一定的成绩，但是在从企业物流向物流企业转型的过程中，还存在一定的问题和不足。

在公司的组织结构方面，×××物流组织结构还有待进一步完善，以适应现代物流企业的运作模式；在企业的业务流程组织方面，传统的物流业务集约化程度不高，有待进行有效的资源整合。

第二章　总 体 要 求

第一节　工 作 方 针

2013～2017年公司发展的工作方针

管理理念：无障碍人性化沟通，按程序高效率办事，凭数据客观性分析、全员参与营销。

一个打造：打造独具特色的“物流旗舰店”，优化运力系统，在园区内部实现提档升级。

一个突破：充分利用园区内资源优势，借助外包管理经验增强整合效果，实现资源的合理利用。

三个坚持：坚持园区大整合的经营模式、坚持项目联合运营模式、坚持全员营销的管理理念。

第二节　指 导 思 想

坚持十六字经营方针，在园区大整合的基础上努力开拓新项目，建立激励机制和约束机制相结合的治理结构和科学民主的决策。用现代化的管理手段强化企业管理，改善管理系统。坚持建设企业文化，全面提高全体员工的综合素养，营造学习型企业。

第三节 发展战略

对于从企业物流向物流企业转型的企业来说，需要进行经验的积累，只能顺应市场，需要珍惜与争取各种可能的机会，以求自身的更快发展；积累了一定实力后，就需考虑自身业务定位，集中力量进行重点项目特色创新。第一个五年规划战略应以市场为导向，以经济效益为中心，完成标准化统一管理模式，实现物流资源高度整合，建立完善的信息管理平台，使运营体系分配更趋合理，操作流程更加优化，进一步规范内部管理。最大限度地发展风险较小、资金回笼较快或相对稳定市场较成熟的项目。实现资本积累周期运转，同时培养2～3个重点项目，强化管理，努力提高工作效率，降低经营成本。实现2017年终产值目标最大化。

第四节 发展目标

一、总体目标

预计2017年底彻底实现建立“物流旗舰店”，并完成标准化（基础管理、安全管理）统一管理模式，物流资源高度整合，运营体系分配更趋合理，操作流程更加优化，内部管理更加规范，公司将在城市配送、城际配送、甩挂运输、现代化信息技术方面深度发掘资源，打造现代化物流企业并做上市准备，产值目标2.5亿元以上。

二、分阶段目标

（一）2013年

按照×××物流战略规划，通过业务流程的梳理、优化及组织结构的调整和适应，逐步脱离主业扶持，自成体系的进行市场开拓，园区多元化发展初见成效。2013年实现产值6800万元。

（二）2014年

在园区大整合的基础上，资源进一步得到有效整合，外包模式日益成熟并广泛运用于园区建设各个板块，市场调研体系建立并完善。2014年实现产值1亿元。

（三）2015年

开拓公司向立体化纵深发展，开阔发展视野，开拓业务范围，开拓市场领域，从多种渠道学习、引进、整合企业发展中所需的人才、资金、政策等各种发展资源并合理利用与生产经营当中。2015年实现产值1.5亿元。

（四）2016年

以深化经营型、服务型为发展目标，从经营管理、生产服务、思想观念、文化知识、技能素质等方面实现现代化，逐步提升企业核心竞争力，成为具有较强盈利能力，发展创新能力的现代化物流公司。2016年实现产值2亿元。

（五）2017年

公司进一步发展壮大，业务范围覆盖全国重点城市，为客户提供除运输、仓储外的涵盖金融服务、信息服务等多个领域的综合物流服务，成为优势明显的优质的酒类产品供应链整体解决方案提供方。2017年实现产值2.5亿元。

第三章 发展重点

第一节 企业基础管理发展重点

一、安全发展规划

以安全为基础，牢固树立全员安全意识，全方位抓好安全管理，做到“安全第一、预防为先，万无一失”。

规划目标：

（一）时刻将安全工作放在首位，确保园区各项工作在安全前提下开展。组织开展各种安全知识的培训工作，提高大家的安全意识。加强各环节工作安全管控，从人身安全、财产安全、货物安全、资金安全等各方面着手，不断深化安全意识。

（二）坚持安全标准化建设，保持园区每年安全无事故，确保园区各项服务工作安全完成。加强安全管理归口员工以及外包人员工作方法的持续改进，完善组织结构。

（三）在建立企业安全生产标准化的基础上，不断自查，确保各项生产工作无安全事故发生。

二、基础管理工作发展规划

规划目标：

（一）公司对引入的OA办公自动化、物流操作系统、视频会议等系统管理软件，进一步优化、完善，实现更加高效的办公自动化、网络化。

（二）以提高公司经济效益为主要目标，以提高员工综合待遇为立足点，充分发挥人力资源，活跃内部运行机制，建设精干、高效的管理团队。抓好基础工作、基本功和基层建设。

（三）在基础管理工作中要重点抓好各种记录、数据统计及文书档案资料管理，并不断规范。

（四）公司将全面实现财务预算、决算制，全面控制经营成本；同时将费用与归口部门挂钩，形成双向管理，进一步控制各项费用支出。

三、公司人力资源发展规划

公司的人力资源规划不能与企业的发展规划相背离，这就为公司调整人力资源管理提出了新的课题。今后五年，我们要进一步加快人力资源组建管理，努力抓好人才开发和员工培训，重点培养和造就一批勇于开拓、乐于奉献的决策人才、管理人才和技能人才，建立人员结构合理、分配机制灵活、员工个人能力充分发挥的人力资源管理体制。

规划目标：

（一）不断完善工资结构，按照收入与市场接轨，贡献和效益挂钩的基本思路，严格考核程序。

（二）建立与公司发展相适应的人力资源管理制度和人才的激励机制，重视人才的使用，为人才提供良好的工作环境。

（三）加强对人才的管理和激励，建立能上能下的用工机制和人才能进能出的循环机制。

（四）正确定位、做好规划、有效控制、精化评估。不断地探索新的模式，力争提高员工培训满意度，逐步打造完善的培训体系，为人才队伍建设夯实基础。

（五）将员工收入与工作业绩、劳动强度相结合，偏重创新求变、执行到位、创收有力的行为和员工。制订科学严谨的绩效考核制度，让员工看得明白、算得清楚、做得舒心。

第二节　重点项目规划

紧紧围绕《四川安吉物流集团有限公司十二五规划》，充分利用现有政策，通过市场调研，多领域发展，拓宽业务范围；通过提高服务水平维护现有重点项目及客户。继续坚持打造“优质的酒类产品供应链整体解决方案提供方”的决心不动摇，坚持园区整合的思路不动摇，坚持打造特色的外包管理手段不动摇。

通过对公司业务结构的分析如下：

2011年业务结构情况　　（单位：万元人民币）

类型	业务收入	业务毛利率/%	各类产品收入所占百分比/%
酒类	59.08	31.08	13.03
机械类	213.82	3.41	41.73
医药化工类	179.33	3.47	39.34
其他	1.44	66.73	0.32
合计	453.67		

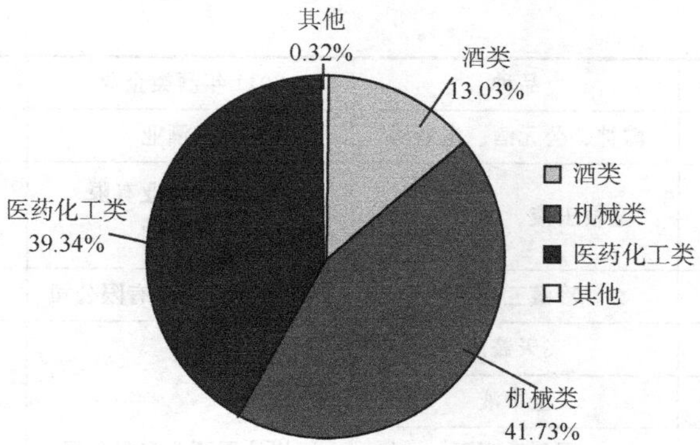

2012年业务结构情况

类型	业务收入	业务毛利率/%	各类产品收入所占百分比/%
酒类	36.93	33.39	5.78
机械类	93.63	4.60	13.94
医药化工类	35.04	11.93	5.48
电子产品	28.77	17.34	4.50
金威力项目	305.89	5.00	47.84
沃尔玛项目	141.95	12.34	22.20
其他	1.68	33.33	0.26
合计	639.36		

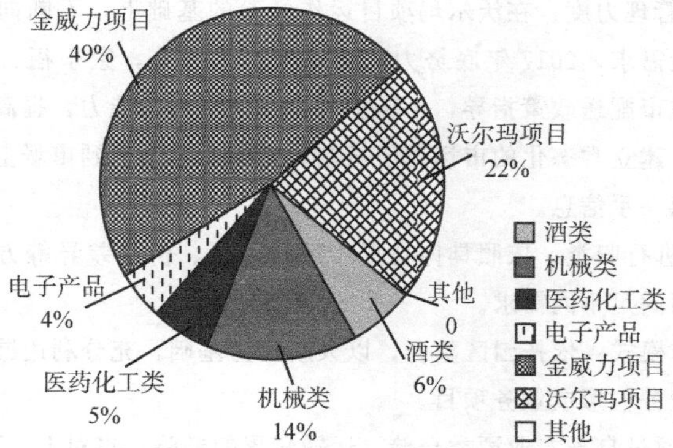

2012年酒类企业	品种	2011年酒类企业	品种
五粮液保健酒公司	珍藏五粮液	五粮液保健酒公司	珍藏五粮液
四川翰舟科技服务有限公司	德之贵、道之尊、百年好合、天圆地方、博古架、暗八宝石岗、礼之缘、三生万物、一品天下	四川翰舟科技服务有限公司	德之贵、道之尊、百年好合、天圆地方、博古架、暗八宝石岗、礼之缘、三生万物、一品天下

续表

<table>
<tr><th>2012 年酒类企业</th><th>品种</th><th>2011 年酒类企业</th><th>品种</th></tr>
<tr><td>蜀酿酒业</td><td>酿神、公元酒、定制酒</td><td>蜀酿酒业</td><td>酿神、公元酒、定制酒</td></tr>
<tr><td>四川拓展酒业有限责任公司</td><td>金枝玉液、清纯小酒</td><td>四川拓展酒业有限责任公司</td><td>金枝玉液、清纯小酒</td></tr>
<tr><td>四川香万里酒业有限公司</td><td>珍藏五粮液</td><td>四川香万里酒业有限公司</td><td>珍藏五粮液</td></tr>
<tr><td>四川仙露酒业有限公司</td><td>飞天酱酒</td><td rowspan="5">四川仙露酒业有限公司</td><td rowspan="5">飞天酱酒</td></tr>
<tr><td>玉金液酒业</td><td>全中液</td></tr>
<tr><td>和兴丰润</td><td>国剑系列酒</td></tr>
<tr><td>龙腾九州</td><td>饭店协会酒</td></tr>
<tr><td>汇大成商贸（9 月新增）</td><td>中粮旗下红酒</td></tr>
</table>

通过以上数据可以看出，我司的业务结构由原来的单一构成逐步向多元化发展，并逐步显现点、线、面相结合的局面，重点发展酒类企业，在此基础上不断增加项目种类，拓宽行业领域，寻求新的利润增长点，提升增值服务种类，以点带线，最终扩充到面形成强而有力的经济战斗集群，同时在未来公司的业务结构将会进一步趋于完善。

酒类企业数量及种类 2012 年有了明显增加，从 2011 年的 6 家增至 2012 年的 10 家，电子产品及大型项目的开发已占一定比重且有上升趋势。加强了成为“优质的酒类产品供应链整体解决方案提供方”的决心，同时，“非酒类客户做规模，酒类客户做品牌”的业务结构已见雏形。

规划目标：

一、打造“优质的酒类产品供应链整体解决方案提供方”

（一）加强城市配送管理力度：在沃尔玛项目运作经验的基础上，不断向川内大型商超城市配送要市场，贴近客户，贴近需求，2017 年底努力成为除沃尔玛之外，家乐福、红旗连锁等大型商超的城市配送发运方。结合城市配送政策指导，不断提升城市配送运营能力，提高“最后一公里”配送的效率，扩大企业影响力。建立常态化的市场调研机制，定期不定期地到市场上寻找各类信息，有条件时前往实地考察，掌握第一手信息。

（二）对收集的信息进行归类，依照具体情况、适用范围、价格差异等方式分类，分析出目标客户，进行重点攻关，从而满足不同需求。

（三）坚持 1＋1 合作模式：依托园区整合，以大新都为基础，充分利用园区运营商资源，通过与运营商的合作共同开发业务，形成业务项目。

（四）供应链金融：通过自身专业酒类仓储、运输积累的经验，将对上、下游客户进行深度挖掘，提供物流运作中的仓储、运输和金融增值服务内容，努力实现专业酒类动产质押，流通加工，电子商务以及金融服务等供应链的提供方。

二、进一步加快并深化园区渠道建设进程，推动“园区整合”、“金三角”项目

（一）城际配送：实现部分双向甩挂对开货运班列。实现标准化统一管理模式，物流资源高度整合，运营体系分配更趋合理，操作流程更加优化，内部管理更加规范。形成“×××”品牌在国内物流行业的一定影响力，为做“高端物流”打下坚实的基础。2017 年底，逐步形成园区统一的物流服务标准的实施思路：倡导“安全、快捷、周到”的服务理念，通过一系列基础服务功能的整合，统一服务标准，并逐步形成售后服务监督机制，最终形成品牌影响力。

（二）从保险整合、税收整合、系统整合入手，逐步推行财务整合、劳务整合、法律事务整合等涉

及各线路日常经营工作的大整合。通过有效沟通、培训指导、合理经济利益拉动政策，最终实现物流基础功能大整合。依据公司自身建设情况，结合园区整合进程，分步骤、分批次实施渠道建设工作。

（三）以成都为中心，以金三角项目成都至宜宾、宜宾至重庆、成都至重庆三点对开的实现为基础，率先实施省内各地区运输渠道建设，实现共赢。

三、信息化技术与新型管理模式的合理运用

（一）充分利用信息化手段解决生产经营中遇到的问题。

通过给车辆安装GPS或车载可视电话，进一步提高在途货物服务质量，提高信息反馈效率。进一步借鉴楼宇物流特色，综合利用信息技术完善园区服务体系，建立基于现有物流系统的B2B（B2C）交易平台，以信息大厅为基础，建立零担交易、保险理赔、税务代理、信息查询、增值服务管理、个人（企业）融资等综合类服务市场。

（二）完善现有的园区增值板块建设，通过现有的外包管理经验，不断深挖各种非主营业务的外包管理模式，首先在现有的硬件配备基础上，不断优化用工环节、管理环节，去繁从简，逐步实现仓储环节外包、驾驶员外包、客服中心外包的新模式。建立健全外包队伍激励机制，加强外包队伍团队建设，增强外包队伍企业归属感、幸福感，提高外包队伍整体工作能力。

第四章 保障措施

第一节 组织保障

一、可阶段性调整公司的组织架构，适应公司业务的新发展。对现有流程不断进行优化、再造，最终以满足客户需求，市场为导向。

二、加强企业文化建设，增强公司的“软实力”。坚持“以人为本”，加大引导力度，使之成为指导公司各项工作的指导思想，成为员工发自内心自觉遵守的行为准则，成为强化公司凝聚力的思想基础，增强员工对企业的认同感和荣誉感，把公司企业文化建设的成果转化为推动企业发展的动力。

三、继续打造学习型企业。鼓励全体员工把学习作为跟上时代步伐、跟上公司发展的硬任务，在公司上下形成工作学习化、学习工作化的氛围，提高业务水平和工作能力。建立相关制度，构建知识共享平台，为员工学习和提高创造必要的条件。

四、把员工合理化建议活动经常化，畅通员工之间、员工与管理层之间互相沟通交流的渠道，增强员工对公司发展的参与意识，为公司决策提供科学依据，为公司全面发展提供保证。

第二节 设施与技术保障

一、设施设备保障

为了推进×××物流战略目标的有效实现，必须做好如下几方面工作。

（一）做好设备设施的标准化工作，充分利用现有资源，提升设备及空间利用率。

（二）合理引进新型现代化设备设施，为企业的业务拓展、运行效率的提升提供保障。

（三）完善设施设备的日常维护与保养工作，确保设备设施安全运行。

二、技术保障

需进一步加快现代化信息技术的运用，实现物流管理技术标准化，外包管理标准化。

为了完成上述规划目标，公司将认真按照公司部署及规划安排每年的年度工作保证各目标的实现，同时做好行为规划的总结，及时调整策略和资源分配，解决薄弱环节和难题，采用集中解决和持续改进的方式，发现问题及时有效地解决。

项目5　物流运营沙盘实训

教学目标

(1) 了解企业模拟沙盘的由来；
(2) 了解沙盘企业初始经营状态；
(3) 熟练掌握沙盘模拟运营规则；
(4) 熟悉沙盘模拟运营流程。

项目背景

杜川在和导师一番长谈后，回到自己家里看着当年和导师、同学的留念照片，感触很深，慢慢陷入了沉思，同时脑海中渐渐浮现了一个想法，要在集团里针对中高层管理人员的管理思想、理念进行一次统一的培训。

第二天，杜川将自己的想法告诉了林霞、高虎等，立刻引起了大家的共鸣。

"你们还记得，我们在大学里接触到的物流运营沙盘吗?"林霞突然说道。

"对呀！我怎么没想到呢！"高虎道。

"对于高层管理可以通过模拟经营培训来应用与验证以往形成的管理思想和方法，更新管理理念，暴露管理误区；分析生动鲜活的现场案例，认识不同战略选择与经营业绩之间的逻辑关系，反思现实企业战略安排的正确性；通过模拟经营，提高决策者洞察市场、理性决策的能力；练习团队沟通，体验交流式反馈的魅力，学习建设积极向上的组织文化；拓展管理视角，立足产业链价值分配原则，谋求有利于企业发展的外部条件。对于中层经理可以理解经营，促进管理，塑造复合型管理人才；了解企业系统运营流程，打破狭隘的部门分割，增强管理者的全局意识；克服极端现实主义，树立为未来负责的发展观，构建中层管理者的战略纵深思维；演练团队决策，成为群体决策的高手；寻求不断提升组织绩效的管理改进路径，学习不同形式的管理改进方法，树立持续改进的管理思想。"杜川最后总结道。

随后，三人均同意在集团内部组织一次中高层管理人员的沙盘运营培训，并且邀请了专业的沙盘培训机构的讲师来到他们企业作……

任务5.1　认识物流企业运营沙盘

5.1.1　任务描述

在正式培训之前，讲师首先让大家都认识一下物流企业运营沙盘、物流沙盘模拟规则，并观摩讲师模拟操作一年沙盘，从而尽快熟悉沙盘的相关知识和操作方法。

根据背景资料，假设同学们就是雷迅集团下属的中高层管理者，请阅读相关知识部分，了解物流企业运营沙盘的基本知识。

5.1.2 相关知识

1. 沙盘起源

沙盘，是根据地形图或实地地形，按一定的比例用泥沙、兵棋等各种材料堆制而成的模型。在军事上常供研究地形、敌情、作战方案、组织协调动作和实施训练时使用。沙盘在我国已有悠久的历史。据《后汉书·马援列传》记载，公元32年，汉光武帝征讨陇西的隗嚣，召名将马援商讨进军战略。马援对陇西一带的地理情况很熟悉，就用米堆成一个与实地地形相似的模型，从战术上进行了详尽的分析。光武帝刘秀看后，高兴地说："敌人尽在我的眼中了!"，这就是最早的沙盘作业。

1811年，普鲁士国王菲特烈·威廉三世的文职军事顾问冯·莱斯维茨，用胶泥制作了一个精巧的战场模型，用颜色把道路、河流、村庄和树林表示出来，用小瓷块代表军队和武器，陈列在波茨坦皇宫里，用来进行军事游戏。后来，莱斯维茨的儿子利用沙盘、地图表示地形地貌，以算时器表示军队和武器的配置情况，按照实战方式进行策略谋划。这种"战争博弈"就是现代沙盘作业。

19世纪末和20年代初，沙盘主要用于军事训练，第一次世界大战后，才在实际中得到运用。企业沙盘模拟培训源自西方军事上的战争沙盘模拟推演。战争沙盘模拟推演通过红、蓝两军在战场上的对抗与较量，发现双方战略战术上存在的问题，提高指挥员的作战能力。英、美知名商学院和管理咨询机构很快意识到这种方法同样适合企业对中、高层经理的培养和锻炼，随即对军事沙盘模拟推演进行了广泛的借鉴与研究，最终开发出企业沙盘实战模拟培训的新型现代培训模式。企业沙盘模拟培训一经面世，就以其独特新颖的培训形式、深刻实用的培训效果，受到国际企业高层管理人员和培训专家的青睐。目前，沙盘模拟培训已成为大多数世界500强企业中高层管理人员经营管理培训的主选课程。国内接受过沙盘训练的优秀企业也已超过6000家。

2. 沙盘培训的意义

沙盘教学模式引入中国后，被北京大学、清华大学、中国人民大学、浙江大学等众多所高等院校纳入MBA、EMBA和中高层在职培训的教学之中。物流沙盘模拟培训课程完全不同于传统的灌输式授课方式，而是一种体验式的互动学习方式，把学生分成多个小组，每组5～6人，组成一家第三方物流企业，学生分别担当不同的角色，有总裁、营销总监、财务总监、财务助理、运输调度、仓库保管等，连续经营数个会计年度，由于各组学生决策不一样，每年的经营结果也就不一样，有的企业越做越好，有的企业可能面临破产，老师根据学生经营的结果，每年进行点评和分析。通过这种模拟训练，使受训者在分析市场、制定战略、营销策划、选址建仓、运输调度、财务管理等一系列活动中，参悟科学的管理规律，全面提升管理能力。综上所述，沙盘培训具有极强的体验性、互动性、实战性、竞争性、综合性、有效性等特点。

3. 沙盘培训的道具

（1）沙盘盘面。

物流企业模拟课程需要的沙盘盘面如图 5-1-1 所示，它是一个现实第三方物流企业的形象模拟。盘面的布局主要体现在分区上，整个盘面分为“办公区”和“运输区”两大部分。从盘面来看，自上而下分别反映的是资金流、物流运作的全过程。

物流包括从货物运输合同签订、派车提货、货物分拣、线路选择、装车发货、货物送达等整个供应链的业务流程；资金流包括反映资金流入的银行贷款和民间融资导致的现金增加、应收账款的不断到账等业务导致的现金增加，反映资金流出的应付账款的到期支付导致现金减少，市场开拓、相关认证、日常的行政管理费、设备投资、广告、租金、利息、贴现、税金等支付导致的现金减少等。

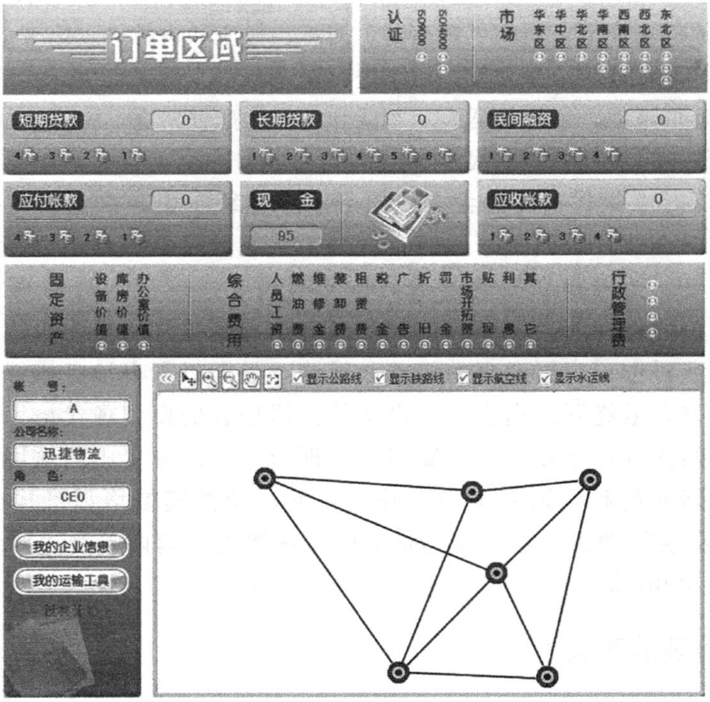

图 5-1-1 沙盘盘面

（2）游戏币、模拟教具与空桶。

沙盘使用的游戏币代表企业经营所需的资金；模拟过程中用到的汽车、火车、轮船、飞机、库房等用 PVC 制作的模拟教具表示，空桶既是放置游戏币的器具，又可用作其他用途，如表示贷款信息等，如图 5-1-2 所示。

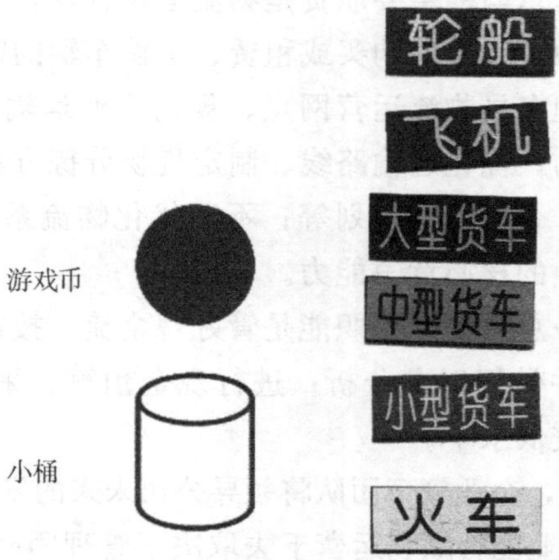

图 5-1-2 游戏币、空桶和模拟教具

4. 沙盘的组织结构

1）人员组织

企业仿真模拟首先是构建虚拟的组织架构、建立公司，把现场人员分成12组，每组一般4人，这样就形成了几个相互竞争的虚拟企业，然后对每个小组成员进行角色定位，明确企业内每个角色的岗位责任。

在企业仿真模拟中，共设置四个职位：首席执行官（CEO）、营销总监（CSO）、运营总监（COO）、财务总监（CFO）。

在经营过程中，可以进行角色互换，从而体验角色转换后考虑问题的出发点的相应变化，也就是学会换位思考。

(1) 首席执行官。企业所有的重要决策均由首席执行官带领团队成员共同决定，如果大家意见相左，由CEO拍板决定。

(2) 营销总监。企业的利润是由销售收入带来的，销售实现是企业生存和发展的关键，营销总监在企业中的地位不言自明。营销总监所担负的责任是：开拓市场，实现销售。

①开拓市场。作为一个民营企业，最初大都在其所在地注册企业并开始运营，经过几年的经营，在本地市场上已站稳脚跟。在全球市场广泛开放之时，一方面要稳定企业现有市场，另一方面要积极拓展新市场，争取更大的市场空间，才能力求在销售量上实现增长。

②销售管理。销售和收款是企业的主要经营业务之一，也是企业联系客户的门户。为此，销售主管应结合市场预测及客户需求制订销售计划，有选择地进行广告投放，取得与企业运作能力相匹配的客户订单，与运营部门做好沟通，保证按时交货给客户，监督货款的回收，进行客户关系管理，营销总监还可以兼任商业间谍的角色，因为他最方便监控竞争对手的情况，例如，对手正在开拓哪些市场？未涉足哪些市场？他们在销售上取得了多大的成功？他们拥有哪类生产线？生产能力如何？充分了解市场，明确竞争对手的动向有利于今后的竞争与合作。

(3) 运营总监。运营总监的主要职责是物流运作管理，而物流运作管理的范畴又主要包括负责公司仓库及中转设施的购买或租赁、运输车辆的购买或租赁、物流关键业务流程的运作和监督；合理布局物流运营网点、规划企业运输能力、组织车辆完成运输、订单跟踪、及时交付货物；优化运输路线、制定货物分拣方案、车辆配载计划、货物中转计划、车辆调度计划、仓储能力计划等；不断优化物流系统的运营、降低运作成本，提高运作效率、增强企业的核心竞争能力。

(4) 财务总监。财务总监的主要职能是管好现金流，按需求支付各项费用、核算成本，按时报送财务报表并做好财务分析；进行现金预算、采用经济有效的方式筹集资金，将资金成本控制到较低水平。

组建企业管理团队后，企业管理团队将领导公司未来的发展，在变化的市场中进行开拓，应对激烈的竞争。企业能否顺利运营下去取决于管理团队是否具有正确决策的能力。每个团队成员在做出决策时尽可能利用已有的知识和经验，不要因匆忙行动而陷入混乱。

2) 部门结构

在企业仿真模拟中同样设置了对应于市场部、运营部、仓储部、财务部等职能部门的业务单元，再现了企业运营的所有关键环节，包括市场营销、生产组织、财务管理、战略规划等，组成了一个生产企业的缩影，如表 5-1-1 所示。

表 5-1-1 比较重要的几个部门的关键职能

职能部门	企业业务	工作内容	说明	备注
市场部	战略规划 市场营销	市场开拓	确定企业需要开发哪些市场，可供选择的有北京区、华北区、华中区、华东区、东北区等	市场开拓要在软件输入相应的区
		营销投入	在已开拓完毕的市场上投放广告费用，争取市场份额	
运营部	组织运营	仓库、车辆的租赁、购买和变卖	确定企业的网点布局以及运输工具的使用计划	仓库具有提货入库和中转入库的功能，不同的运输工具适合不同的产品运输和运输线路
		货物的分拣与车辆配载	仓库分为大、中、小三种仓库，运输货物共有五种不同的规格，主要体现在质量和体积上	根据市场选择仓库类型，车辆配载方案直接影响以后的路线选择和车辆调度计划
		路线选择	运输工具共有六种，运输路线分为公路、铁路、航空、水路四种	在地图上选择运输路线
		货物跟踪	记录货物的运输位置，及时发车	车辆每到达一个中转城市，需要进行发车动作
		货物交付	将货物交给客户	如果该订单进行过拆单作业，则必须等货物全部运到之后才能交付

续表

职能部门	企业业务	工作内容	说明	备注
财务部	会计核算财务管理财务运营	现金库	用来存放现金，现金用蓝币表示，每个价值100万元	
		银行贷款	用放置在相应位置上的空桶表示，每桶表示2000万元	长期贷款按年；短期贷款按季度
		应收/应付账款	用放置在相应位置的装有现金的桶表示	应收账款和应付账款都是分账期的
		综合费用	将发生的各项费用置于相应区域	

5. 沙盘设计名词解释

(1) 折旧。固定资产折旧是指固定资产由于损耗而转移到生产经营管理成果中去的那部分以货币表现的价值。这部分价值应以折旧费用按期计入生产经营管理成本费用，构成生产经营管理成本费用的一个重要组成部分。其中，固定资产损耗又分有形损耗和无形损耗两种，有形损耗是指固定资产由于在生产经营管理过程中使用等原因引起的在使用价值或价值上的损失；无形损耗则指由于技术进步等引起的机器设备等在价值上的损失。

(2) 贴现。

①概念：是指持票人在需要资金时，将其持有的商业汇票，经过背书转让给银行，银行从票面金额中扣除贴现利息后，将余款支付给申请贴现人的票据行为。

②性质：贴现是银行的一项资产业务，汇票的支付人对银行负债，银行实际上与付款人有一种间接贷款关系。

将应收债权和应收票据向银行申请贴现进行融资，是目前企业常用的一种手段。

(3) 行政管理费。行政管理费用是企业为了维持运营发生的必要的工商管理费用、差旅费、招待费等。

(4) 资产。指过去的交易事项形成并由企业拥有或控制的资源，并且该资源预期会给企业带来经济利益。资产按其流动性可以分为流动资产和非流动资产。根据定义，资产具有以下几个方面的特征。

①资产预期会给企业带来经济利益。如果某一项目预期不能给企业带来经济利益，就不能将其确认为企业的资产，前期已经确认为资产的项目，如果不能再为企业带来经济利益，也不能再将其确认为企业的资产。

②资产应为企业拥有或者控制的资源。通常在判断是否为企业资产时，所有权是考虑的首要因素，但在有些情况下，虽然某些资源不为企业所拥有，即企业并不享用其所有权，但企业控制这些资源，同样表明企业能够从这些资源中获取经济利益，从而也可将该资源判定为资产。

③资产是由企业过去的交易或者事项形成的，只有过去的交易或事项才能产生资产，企业预期在未来发生的交易或者事项不形成资产。

(5) 负债。所谓负债，是指由于过去的交易或事项所引起的公司、企业的现有债务，这种债务需要企业在将来以转移资产或提供劳务加以清偿，从而引起未来经济利益的流出。公司生产经营活动的资金，除投资者投入以外，向银行或金融机构借入资金，公司在生产经营活动中由于购买材料、商品等或接受其他单位劳务供应而结欠其他单位的款项，公司由于接受投资者投入资金而应付给投资者的利润，以及应交纳的税金、应付给职工的工资、福利费等，都属于公司的负债。

根据负债的定义，负债具有以下特征。

①负债是企业在过去和现时的经济业务中所产生的，且在未来偿还的一项经济负担。它代表企业未来资金的交付或资产或劳务的提供，但未来经济业务可能发生的负债，不包括在会计负债之内。

②负债必须以货币为计量。有些负债的金额要视企业经营情况而确定（如应付所得税）或需要暂时估计的（如质量“三保”费用），对其偿付金额可以作出合理的估计，但难以用货币计量的负债就不能入账。

③负债必须有确切的债权人和到期日。对于可以作出合理估计的，必须作出合理估计；对于某些不能合理估计的，但是有可能在将来发生损失的事项，可以作为“或有负债”在资产负债表附注或用其他方式予以揭示。“或有负债”一般是由于某种约定的条件或允诺的责任，在将来可能成为企业的负债，但当前并不是负债。如进行中的诉讼案件，由于可能败诉而造成赔偿，就产生“或有负债”。

负债的分类：负债一般按其偿还速度或偿还时间长短划分为流动负债和长期负债两类。流动负债主要包括短期借款、应付票据、应付账款、应付利息、预收账款、应付职工薪酬、应缴税费、应付股利、其他应付款等。长期负债包括长期借款、应付债券、长期应付款等。

（6）所有者权益。所谓所有者权益，在数量上等于企业全部资产减去全部负债后的余额，这可以通过对会计恒等式的变形来表示，即：资产－负债＝所有者权益。

公司的所有者权益又称股东权益。任何企业，其资产形成的资金来源不外乎两种：一种是债权人提供（对企业就是负债）；一种是所有者提供（对企业就是所有者权益）。所有者权益按其构成，分为投入资本、资本公积和留存收益三类。

（7）资产负债表。资产负债表是反映企业某一特定日期财务状况的会计报表。资产负债表是根据“资产＝负债＋所有者权益”这一会计恒等式反映资产、负债和所有者权益这三个会计要素的相互关系，由企业在某一特定日期的资产、负债和所有者权益各项目按照一定的分类标准和一定的排列顺序编制而成。

（8）利润表。利润表又称收益表或损益表，是反映企业在一定会计期间经营成果的报表。利润表把一定期间的收入与其同一会计期间相关的费用进行配比，计算出企业一定时期的净利润（或净亏损）。通过利润表反映收入、费用等情况，能够反映企业生产经营的收益和成本耗费情况，表明企业生产经营成果；同时，通过利润表提供的不同时期的比较数字（本月数、本年累计数、上年数），可以分析企业在今后利润的发展趋势及获利能力，了解投资者投入资本的完整性。由于利润是企业经营业绩的综合体现，又是进行利润分配的主要依据，所以，利润表是会计报表中的主要报表。

6. 沙盘企业初始设定

我们经营的企业是一个新创办的第三方物流运输企业，首先组建公司团队，主要包括CEO、CSO、CFO、COO等主要角色，每个团队提供50万元的创业资金，目前公司总部只能设在北京地区，从事北京地区的货物运输业务。首先由老师组织成立公司，给公司命名，确定公司的发展目标，在北京筹建办公室，招聘经理，准备开始新企业的运营。股东希望新公司以北京为起点，面向全国，在未来的几年里面逐步做大做强，发展成为国内的知名物流企业。

企业的经营现状主要从企业目前的财务状况和经营成果进行反应，分别用资产负债表和损益表表示。通过资产负债表，可以了解企业所掌握的经济资源及其分布情况；了解企业的资本结构；分析、评价、预测企业的短期偿债能力和长期偿债能力；正确评估企业的经营业绩。

本项目中对资产负债表中的项目进行了简化，形成如表5-1-2所示的简易结构。

表5-1-2 资产负债表　　编报单位：万元

资产	期末数	负债和所有者权益	期末数
固定资产		负债	
土地和建筑（含在建工程）	0	长期负债	0
机器和设备	0	短期负债	0
总固定资产	0	应付款	0
		应交税	0
		总负债	0
		权益	
流动资产		股东资本	50
现金	50	利润留存	0
应收款	0	年度净利	0
总流动资产	50	所有者权益	50
总资产	50	负债加权益	50

本项目中对利润表中的项目进行了简化，形成如表5-1-3所示的简易结构。

表5-1-3 利润表　　编报单位：万元

项目	本期数	对应利润表项目
销售	0	主营业务收入
直接成本	0	主营业务成本
毛利	0	主营业务利润
综合费用	0	营业费用、管理费用
折旧前利润	0	营业利润

续表

项目	本期数	对应利润表项目
折旧	0	
支付利息前利润	0	财务费用
财务收入/支出	0	营业外收入/支出
额外收入/支出	0	营业外支出
税前利润	0	利润总额
所得税	0	所得税
净利润	0	净利润

7. 沙盘操作活动

1）基本竞赛规则

（1）支付税金。先弥补前5年的亏损，然后按照税前利润乘以25%，按四舍五入取整计算。

（2）选择投标城市/制定投标计划。根据市场预测情况，每个季度企业要决定计划投标的城市，只有设立办事处（购买或租赁办公室）的城市才能选择制定投标计划。每选择投标一个城市，需要支付1M的竞标费用。

（3）参加订单竞标。物流企业可以通过两种方式获取订单：一是直接进行合同续签；二是以公开招标的方式获得。

合同续签：物流企业与托运公司在前期建立了良好的合作关系，可以进行合同续约，不需要公开招标。若一家托运公司与多家物流企业合作，则物流企业与该托运公司关系值（关系值计算规则为：物流企业为某托运公司运输的订单张数）最高者获得此合同续约。若关系值相同，则看总信誉度（企业总信誉度计算规则为：根据该企业当前运输订单的总数量，每运输1张订单，信誉度加1，每违约1张订单，信誉度减2），若信誉度也相同，则比较建立合作关系的先后顺序。

公开招标：根据订单的参考运费价格，各企业进行投标，价格最低者中标。投标运费价格上限不能超过参考运价的30%，相同投标价的，看该企业员工在该城市的总业务能力（总业务能力的计算规则为：业务经理人数乘以其业务能力的总和），能力高者中标，如果总业务能力相同，看企业总信誉度，若企业总信誉度也相同，看上个季度营业额，若上个季度营业额仍然相同，则谁先提交投标方案，谁优先选单。

企业在某个城市能够竞投的订单数量，与其在该城市的综合评价分有关，即企业综合评分需高于该城市订单所要求的企业综合评分。

企业在某个城市综合评价得分计算规则：企业总信誉度占40%，本企业上季度运输额占所有企业总运输额比例乘以100取整占30%，该城市的企业业务人员营业总额占该城市运输总额比例乘以该城市的企业业务人员业务能力占该城市总业务能力比例乘以100取整占30%。该数值可以在经营分析中的企业基本信息中查看。

(4) 短期贷款和民间融资。

更新短期贷款：如果企业有短期贷款，每执行一次本项任务，还贷期缩短一个季度；

还本付息：如果短贷到期后，需要归还本金，并支付利息。例如，短贷 20M，则到期时需要支付 20M×5%＝1M 的利息，因此，需要支付本金与利息共计 21M。

获得新贷款：短期贷款在每一季度可以随时申请。可以申请的最高额度为

上一年所有者权益×2－所有已贷贷款

民间融资与短期贷款的规则类似。只是贷款的利率不同。融资表如表 5-1-4 所示。

表 5-1-4　融资表

融资方式	规定贷款时间	贷款额度	还贷规定	利率/%
短期贷款	每季任何时间	上年所有者权益的两倍－所有已贷贷款	到期一次还本付息	5
民间融资	每季任何时间	上年所有者权益的两倍－所有已贷贷款	到期一次还本付息	15

无论短期贷款还是民间融资均以 20M 为最低基本贷款单位。短期贷款和民间融资贷款期限为三个季度。每季度内可以随时进行贷款，但是每季度初如果有到期需要归还的贷款，必须还款后才能再贷。

(5) 更新应收/应付款。每季度执行本项任务一次，如果有应收账款，则应收账期缩短一个季度，盘面上账款位置向现金方向移动一季度，到期后，移到现金中，现金增加；如果有需要支付的应付账款，则应付款的账期也缩短一个季度，盘面上账款位置向现金方向移动一季度，到期后从现金中支付，现金减少。贴现，是将应收账款变成现金的动作，每季度可以随时进行应收款贴现，贴现时按 7 的倍数取应收账款，其中 1/7 需要支付贴现费用，6/7 变成现金，贴现时首先取账期最长的应收账款进行贴现。

(6) 购买/租赁仓库。有办事机构（购买/租赁办公室）的城市，才能购买或者租赁仓库，购买或者租赁仓库后，才能进行货物中转。购买或者租赁仓库费用如表 5-1-5 所示。

表 5-1-5　仓库购买或租赁费用表

仓库类别	标准体积/ $\times10^6m^3$	购买价格/(M/间)	租赁价格/(M/季度)	维修费用/(M/季度)	变卖价格/(M/间)
小型标准仓库	100	10	1	1	5
中型标准仓库	200	20	2	2	12
大型标准仓库	400	40	4	4	24

购买：购买采用分期付款方式，第一个季度首付 20%，其他的分三个季度付款，第二、三季度付款金额是（购买价－购买价×20%）/3 取整，最后一个季度付清剩余金额。

租赁：每个季度都必须进行续约，并支付相应的租金；必须保证库存为空才能退租。退租仓库时的工资计算：第一周退租的当季度不计算工作人员工资，其他时间退租

都需要支付工资。

变卖：空闲的仓库才能进行变卖。变卖后的金额有 2 个季度的应收款账期，2 个季度后才能变现。变卖仓库时的工资计算：第一周变卖的当季度不计算工作人员工资，其他时间变卖都需要支付工资。

(7) 购买/租赁运输工具。根据订单产品的类型，确定购买或租赁不同的运输工具。购买或租赁运输工具的费用如表 5-1-6 所示。

表 5-1-6 运输工具购买或租赁费用表

工具类型	时速/(kkw/w)	载重/$\times 10^3$kg	体积/$\times 10^6$m^3	购买价格/(M/辆)	租赁价格/(M/季度)	变卖价格/(M/辆)	维修费用/(M/季度)	燃油费/(M/kkw)	装卸费用/(M/辆)
飞机	10	5	5	200	2	40	4	1	1
火车	4	80	80	150	8	30	3	1	1
小型汽车	2	5	20	8	2	4	1	1	1
中型汽车	2	15	50	12	3	6	1	1	1
大型汽车	2	35	80	16	5	8	1	1	1
轮船	1	80	80	150	5	30	2	1	1

购买：购买采用分期付款方式，第一个季度首付 20%，其他的分三个季度付款，第二、三季度付款金额是（购买价－购买价×20%）/3 取整，最后一个季度付清剩余金额。

租赁：每个季度都必须要进行续约，并支付相应的租金；必须保证运输工具为空才能退租。租赁的交通工具不需要支付人员工资。

变卖：空闲的运输工具才能进行变卖。购买的运输工具当年变卖不计折旧，一年后变卖要首先计折旧。运输工具变卖时，如果设备剩余价值大于变卖价格，则需要将差额进行固定资产清理；如果设备剩余价值小于变卖价格，则差额进行额外收入处理。设备变卖后，直接放到现金中。变卖运输工具时的工资计算：第一周变卖的当季度不计算工作人员工资，其他时间变卖都需要支付工资。

(8) 货物到达。货物如果到达目的城市，可以直接交货，如果不是目的城市，可以跳过，也可以入库后进行中转，但该城市必须设有仓库才可以入库。

入库：车辆到达某个城市后，可以入库中转或者继续运载，如果入库中转，要求该城市必须要有仓库。

交货：交货的订单可以是库存订单，也可以是车辆运载的订单，但是必须是订单的目的城市。此外，必须是交货订单中所有货物全部到达后，才能交货。

(9) 运费结算。每个季度结算一次运输费用。根据企业的签约订单情况进行结算，结算的范围包括：①提货时，付款的订单；②已经交货的订单，要求回到出发地后付款的；③已经交货的订单，要求货到付款的；④到期未交货的订单被罚款的。

运费结算：货到付款的运费结算账期是货物运达后本周内结算；回到出发地后付款的运费结算账期是货物运达后 2 个账期（季度）内结算；提货时付款的运费结算账期是

提货后一周后结算。

罚款说明：只要是到期还未交货的订单，都按照订单运费金额的20%（按四舍五入取整）进行罚款，上季度已经罚过款的订单若本季度仍未交货也要进行罚款，直到交货为止。产品参考运费清单如表5-1-7所示。

表5-1-7 产品参考运费清单

产品名称	单位	单位重量/（$\times 10^3$kg/件）	体积/（$\times 10^6 m^3$/件）	参考运价/（M/10^6m）	适合运输工具
P1	件	1	1	1	适合空运
P2	件	5	10	2	适合陆运和铁路
P3	件	10	5	2	适合铁路和海运
P4	件	10	20	3	适合陆运和铁路
P5	件	15	10	3	适合海运

（10）派车提货。根据签约订单的数量和货物的体积、质量，制定提货计划，确定派车型号和数量并制定装车计划，根据装车计划提货。

派车提货的车辆只限陆运车辆，支付的费用等于车辆的装卸费用；可以对提货计划区的订单进行拆分，来制定装车计划；派车提货的车辆只能对所在城市的订单提货。

（11）货物入库。派车提回货物后可以先入库，方便货物分拣，进行运输调度。只有在设有仓库的城市，才可以进行入库操作，入库前可以对订单进行拆分，方便货物分拣、装车。

（12）货物分拣。为了方便货物管理和装车配货，可以对货物进行分拣。

调拨：同一个城市不同仓库之间的货物可以相互调拨，同一个仓库不同分区之间的货物也可以相互调拨，只要保证被拨入的仓库库存空间足够使用即可。分拣：同一个仓库不同分区之间的库存订单可以相互调动。合并：同一分区内的订单可以进行合并。

（13）运输调度。通过对货物进行分拣，可以制定装车计划，根据装车计划进行运输工具调度，进行装车。只能调度同一城市的运输工具进行装车。根据不同的运输工具确定运输费用。

（14）选路线发货。在最左边树形目录选择车次，在地图上按行驶的顺序进行路线选择，首先选择出发城市周边的路线，然后根据提示顺序选择，直到选到提示的目的城市。操作方式：在地图上选择路线，按Ctrl键是增加路线，按Shift键是减少选择的路线。选择完以后，单击保存，保存后发车。

注意：所有车辆必须点击发车按钮才能离开城市，无论已经有路径的还是刚增加路径的车辆。没有路线或路径行驶完成的交通工具不能发车。

（15）购买/租赁办公室。在某个地区市场开发后，才能在该地区的城市设立办事机构（购买/租赁办公室）。购买/租赁办公室费用如表5-1-8所示。

表 5-1-8 办公室购买或租赁费用表

办公室类别	标准面积/(M/间)	配员/(人/间)	购买价格/(M/间)	租赁价格/(M/季度)	维修费用/(M/季度)	变卖价格/(M/间)
简易办公室	50	1	10	1	1	10
普通办公室	100	2	20	2	1	25
豪华办公室	500	5	40	4	2	70

购买：购买采用分期付款方式，首付 20%，其他的分三个季度付款，第二、三季度付款金额是（购买价－购买价×20%）/3 取整，最后一个季度付清剩余金额。

租赁：每个季度都必须要进行续约，并支付相应的租金；必须在该城市当前没有订单或者该城市有 1 个以上的办公室，则保留 1 个办公室，其余的可以退租。退租办公室时的工资计算：第一周退租的当季度不计算工作人员工资，其他时间退租都需要支付工资。

变卖：本季度在该城市没有订单，则办公室可以变卖或者本季度虽然该城市有订单，但有 1 个以上的办公室，保留 1 个办公室，其余的可以变卖。变卖后的金额有 2 个季度的应收款账期，2 个季度后才能变现。变卖办公室时的工资计算：第一周变卖的当季度不计算工作人员工资，其他时间变卖都需要支付工资。

注意：购买/租赁办公室时，要选择相应建设的城市和不同级别的办公人员。

(16) 人员招聘。根据购买或租赁办公室的规模，可以进行人员配置，业务人员的能力可以提升企业在该城市的拿单能力。

(17) 支付工资。对本季度办公室人员、司机（注：租赁运输工具的司机不需要支付工资）、调度员和仓管员的工资计算，其中新员工工资计算方式：根据原始工资基数＋工资基数×该城市的工资差。老员工工资计算方式：上个季度的工资数＋上个季度的工资数×工资增长比例。员工工资表如表 5-1-9 所示。

表 5-1-9 员工工资表

职位名称	工资基数	工资增长比例/%	业务能力	级别
初级司机	1	1	—	1
中级司机	2	1	—	2
初级经理	2	1	2	1
中级经理	5	1	5	2
保管员	1	1	—	1
调度员	2	1	—	1

(18) 支付行政管理费。企业为了维持正常运营缴纳给政府或者用于管理的费用。规定每个季度必须缴纳 1M 的行政管理费。

(19) 长期贷款。更新长期贷款：如果企业有长期贷款，每执行一次本项任务，还贷期缩短一年。

支付利息：长期贷款的还款规则是每年付息，到期还本，年利率为 10%。长期贷款到期时，财务总监从现金库中取出现金归还本金及当年的利息，并做好现金收支记录。

申请长期贷款：长期贷款只有在年末可以申请。额度为：上一年所有者权益×2－所有已贷贷款。

长期贷款也是以20M为基本贷款单位。长期贷款贷款期限为2年。每年年末，如果有到期需要归还的长期贷款，必须首先还款后才能再贷。长期贷款融资表如表5-1-10所示。

表5-1-10 长期贷款融资表

融资方式	规定贷款时间	贷款额度	还贷规定	利率
长期贷款	每年年末	上年所有者权益的两倍－所有已贷贷款	年底付息，到期还本	10%

(20) 支付维修费用。每年年底对公司现有运输工具、办公室和仓库（必须是购买的）进行维修，根据它们每年应缴纳的相应维修费用进行支付，当年新购买的不支付维修费用。

(21) 折旧。办公室和仓库不计折旧，运输工具需要折旧。运输工具按余额递减法进行折旧（当年购买的运输工具不计折旧），折旧金额等于运输工具价值的1/3按四舍五入取整，当运输工具价值下降至3M时，每年折旧1M，直到折旧为0。运输工具当年变卖不计折旧，一年后变卖要首先计提折旧。

(22) 市场开拓。

①市场开拓在每季度的季度末进行，每季度只能进行一次，不能加速开拓。

②市场开拓不要求每季度连续投入，在资金短缺的情况下可以停止对该市场的投资，但已经付出的投入不能收回；如果在停止开拓一段时间后想继续开拓该市场，可以在以前投入的基础上继续投入。

③所有市场可以一次性全部开拓，也可以选择部分市场进行开拓。该市场完全开拓完成后，下一季度才能在该市场的城市里制定投标计划。各市场开拓的费用及周期如表5-1-11所示。

表5-1-11 市场开拓费用及周期表

市场	北京区	华东区	华南区	华中区	华北区	西南区	西北区	东北区
开拓时间	开放	1季度	2季度	1季度	1季度	2季度	2季度	3季度
开拓投入	无	8M/季度	5M/季度	8M/季度	5M/季度	5M/季度	5M/季度	3M/季度

有些市场订单要求企业必须通过相关认证才能获取（如表5-1-12和表5-1-13所示）。

表5-1-12 城市开放时序表

开放城市 / 年限	北京区	华东区	华南区	华中区	华北区	西南区	西北区	东北区
第1年第1季度	北京							
第1年第2季度		上海		郑州	天津			
第1年第3季度		济南		南昌	石家庄			

续表

年限＼开放城市	北京区	华东区	华南区	华中区	华北区	西南区	西北区	东北区
第 1 年第 4 季度		杭州		长沙	太原			
第 2 年第 1 季度		南京		武汉	呼和浩特			
第 2 年第 2 季度		合肥	广州			重庆	兰州	
第 2 年第 3 季度			福州			成都	西安	
第 2 年第 4 季度			南宁			昆明	西宁	
第 3 年第 1 季度			全开放			全开放	全开放	全开放

表 5-1-13　企业认证费用及周期表

认证项目	ISO 9000	ISO 14000
时间/年	1	2
投资/（M/年）	5	10

(23) 关账。一年经营结束，年终进行关账，编制“损益表”和“资产负债表”。系统会根据得分规则自动计算当年各组的得分。

2）特殊操作活动

(1) 交货快速通道。没有交货的订单，无论在运输途中还是在仓库或者是没有提货都可以采用快速交货，如果订单采用快速交货，费用支付为订单参考运价＋参考运价×20%，支付费用记为额外支出，现金流量表中记为其他。订单结算方式与正常交货订单结算方式相同。快速交货不增加企业关系值，不提升企业信誉度。

(2) 快速提货通道。快速提货是委托第三方进行快速提货的方式，每个订单的提货费用是采用陆运工具装卸费用最大的费用作为提货费用，委托提货费用记入装卸费用，委托提货费用最少为 1M。

(3) 同城拼车。在同一个城市的运输工具所运货物可以合并运输，合并运输的时候受体积和载重的影响。合并运输不收取装卸费用。

(4) 追加股东投资。每次追加的股东投资会自动进行累加，并计算追加股东投资所占总股份的比例，计算公式为：追加股东投资额度/（上年权益＋追加股东投资额度）。如果追加股东投资比例超过 100%，得分将一直小于零，此时可视为破产。

(5) 结束本季度运营。根据各个物流公司自身需求，快速跳到本季度末进行下面的任务。结束本季度运营必须的条件：

①必须是所签约的订单已经全部运输完成并且全部结算完成；

②必须是没有在途的运输工具。

结束本季度运营后，运输工具将停留在结束前所在的城市。

(6) 交易市场。交易方式：卖家对自己拥有的资源可以在交易大厅进行挂单交易，买家通过交易大厅查看选择购买。

订单交易：卖家在“我的物品”栏，选择未提货订单，选择自己不需要的订单，右击转让，并收取一定的转让费用。条件：转让的订单必须是没有提货的订单，转让成功后将获得额外收入订单转让费。如果想取消交易，选中订单右击取消。买家在交易大厅，选择订单区，选择自己需要的订单，右击购买。购买订单没有任何限制。购买成功后，将支付订单转让费用。

运输工具交易：卖家在“我的物品”栏，选择运输工具区，选中自己不需要的运输工具，右击转让，填写转让价格，挂单进入交易大厅。条件：进行交易的运输工具必须是自己购买的运输工具，运输工具必须是无载重，不在提货中。交易成功后，将对运输工具进行折旧，对其固定资产清理，额外收入其转让价。如果想取消交易，选中运输工具右击取消。买家在交易大厅，选择运输工具区，选择自己需要的运输工具，右击购买，购买成功后支付运输工具转让价，该运输工具价值即为转让价值。购买之后车号将重新编制，所在城市与购买之前相同。

仓库交易：卖家在“我的物品”栏，选择仓库区，选中自己不需要的仓库，右击转让，填写转让价格，挂单进入交易大厅。条件：自己购买的仓库，仓库必须是无库存的。交易成功后，对其进行固定资产清理，额外收入其转让价。如果想取消交易，选中仓库右击取消。买家，在交易大厅，选择仓库区，选择自己需要的仓库，右击购买，购买成功后，支付仓库转让价，仓库的原价值不变，额外收入其价值，额外支出购买价。

办公室交易：卖家在“我的物品”栏，选择办公室区，选中自己不需要的办公室，右击转让，填写转让价，挂单交易大厅。条件：进行交易的办公室必须是自己购买的办公室，该办事处没有未交货的订单。交易成功后，对其进行固定资产清理，额外收入其转让价。如果想取消交易，选中办公室右击取消。买家在交易大厅，选择办公室区，选中自己需要的办公室，右击购买。购买不限制是否开发该地区的市场。交易成功后，支付办公室转让价，其原价值不变，额外收入其价值，额外支出购买价。

3）软件评分规则

软件各组得分＝权益×(1＋总分/100)×自己拥有股份百分比，其中总分按如下原则计算。

开发完成的市场：西北区加 10 分，西南区加 10 分，东北区加 10 分，华北区加 10 分，华南区加 10 分，华东区加 10 分，华中区加 10 分。

开发完成的 ISO 认证：ISO 9000 加 10 分，ISO 14000 加 20 分。

期末拥有的办事处（租赁或购买办公室，当年建设不得分）：每在一个城市设立办事处加 10 分。

在经营时间控制下每超时 1 分钟扣 10 分（每季度超时时间累计）。

未借高利贷加 20 分，未贴现加 20 分。

5.1.3 任务实施说明

在学生阅读完操作活动后，带领学生执行每年初的两项工作、每季度初的 6 项工作、每周的 7 项工作、每季度末的 5 项工作和每年末的 4 项工作，总共 386 项工作逐一操作执行一遍，让学生了解模拟经营的过程，学习订单如何记录，通过模拟经营一年让学生更加了解模拟沙盘的经营规则，为第一年的经营做好准备。

任务 5.2 运营起始年

5.2.1 任务描述

模拟企业第一年业务经营：感性经营时代。

5.2.2 相关知识

1. 基本管理思想

(1) 差异化战略。

差异化战略又称别具一格战略，是指为使企业产品、服务、企业形象等与竞争对手有明显的区别，以获得竞争优势而采取的战略。这种战略的重点是创造全行业和顾客都视为独特的产品和服务。差异化战略的方法多种多样，如产品差异化、服务差异化和形象差异化等。实现差异化战略，可以培养用户对品牌的忠诚。因此，差异化战略是使企业获得高于同行业平均水平利润的一种有效的竞争战略。理解差异化战略，有助于参加沙盘模拟练习的同学制定适当的市场开发战略。

(2) 戴明循环。

戴明循环又称 PDCA 循环、PDSA 循环。戴明循环的研究起源于 20 世纪 20 年代，最早由称为“统计质量控制之父”的著名统计学家沃特·阿曼德·休哈特（Walter A. Shewhart）引入了“计划—执行—检查（plan-do-see）”的雏形，后来由戴明将休哈特的 PDS 循环进一步完善，发展成为“计划—执行—检查—处理（plan-do-check/study-act）”质量持续改进模型。

戴明循环是一个持续改进模型，包括持续改进与不断学习的四个循环反复的步骤，即计划（plan）、执行（do）、检查（check/study）、处理（act）。在实际的企业经营中也遵循着一个不断尝试、不断改进的过程，对于沙盘的使用者，从以往的成功或失败经历中总结经验和规律，制定更为完善和周密的计划，并且付诸行动，才能在今后的学习和工作中取得进步。

(3) 计划原理。

计划原理是指为了贯彻行政决策意图，对未来行政管理活动及所需的人力、物力、财力、时间，进行谋划所必须遵循的规划和原理。计划原理理论是美国经济学家加尔布雷思运用制度分析方法与结构分析方法对现代欧美工业社会和经济进行分析后提出的。他从技术知识成为主要的生产要素以及企业权力转移给技术结构阶层这一前提出发，断言技术结构阶层掌权后，现代企业不再以最大利润为首要目标，而是从自身利益出发，在获取一定利润后，以稳定和减少风险为首要目标。

所以，由技术结构阶层掌权的企业必须制订计划，并保证计划得以实现，为此必须控制价格，摆脱市场波动的影响。加尔布雷思认为，由于各个企业的掌权者都是技术结构阶层，大家都在追求稳定而不是追求最大利润，都理解到价格崩溃和互相削价的危险，他们之间有可能一致行动，以保持价格的稳定，从而使工业价格一旦确定，就趋向于长时间固定不变。加尔布雷思由此得出市场调节作用让位于计划原则的论点。他认为，价格固定下来后，它们在长期内可以预测，一个公司的价格就成为另一个公司的成本；成本也可预测，这样稳定的价格一方面有利于控制和减少可能危及技术结构阶层收入和自治的价格崩溃的风险，同时也有利于该企业和作为该企业买主的企业的计划工作。加尔布雷思还认为，现代企业为了保持稳定，实现计划原则，并在稳定的前提下有计划地发展，必须尽量依靠企业的内部积累，减少对银行界的依赖，避免银行界对企业的控制。

计划原理的内容，最直接运用的有四条。

①木桶原理，又称限定因素原理。其含义是木桶能盛多少水，取决于桶壁上最短的那块木板条。它指“行政人”越能清晰地了解达到行政目标起主要限制作用的因素，则越能有针对性地拟定各种行政计划和行动方案，其实质是界定行政目标实现过程中的主要矛盾。正确运用“木桶”原理，既可以省时、省力，避免对问题的面面俱到，又可以防止把主要精力放在一些非关键因素上，影响主要问题的解决。

②承诺原理，指任何一项行政计划都是对完成各项行政管理任务所做的承诺，任务越多，承诺越大，实现承诺的时间就越长，计划的期限也就越长。行政计划的期限与其所要完成的任务是成正比的。计划的承诺，不能太多，否则，造成计划的时间过长，承诺所实现的可能性就越小。

③灵活性原理，指行政计划的灵活性越大，因未来意外事件引起损失的可能性就越小，两者呈反比例关系。灵活性原理是行政计划工作中最主要的原理，它主要针对计划的制订过程，使计划本身具有适应性，要求计划的制订“量力而行，留有余地”。至于计划的执行，则必须严格准确，要“尽力而为，不留余地”。

④改变航道原理，指计划实施过程中，在保持行政计划总目标不变的前提下，实现目标的进程可因情况的变化而变化，使计划的执行过程具有应变力。因此，在行政计划实施过程中，必须进行定期检查和调整。

沙盘模拟演练中十分注重学生制定企业经营计划的能力，例如，何时发运货物才能保证按时交付，应付账款何时到账才能保证企业资金流的不间断等。学习计划原理，可以辅助学生制定更加合理的经营计划。

(4) 孔茨判断法。

孔茨判断法由美国管理学家哈罗德·孔茨在罗伯特·卡茨（Robert L Katy）在关于行政主管人员需要掌握的三种管理技能的基础上，认为主管人员应该具备的管理能力包括四类。

①技术能力：指掌握业务方面知识的熟练程度；

②人事能力：指同员工共事的能力，是组织协作、配合，以及创造一种能使其员工安心工作，并自由发表意见的环境的能力；

③规划决策能力：指遇到问题能从大处着眼，认清形势，统筹规划，果断地作出正确决策的能力；

④认识问题、分析问题与解决问题的能力。

随着管理层次的不同，这些能力的相对重要性也不同。一般地，人事能力和认识问题、分析问题、解决问题的能力，对每一层次的主管人员来说都很重要。而其他两种能力则是随着组织层次的上升，技术能力所占的比重相对变得较小，而规划决策能力所占的比重相对则变得较大，如表 5-2-1 所示。

表 5-2-1 各层次管理能力结构

组织管理层次	管理能力结构			
上层				
中层	技术能力	人事能力	认识、分析、解决问题的能力	规划决策能力
基层				

沙盘模拟训练重点在于培养学生的综合能力。例如，对物流业务及其流程的掌握属于技术能力；小组成员分工明确，有效配合属于人事能力；经营过程中的营销方案制定，物流网点搭建，运输车辆调度等活动培养的是学生的规划决策能力；总结在模拟对抗中的得与失，总结战略战术上的利与弊，体现了沙盘练习者的认识能力。

（5）企业量化管理。

所谓的量化管理（quantitative management），又称管理的数量统计法，是指以数学为基础，用数学的方法来考察和研究事物的运动状态和性能，以求对事物存在和发展的规模、程度等作出精确的数学描述和科学控制，实行标准化操作的管理模式。

量化管理理论源于国际先进管理理念和全球著名公司管理实践，是一种系统的管理理论。量化管理理论是一种从目标出发，使用科学、量化的手段进行组织体系设计和为具体工作建立标准的理论，涵盖企业战略制定、组织体系建设、对具体工作进行量化管理等企业管理的各个领域，是一种整体解决企业问题的系统性的量化管理理论。

量化管理是根据工程学的原理设计而成的。其中的各个部分互相关联，互相制约，共同组成一个有机的整体，使企业管理系统像一部精密的机器有效地运作。一个量化的企业组织由战略规划决定目标，由目标决定项目。大项目本身提出了对高层员工素质、部门职责和组织架构的要求，项目分解形成任务。然后根据任务的量化流程设置需要的岗位、人员规模、人员素质等人力资源要求，以及财务、技术和生产的一系列要求。最后每一项新的要求又决定了自己的项目和任务分解，并在支持任务量化流程下实现各项要求。

在沙盘模拟的结果评比中，主要参考各企业最终的财务情况，这种评分方式是客观、公正的。财务数据反映了企业某个时期的真实情况，但是财务指标仅是个结果，因此，需要采用企业量化管理的思想，针对企业经营的各个过程，系统地规划运作中的每一个环节，通过量化的指标，而不是感性的认识去制定公司的运营策略。

2. 企业经营本质

企业是指从事商品生产、流通和服务等活动，为满足社会需要和盈利，进行自主经营，自负盈亏，具有法人资格的经济组织。经营是指企业以市场为对象，以商品生产和商品交换为手段，为了实现企业的目标，使企业的投资、生产、销售等经济活动与企业的外部环境保持动态均衡的一系列有组织的活动。作为一个以盈利为目的的组织，企业管理的目标可概括为生存、盈利、发展。

(1) 企业生存。企业在市场上生存下来的基本条件：一是以收抵支，二是到期还债。首先需要保证企业有足够的资金流经营，才可以去谋划企业更长远的发展。在沙盘模拟中，一旦资金断流，就意味着破产无法经营。

(2) 企业盈利。企业经营的本质是股东权益最大化，即盈利。而从利润表中的利润构成中不难看出盈利的主要途径一是扩大销售（开源），二是控制成本（节流）。

①扩大销售。利润主要来自销售收入，第三方物流企业的收入主要由承运货物获取的运费决定。提高销售收入主要有以下方式：

a. 扩张现有市场，开拓新市场；

b. 进行企业ISO 9000和ISO 14000认证，提升企业竞争力；

c. 合理选址建仓，扩建或改造仓储、运输设施，提高运输调度能力；

d. 扩建或者改造办事处，招聘业务能力强的业务经理，提升企业信誉度。

e. 分析市场、分析竞争对手，进行合理投标，获得需要的订单或者提升企业的续约能力。

②控制成本。物流成本（logistics cost）是指在产品的空间移动或时间占有中所耗费的各种人力劳动和物化劳动的货币表现。具体地说，它是产品在实物运动过程中，如包装、搬运装卸、运输、储存、流通加工等各环节中所支出的人力、物力和财力的总和。

现代物流成本的范围更广，贯穿企业经营活动的全过程，包括从原材料供应开始一直到将商品送达到消费者手中所发生的全部物流费用。物流成本按不同的标准有不同的分类，按产生物流成本主体的不同，可以分为企业自身物流成本和委托第三方进行物流业务所发生的费用，即委托物流费。如果按物流的功能，可以对物流成本进行如下分类。

a. 运输成本。主要包括人工费用，如运输人员工资、福利等；营运费用，如营运车辆燃料费、折旧、公路运输管理费等；其他费用，如差旅费等。

b. 仓储成本。主要包括建造、购买或租赁等仓库设施设备的成本和各类仓储作业带来的成本。

c. 流通加工成本。主要有流通加工设备费用、流通加工材料费用、流通加工劳务费用及其他。

d. 包装成本。主要包括包装材料费用、包装机械费用、包装技术费用、包装人工费用等。

e. 装卸与搬运成本。主要包括人工费用、资产折旧费、维修费、能源消耗费以及其他相关费用。

f. 物流信息和管理费用。包括企业为物流管理所发生的差旅费、会议费、交际费、管理信息系统费以及其他杂费。

控制物流成本主要可以考虑以下方法。

a. 控制运输成本，尽量降低燃油费、装卸费、运输工具折旧费、租赁费等。可以采用选择合适的运输方式，进行线路优化，还可以采用多式联运、中转、配载、拼车等手段；

b. 提高仓库利用效率，降低仓储成本；

c. 合理的投标报价；

d. 分析市场与竞争对手，尽量实现差异化竞争，寻找利润空间大的市场；

e. 合理的融资策略，降低财务成本。

3. 市场开拓策略

公司的存在是以盈利为目的的。而盈利就需要寻找市场。在沙盘模拟对抗中采用每组 12 支队伍的形式，由于订单有限，竞争会十分激烈。可见，如何制定合理的营销策略，以使企业在竞争中生存下来，并且不断地盈利，是每支队伍不得不做的一项功课。事实上，在物流沙盘客户端的“经营分析”中提供了“市场预测”功能，减少了队员在市场预测过程中承担的不确定性风险，但是只有原始数据是不够的，每个小组成员还应该仔细地分析这些数据，从中得到有价值的信息，这样才能对销售决策起到更大的作用。

表 5-2-2 给出了每一年每一季度各地区和各城市的开放次序。后面以例题的形式介绍“市场预测”功能的几个基本用法。

表 5-2-2 各城市开放时序表

开放城市 / 年限	北京区	华东区	华南区	华中区	华北区	西南区	西北区	东北区
第 1 年第 1 季度	北京							
第 1 年第 2 季度		上海		郑州	天津			
第 1 年第 3 季度		济南		南昌	石家庄			
第 1 年第 4 季度		杭州		长沙	太远			
第 2 年第 1 季度		南京		武汉	呼和浩特			
第 2 年第 2 季度		合肥	广州			重庆	兰州	
第 2 年第 3 季度			福州			成都	西安	
第 2 年第 4 季度			南宁			昆明	西宁	
第 3 年第 1 季度			全开放			全开放	全开放	全开放

【例题 1】第一年第二季度，选择哪个城市投放广告？

（1）第一年第二节度可以开发的区域如表 5-2-3 所示，包括华东区的上海，华中区的郑州，华北区的天津，所以数据的收集围绕着这三个城市进行。

表 5-2-3 第一年第二季度各城市需求量统计表

城市	北京	上海	郑州	天津	总计
市场总额	158	164	93	44	459
市场总额比例	0.34	0.36	0.2	0.1	1

(2) 比较三个城市全部产品的运输市场的大小，如图 5-2-1 所示。北京的市场为 158，上海的市场为 164，郑州的市场为 93，天津的市场为 44。计算四个城市运输市场的比例（图 5-2-2）。

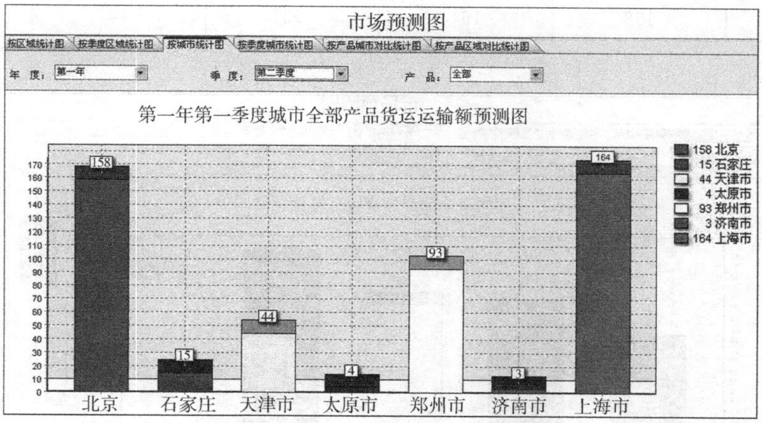

图 5-2-1 第 1 年第 1 季度各城市运量需求预测图

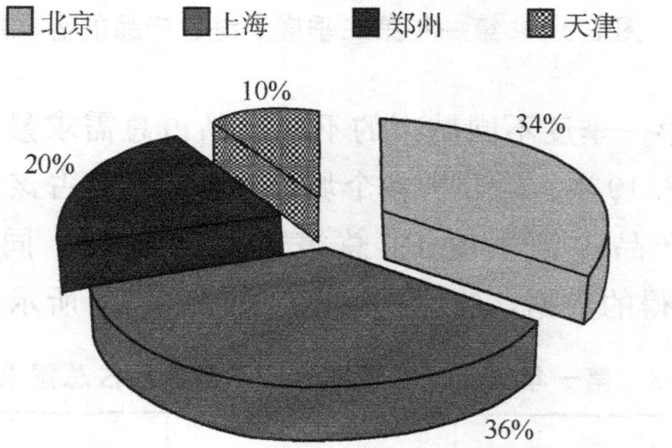

图 5-2-2 北京、上海、郑州、天津四座城市运输市场需求比例圆饼图

(3) 计算每个城市 P 系列的五种产品的运输市场的需求（表 5-2-4）。例如，选择标题栏是“按产品城市对比统计图”，选择第一年度，第二季度，上海，结果如图 5-2-3 所示，其中 P1 产品的需求是 24，P2 产品的需求是 31，P3 产品的需求是 32，P4 产品的需求是 40，P5 产品的需求是 37。同理，可以求出北京、天津、郑州等其他三座城市的各产品的市场需求。

表 5-2-4　第一年第二季度北京、上海等四座城市各种产品的需求量

城市 产品	北京	上海	郑州	天津	合计
P1	33	24	7	2	66
P2	36	31	20	6	93
P3	44	32	20	7	103
P4	45	40	29	11	125
P5	0	37	17	18	72
合计	158	164	93	44	459

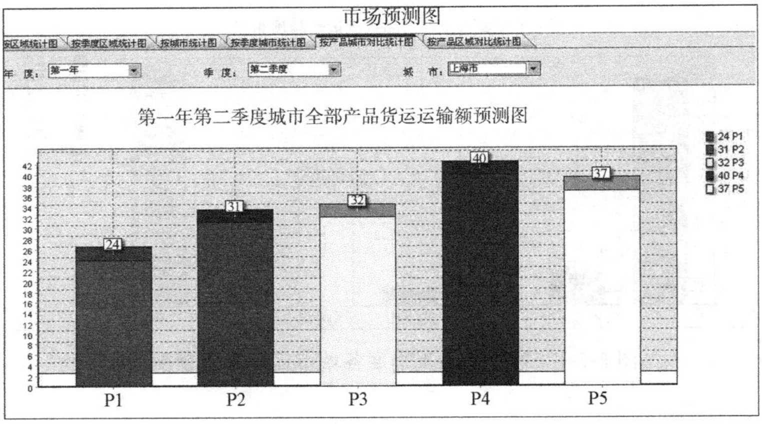

图 5-2-3　第一年第二季度上海各产品的需求量

(4) 计算第一年第一季度不同城市的不同产品占总需求量的百分比。如北京 P1 产品占总需求量 459 的 7.19%。再分析各个城市中 P1 产品占该季度 P1 产品总需求量的百分比，如北京 P1 产品占该季度 P1 总需求量的 50%。同理，计算其他数据，如表 5-2-5所示。根据所得的数据，绘制柱形图，如图 5-2-4 所示。

表 5-2-5　第一年第二季度不同城市不同产品占总需求的百分比　（单位:%）

城市 产品	北京	上海	郑州	天津
P1	7.19	5.23	1.53	0.44
P2	7.84	6.75	4.36	1.31
P3	9.59	6.97	4.36	1.53
P4	9.80	8.71	6.32	2.40
P5	0.00	8.06	3.70	3.92

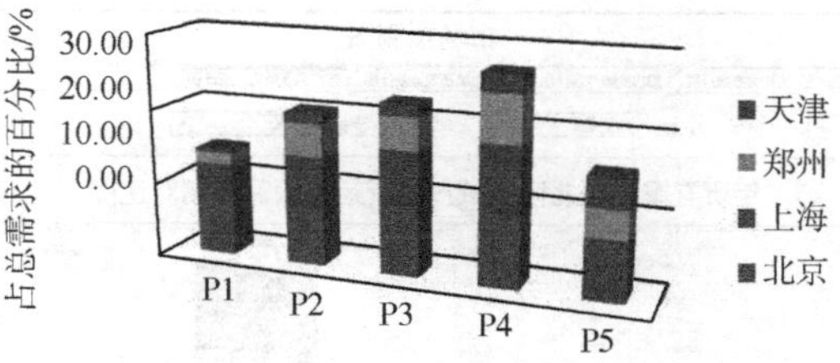

图 5-2-4 各城市不同产品的需求分布图

(5) 图 5-2-4 表示的内容有：横轴表示五种产品，四种颜色表示四座城市，纵轴表示每个城市的每种产品的需求量占总需求的百分比，柱形的高低表示第一年第二季度每种产品的需求量占总需求量的大小，每个柱形内不同颜色之间的长短，代表不同城市相同产品的需求量的相对多少。通过分析可以发现：北京 P1、P2、P3、P4 的需求量是依次增大的；上海的产品需求主要集中在 P3、P4 和 P5，郑州市场表现一般，但是 P4 的市场比较广阔，天津市场的总需求量较小，但是其 P5 市场的需求占到 P5 市场总需求量的 30%，具有一定的开发价值。

(6) 综上所述，学生可以根据差异化经营的思路制定一项市场开拓的战略，即当大部分人去拼抢上海和北京 P3、P4 的订单和上海 P5 的订单时，学生可以将主要精力放在郑州 P4 市场和天津 P5 市场，同时稳固北京市场 P3 和 P4 的占有率，避开在第一年第二季度上海市场的激烈竞争。

【例题 2】如何制定第一年的市场开发和广告投放策略？

(1) 在“市场预测”功能中的“按区域统计”对话框中，查找第一年四个地区的市场需求情况，如图 5-2-5 所示。北京区的需求总量是 942，华北区是 333，华中区是 561，华东区是 742。

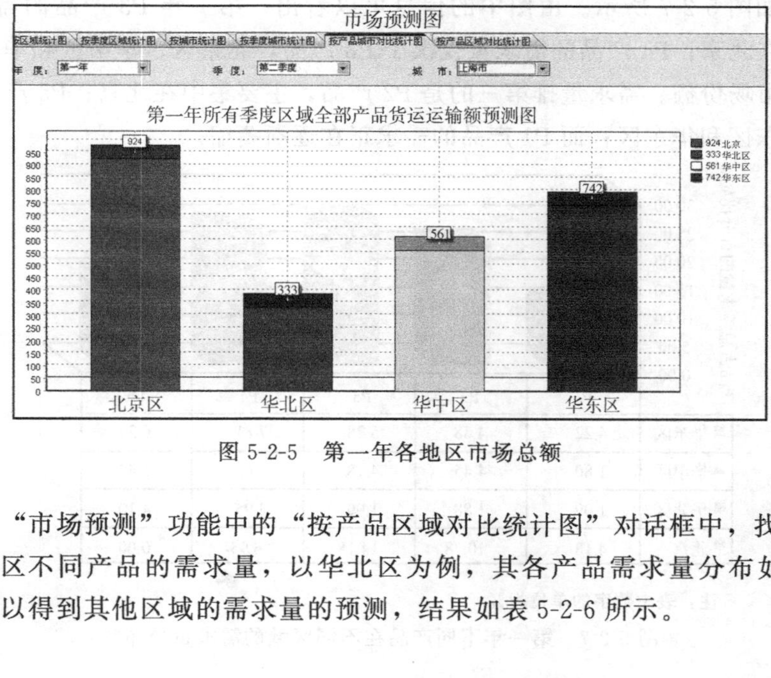

图 5-2-5 第一年各地区市场总额

(2) 在“市场预测”功能中的“按产品区域对比统计图”对话框中，找到第一年所有季度各地区不同产品的需求量，以华北区为例，其各产品需求量分布如图 5-2-6 所示。同理可以得到其他区域的需求量的预测，结果如表 5-2-6 所示。

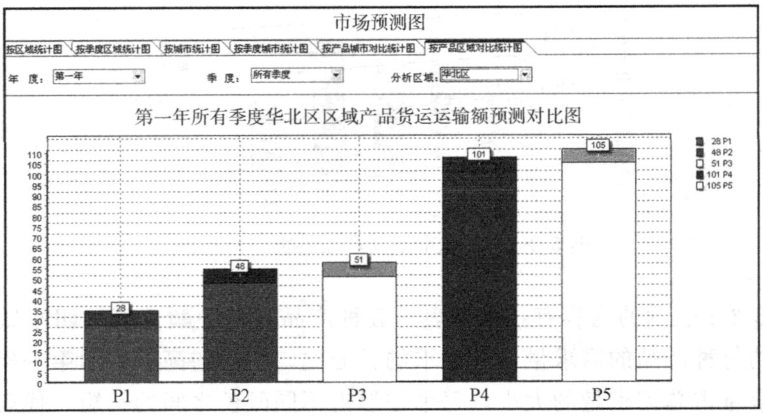

图 5-2-6　第一年华北地区各产品的市场总量

表 5-2-6　第一年各地区各产品的需求量

区域 产品	北京区	华北区	华中区	华东区	合计
P1	107	28	46	108	289
P2	276	48	114	125	563
P3	363	51	107	148	669
P4	178	101	155	200	634
P5	0	105	139	161	405
合计	924	333	561	742	256

(3) 计算每种产品在每座城市的需求量占总需求量的百分比。然后绘制需求量分布的条形图，如图 5-2-7 所示。由图中的信息可以看出，第一年 P3 产品的需求量最大，且主要集中在北京；P4 产品的需求量仅次于 P3 产品，北京区、华中区和华东区各占有 30％左右的市场份额。需求量排第三的是 P2 产品，主要集中在北京；P5 产品的需求主要集中在华东区和华东区；而 P1 产品的需求正在逐渐萎缩。

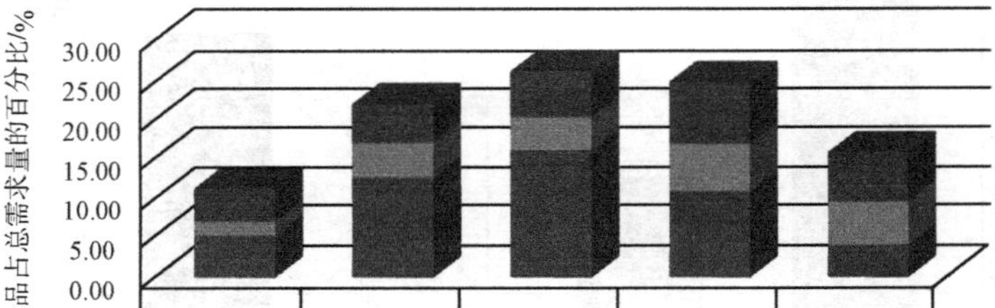

	P1	P2	P3	P4	P5
■华东区	4.22	4.88	5.78	7.81	6.29
■华中区	1.80	4.45	4.18	6.05	5.43
■华北区	1.09	1.88	1.99	3.95	4.10
■北京	4.18	10.78	14.18	6.95	0.00

注：表中数字的单位为％

图 5-2-7　第一年不同产品在不同区域的需求量分布

(4) 分析不同产品的需求量在不同区域的走势。在“市场预测”功能里选择“按季度区域统计图”对话框，分析区域是北京，产品是 P1，得到其第一年 P1 产品需求量的走势图，如图 5-2-8 所示。同理，找到北京五种产品第一年不同季度的需求量，如表 5-2-7所示。

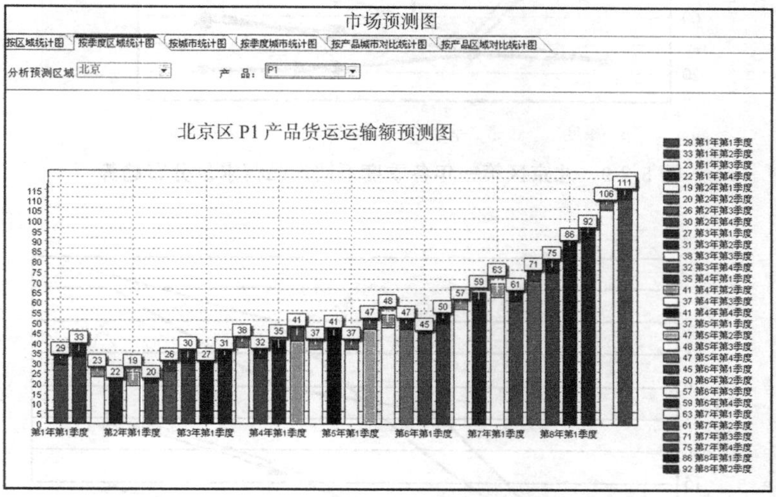

图 5-2-8 北京区 P1 产品运量预测图

表 5-2-7 北京区第一年各季度不同产品的需求量

季度 / 产品	第一季度	第二季度	第三季度	第四季度	合计
P1	29	33	23	22	107
P2	136	36	48	56	276
P3	161	44	74	84	363
P4	29	45	42	62	178
P5	0	0	0	0	0
合计	355	158	187	224	924

(5) 根据上一步得到的数据，绘制北京区第一年各季度不同产品需求量的走势图，如图 5-2-9 所示。从图中可以发现，北京区各产品的需求量主要集中在第一季度，其次是第四季度，学生可以根据这个走势，安排在北京区每个季度投放广告的策略。同理，学生可以整理并绘制其他三个地区产品需求量的分布走势。图 5-2-10 是华北区的需求量分布趋势图。

(6) 分析同一地区不同城市之间的市场分布。在“市场预测”功能中选择“按产品城市对比统计图”对话框，选择第一年全部季度，如图 5-2-11 所示。以华北区为例，分别查找天津、石家庄、太原不同产品的需求总量，结果如表 5-2-8 所示。

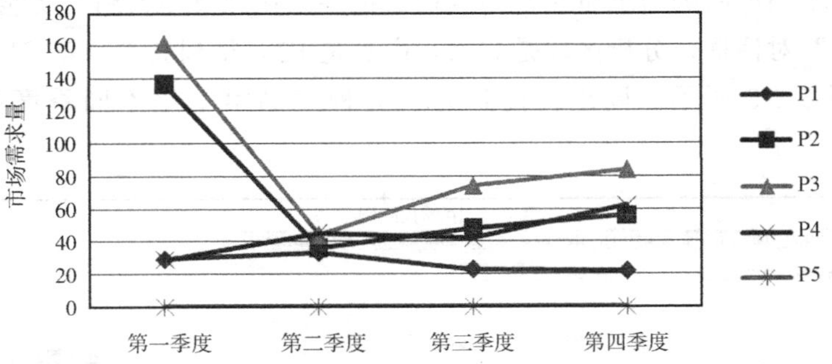

图 5-2-9　北京区第一年各季度不同产品需求量分布趋势

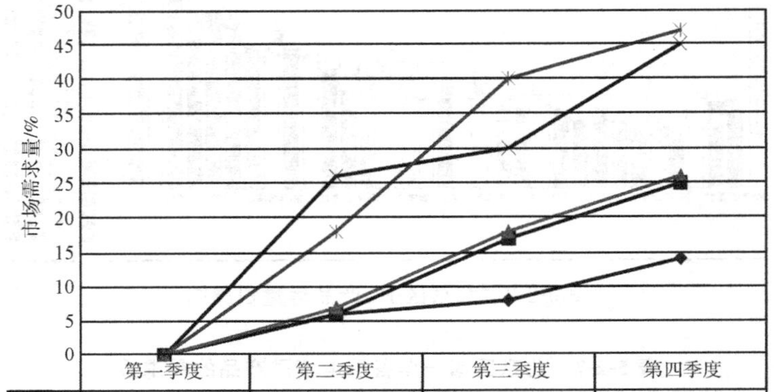

	第一季度	第二季度	第三季度	第四季度
P1	0	6	8	14
P2	0	6	17	25
P3	0	7	18	26
P4	0	26	30	45
P5	0	18	40	47

图 5-2-10　华北区第一年各季度不同产品需求量分布趋势

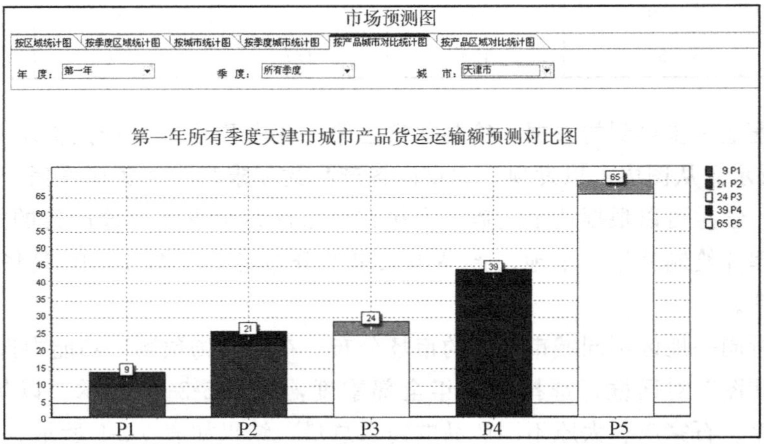

图 5-2-11　第一年天津市产品货运运量预测图

(7) 根据表 5-2-8，绘制华北区第一年各城市需求量的分布图，如图 5-2-12 所示。可以发现，华北地区的各个城市中，天津和石家庄的需求量主要集中在 P5 和 P4 产品。其中，P5 产品天津的需求量高于石家庄，而石家庄 P4 的需求量高于天津，太原由于第一年第四季度才开放，因此总的需求量很小，通过这样的分析，当学生在华北区域进行战略布局时，如果以 P5 产品为主打产品，可以选择主攻天津地区，如果以 P4 产品为主打产品，可以主攻石家庄地区。

表 5-2-8　天津、石家庄、太原不同产品的需求总量

区域 产品	天津	石家庄	太原	合计
P1	9	11	8	28
P2	21	21	6	48
P3	24	21	6	51
P4	39	52	10	101
P5	65	32	8	105
合计	158	137	38	333

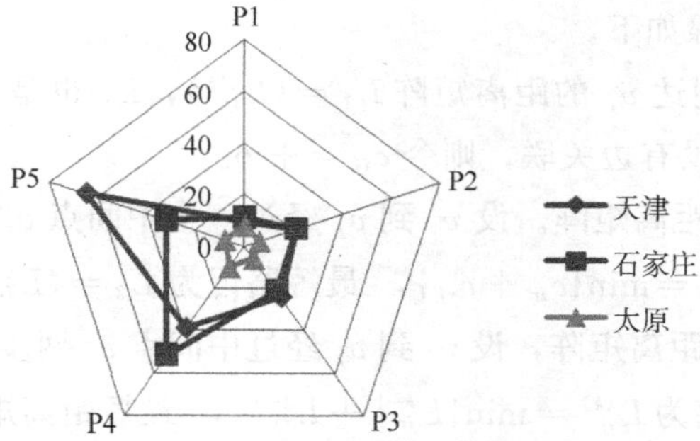

图 5-2-12　华北区第一年各城市需求量的分布图

(8) 总结上面的分析，首先分析了第一年不同产品的需求在不同地区之间的分布情况，可以制定相应的区域—产品战略；然后，分析了各个地区不同产品在不同季度的需求走势，以便于制定季度—产品战略；最后，分析了不同城市不同产品的需求情况，以便于制定城市—产品战略。这是三种比较简单直接的预测分析方法，学生可以综合多方面考虑，制定区域—季度—产品广告投放策略，有兴趣的同学，可以尝试制定详细的区域—季度—城市—产品广告投放策略，以使自己的广告投放方案达到更好的效果。

5.2.3　任务实施说明

跟随讲师的初始年的运营操作，填写订单记录表、提货计划表、库存分拣表、配货计划表，编制资产负债表、编制损益表，完成后交给讲师。

讲师结合经营数据点评：企业经营本质；企业如何盈利；企业利润增加的“关键”

问题；如何评价企业经营的“好与坏”；为什么财务指标是根本；如何制定市场开发战略和广告投放策略；

任务 5.3 运营第二年

5.3.1 任务描述

模拟企业第二年业务经营：科学经营时代。

5.3.2 知识拓展

1. 物流优化策略

1）计算任意两点之间的最短路径

在沙盘的操作中，需要计算出任意两个城市之间的最短路径，这样既可以节约运费，又可以提高运输效率，下面就来介绍最短路的 Floyd（弗洛伊德）算法。Floyd 算法是一种矩阵（表格）迭代方法，对于求任意两点间最短路问题、混合图的最短路、含负权有向图的最短路等一般网络问题来说比较有效。

Floyd 算法基本步骤如下。

（1）写出 v_i 一步到达 v_j 的距离矩阵 $L_1=(L_{ij}^{(1)})$，L_1 也是一步到达的最短距离矩阵。如果 v_i 与 v_j 之间没有边关联，则令 $c_{ij}=+\infty$。

（2）计算两步最短距离矩阵。设 v_i 到 v_j 经过一个中间点 v_r，两步到达 v_j，则 v_i 到 v_j 的最短距离为 $L_{ij}^{(2)}=\min\{c_{ir}+c_{rj}\}$，最短路记为 $L_2=(L_{ij}^{(2)})$。

（3）计算 k 步最短距离矩阵，设 v_i 到 v_j 经过中间点 v_r 两步到达 v_j，v_i 经过 $k-1$ 步到达点 v_j 的最短距离为 $L_{ij}^{(k)}=\min\{L_{ir}^{k-1}+L_{rj}^{k-1}\}$，最短距离矩阵极为 $L_k=(L_{ij}^{(k)})$。

（4）比较矩阵 L_k 与 L_{k-1}，当 $L_k=L_{k-1}$ 时得到任意两点间的最短距离矩阵 L_k。设图的点数为 n，并且 $c_{ij}\geqslant 0$，迭代次数 k 由下式估计得到。

$$2^{k+1}-1\leqslant n-2\leqslant 2^k-1$$

$$k-1<\frac{\lg(n-1)}{\lg 2}\leqslant k$$

应当注意，这里的 k 是迭代次数，不一定等于 v_r 到达 v_j 最短路中间所经过的点数，中间点最多等于 2^{k+1}，经过一条边看作是一步，则最多走 2^{k+1} 步，区分公式中的“步”与实际经过的“步”之间的关系，就不难理解式中的含义。

【例题】 图 5-3-1 是一张 8 个城市的公路交通图，公路部门要制作一张两城市间的距离表。这个问题实际就是求任意两点间的最短路问题。

解 （1）根据图 5-3-1，写出任意两点间一步到达距离表 L_1（表 5-3-1）。本例 $n=8$，$\frac{\lg 7}{\lg 2}\approx 2.807$，因此计算到 L_3。

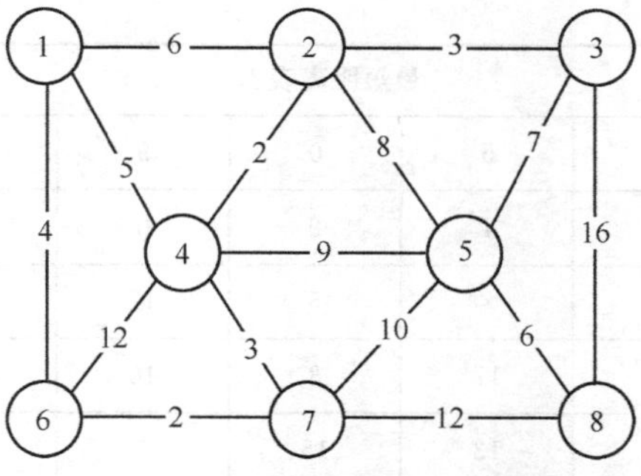

图 5-3-1 8个城市的公路交通图

表 5-3-1 最短距离表 L_1

最短距离表 L_1								
	v_1	v_2	v_3	v_4	v_5	v_6	v_7	v_8
v_1	0	6	∞	5	∞	4	∞	∞
v_2	6	0	3	2	8	∞	∞	∞
v_3	∞	3	0	∞	7	∞	∞	16
v_4	5	2	∞	0	9	12	3	∞
v_5	∞	8	7	9	0	∞	10	6
v_6	4	∞	∞	12	∞	0	2	∞
v_7	∞	∞	∞	3	10	2	0	12
v_8	∞	∞	16	∞	6	∞	12	0

(2) 由计算式 $L_{ij}^{(2)}=\min\{c_{ir}+c_{rj}\}$ 得到矩阵 L_2，见表5-3-2。$L_{ij}^{(2)}$ 等于表5-3-1中第 i 行与第 j 列对应元素相加取最小值。如 v_4 经过两步(最多一个中间点)到达 v_3 的最短距离为

$$
\begin{aligned}
L_{43}^{(2)} &= \min\{c_{41}+c_{13},\ c_{42}+c_{23},\ c_{43}+c_{33},\ c_{44}+c_{43},\ c_{45}+c_{53},\\
&\quad c_{46}+c_{63},\ c_{47}+c_{73},\ c_{48}+c_{83}\}\\
&= \min\{5+\infty,\ 2+3,\ \infty+0,\ 0+\infty,\ 9+7,\ 0+\infty,\ \infty+\infty,\\
&\quad 10+\infty,\ 6+16\}\\
&= 5
\end{aligned}
$$

表 5-3-2 最短距离表 L_2

最短距离表 L_2								
	v_1	v_2	v_3	v_4	v_5	v_6	v_7	v_8
v_1	0	6	9	5	14	4	6	∞
v_2	6	0	3	2	8	10	5	14
v_3	9	3	0	5	7	∞	17	13

续表

最短距离表 L_2								
v_4	5	2	5	0	9	5	3	15
v_5	14	8	7	9	0	12	10	6
v_6	4	10	∞	5	12	0	2	14
v_7	6	5	17	3	10	2	0	12
v_8	∞	14	13	15	6	14	12	0

（3）由计算 $L_{ij}^{(k)}=\min\{L_{ir}^{k-1}+L_{rj}^{k-1}\}$ 得到矩阵 L_3，见表 5-3-3。L_{ij}^{3} 表示表 5-3-2 中第 i 行与第 j 列对应元素相加取最小值。如 v_3 经过三步(最多三个中间点 4 条边)到达 v_6 的最短距离为

$$\begin{aligned} L_{36}^{(3)} &= \min\{L_{31}^{(3)}+L_{16}^{(2)},\ L_{32}^{(2)}+L_{26}^{(2)},\ L_{33}^{(2)},\ L_{36}^{(2)},\ \cdots,\ L_{32}^{(2)}+L_{26}^{(2)}\} \\ &= \min\{9+4,\ 3+10,\ 0+\infty,\ 5+5,\ 7+12,\ \infty+0,\ 17+2,\ 13+14\}=10 \end{aligned}$$

表 5-3-3　最短距离表 L_3

最短距离表 L_3								
	v_1	v_2	v_3	v_4	v_5	v_6	v_7	v_8
v_1	0	6	9	5	14	4	6	18
v_2	6	0	3	2	8	7	5	14
v_3	9	3	0	5	7	10	8	13
v_4	5	2	5	0	9	5	3	15
v_5	14	8	7	9	0	12	10	6
v_6	4	7	10	5	12	0	2	14
v_7	6	5	8	3	10	2	0	12
v_8	18	14	13	15	6	14	12	0

（4）由表 5-3-2 和表 5-3-1 可知，最短距离由四条边长之和构成

$$L_{34}^{(2)}+L_{46}^{(2)}=(L_{32}^{(1)}+L_{24}^{(1)})+(L_{47}^{(1)}+L_{76}^{(1)})=C_{32}+C_{24}+C_{47}+C_{76}=3+2+3+2=10$$

则 v_2 到 v_6 的最短路线是 $v_3-v_2-v_4-v_7-v_6$。表 5-3-3 就是最优表，即任意两点间的最短距离。

2）多订单配载

订单配载是物流运输作业中一项非常重要的工作，其作业水平的高低直接关系到运输成本和运输效率。物流管理沙盘中模拟了企业在发运过程中车辆配载的实际情况，表 5-3-4和表 5-3-5 根据不同的目标原则给出了不同配载方案的制订方法，沙盘的学习者或使用者可以借以参考来制定相应的配载方案。

表 5-3-4 运输工具的基本参数表

工具类型	时速/(kkw/w)	载重	体积	使用年限	购买价格	租赁价格	变卖价格	维修费用	燃油费用	装卸费用
飞机	10	5	5	20	200	2	40	4	1	1
火车	4	80	80	20	150	8	30	3	1	1
小型汽车	2	5	20	20	8	2	4	1	1	1
中型汽车	2	15	50	20	12	3	6	1	1	1
大型汽车	2	35	80	20	16	5	8	1	1	1
轮船	1	80	80	20	150	5	30	2	1	1

表 5-3-5 产品特性的基本参数表

产品名称	单位	单位重量	体积	参考运价	适合运输工具
P1	件	1	1	1	适合空运
P2	件	5	10	2	适合陆运和铁路
P3	件	10	5	2	适合铁路和海运
P4	件	10	20	3	适合陆运和铁路
P5	件	15	10	3	适合海运

(1) 仅限公路运输的车辆最少配载模型。

设需要小型汽车 x_1 辆，中型汽车 x_2，大型汽车 x_3 辆，汽车总需求量 z。

共有10个需要运往某一城市的订单，如表 5-3-6 所示，考虑到配载作业中可以拆单，所以当订单中产品数量是2的时候，也可以拆成两个1的订单。

表 5-3-6 订单信息表

订单号	产品类型	数量
1	P1	1
2	P1	1
3	P1	1
4	P2	1
5	P2	2
6	P2	2
7	P3	2
8	P3	1
9	P4	1
10	P5	1

十张订单的总体积为

$$\text{P1 数量} \times \text{P1 体积} + \text{P2 数量} \times \text{P2 体积} + \cdots + \text{P5 数量} \times \text{P5 体积}$$

即

$$3\times1+5\times10+3\times5+1\times20+1\times10=98$$

十张订单的总质量为

P1 数量×P1 质量+P2 质量×P2 质量+…+P5 数量×P5 质量

即

$$3\times1+5\times5+3\times10+1\times10+1\times15=83$$

运输工具运送产品的总体积为

$$20x_1+50x_2+80x_3$$

运输工具运送产品的总质量为

$$5x_1+15x_2+35x_3$$

运输工具能够承担运输的总体积和总质量应分别大于或等于需要运输产品的总体积和总质量，即

$$20x_1+50x_2+80x_3\geqslant 98$$
$$5x_1+15x_2+35x_3\geqslant 83$$

建立数学模型：

$$\min z=x_1+x_2+x_3$$
$$\begin{cases}20x_1+50x_2+80x_3\geqslant 98\\5x_1+15x_2+35x_3\geqslant 83\\x_1,\ x_2,\ x_3\geqslant 0\end{cases}$$

这是一个典型的整数规划问题，可以参考相应的解法介绍。

（2）可以采用铁路运输的成本最低配载方案。

铁路适合大批量货物的运输，但是其租赁费用比公路运输贵，所以需要综合考虑铁路运输的效益和成本，最后制定由铁路和公路共同组成的配载方案。已知条件同（1）。设需要租赁火车的数量为 x_4，运输总成本为 z。

十张订单的总体积为

P1 数量×P1 体积+P2 数量×P2 体积+…+P5 数量×P5 体积

即

$$3\times1+5\times10+3\times5+1\times20+1\times10=98$$

十张订单的总质量为

P1 数量×P1 质量+P2 数量×P2 质量+…+P5 数量×P5 质量

即

$$3\times1+5\times5+3\times10+1\times10+1\times15=83$$

运输工具运送产品的总体积为

$$20x_1+50x_2+80x_3+80x_4$$

运输工具运送产品的总质量为

$$5x_1+15x_2+35x_3+80x_4$$

运输工具能够承担运输的总体积和总质量应分别大于或等于需要运输产品的总体积和总质量，即

$$20x_1+50x_2+80x_3+80x_4\geqslant 98$$
$$5x_1+15x_2+35x_3+80x_4\geqslant 83$$

建立数学模型：

$$\min z=2x_1+3x_2+5x_2+8x_4$$
$$\begin{cases}20x_1+50x_2+80x_2+80x_4\geqslant 98\\5x_1+15x_2+35x_3+80x_4\geqslant 83\\x_1,\ x_2,\ x_3,\ x_4\geqslant 0\end{cases}$$

这是一个典型的整数规划问题，可以参考相应的解法介绍。

（3）将某一具体订单指派到某一具体车辆。

条件和（1）相同，当只采用公路运输，目标函数是运输成本最低的情况下，得到的解是2辆大型汽车，1辆中型汽车，总成本是13。后面讨论如何将这些订单合理地分配给这3辆车，即配载的操作方案。

当运输车辆是2辆大型汽车，1辆中型汽车时，能提供的总的运输体积是210，能提供的总的运输质量是85。此类问题属于二维装箱问题，所谓的二维装箱问题，是指货物的基本参数由长和宽组成，箱子的基本参数也由长和宽组成，如何同时考虑长和宽两个因素，使货物合理地装进箱子里，使箱子的数量最少。本例中，首先通过数学建模的方法找到最少的箱子数和箱子种类，所以难度较低。

在解决二维装箱问题时可以采用启发式算法，由于本例中数据比较简单，所以计算量很小。启发式算法通常采取一些原则来安排装箱的顺序。原则一：质量最重者先装车；原则二：体积最大者先装；原则三：此批订单，总体积的剩余量为210－98＝112，总质量的剩余量为85－83＝2，因此，可以采用产品的质量与体积比最大者先装车；原则四：质量与体积总和最大者先装车。按照原则三，得到的配载方案为

大型汽车A：订单7，订单8，订单1，订单2，订单3；
载货总质量33，载货总体积18

大型汽车B：订单9，订单10，订单5；
载货总质量35，载货总体积50

中型汽车A：订单4，订单6；
载货总质量15，载货总体积30

（4）车辆调度。

两城市之间的单向运输：10个订单的最迟交付日期、运输时间、运输距离可以在订单信息（表5-3-7）和地图信息中找到。

表5-3-7 订单信息表

订单号	产品类型	数量	所需周期/周	运输时间/周	运输距离/(kkm)
1	P1	1	8	2	3
2	P1	1	6	2	3
3	P1	1	11	2	3
4	P2	1	5	2	3

续表

订单号	产品类型	数量	所需周期/周	运输时间/周	运输距离/(kkm)
5	P2	2	9	2	3
6	P2	2	5	2	3
7	P3	2	7	2	3
8	P3	1	3	2	3
9	P4	1	7	2	3
10	P5	1	8	2	3

按照原定的配载计划，即在第一周将所有货物发运出去，根据运费的计算方法得到预计运费为

运输费用＝车辆租赁费用＋燃油费率×里程

运输费用＝13＋3×1×3＝22

由于大型车辆的回程费用是 3，车辆的租用费用是 5，因此即使车量空程返回原地继续运输，总的运输费用也有可能节省 2。

下面采用一种简单的方法来验证车辆回程运输的可能性（表 5-3-8）。

表 5-3-8 运输计划计算表

	周期					
订单号	1	2	3	4	5	6
				D8		D4/D6
运量				10＋		5＋10
体积				5＋		10＋20
最迟发车周		D8		D4/D6	D2	D7/D9
最快返程周	A				A	
最少载货量	5				57	
最少载货体积	35				62	
调整计划，订单	0				0	
调整计划，质量	35				48	
调整计划，体积	55				43	

	周期					
订单号	7	8	9	10	11	12
运量	D2	D7/D9	D1/D10	D5		D3
体积	1＋	20＋10	1＋15	10＋		1＋
最迟发车周	1＋	10＋20	1＋10	20＋		1＋
最快返程周	D1/D10	D5		D12		
最少载货量			A			
最少载货体积			1			

续表

订单号	周期					
	7	8	9	10	11	12
调整计划，订单			1			
调整计划，质量						
调整计划，体积						

①每一季度有12周，将12周写在第一行。

②根据订单的所需周期计算订单的最迟交付周，最迟交付周与第一行的周期相对应，并填写订单号。例如，订单8的所需周期是3，则其最迟交付周是第四周，在第一行“4”相对应的“订单号”一行写上D8。依此方法可以计算所有订单的最迟交付周。

③在“运量”、“体积”两行分别写上每个订单的运量和运输。

④最迟发车周，是指为保证货物及时交付而不发生罚款的车辆最迟发车日期。因为是两地单向运输，所以运输时间相同，都为2周。最迟发车周＝最迟交货周－运输周数。例如，D4的最迟交货周是第六周，则其最迟发车周为第四周。

⑤最快返程周是指车辆返程后可以从起始地向目的地发车的最早日期。例如，表5-3-8中，车辆在第一周发车，其最快返程周是第五周和第九周。

⑥最少载货量和最少载货体积是指在车辆起运时，为保证订单能够在最迟交货周以前交付而必须运输的最少货物质量及其相应的体积之和。它的计算范围是两个最快返程周之间最迟发车周对应的所有订单。

⑦调整运量，使每一次运输尽量满载。

⑧调整运量后，可按照调整后的计划进行运输。

经过验证，可以发现，首先采用一辆大型汽车运输，待其返回后再由这辆大型汽车和一辆中型汽车运输，可以保证订单按时完成，其运输成本为

$$\begin{aligned}运输费用&=车辆租赁费用+燃油费率\times里程\\&=3\times1+5\times1+2\times1\times3+(1+1)\times3=20\end{aligned}$$

重新制定运输计划之后，成本共节约2。

两城市之间的双向运输：若至少有一个城市的最迟发车周＞运输周数＋1，就可以至少节省一辆车的租赁费。

2. 竞争对手分析

经营开始，每支队伍的启动资金是一样的，这在保证公平的同时，也给出了其他对手当前的资金实力。

(1) 通过“中标公示”分析竞争对手的战略意图。

下面根据某省赛小组第一名的经营为例，通过“中标公示”里的信息来分析竞争对手的动向，从而制定自己的发展策略。

图5-3-2是第一年第一季度“中标公示”内的信息。从信息中可以清楚看到，企业C初期将未来市场定在北京、上海和华北区城市；企业B采取的是保守战略，以参考运

价拿到中标可能性最大的订单。

年 度：第一年　　季 度：第一季度

订单号	托运公司	托运产品	数量	参考价	中标价	中标...	发货城市	到达城市	支付方式	限期	ISO认证	综合评价	计量单位	总体积	总重量
101020P1_00	盈盛科技	P1	1	[redacted]	6	B	北京	乌鲁木齐市	预付	9		0	件	1	1
101020P1_00	盈盛科技	P1	1	[redacted]	1	C	北京	哈尔滨市	回付	8		0	件	1	1
101020P1_00	盈盛科技	P1	1	[redacted]	1	C	北京	上海市	预付	5		0	件	1	1
101020P2_00	北京轻工	P2	1	[redacted]	1	C	北京	沈阳市	预付	3		0	件	10	5
101020P2_00	北京轻工	P2	1	[redacted]	1	C	北京	石家庄	预付	6		0	件	10	5
101020P2_00	北京轻工	P2	1	2	1	C	北京	天津市	到付	3		0	件	10	5
101020P2_00	北京轻工	P2	1	[redacted]	1	C	北京	武汉市	预付	9		0	件	10	5
101020P2_00	北京轻工	P2	1	[redacted]	1	C	北京	济南市	到付	6		0	件	10	5
101020P2_00	北京轻工	P2	1	[redacted]	1	C	北京	上海市	预付	7		0	件	10	5
101020P3_00	环球物资	P3	2	[redacted]	1	C	北京	太原市	到付	5		0	件	10	20
101020P3_00	环球物资	P3	2	[redacted]	1	C	北京	哈尔滨市	预付	10		0	件	10	20
101020P3_00	环球物资	P3	2	[redacted]	1	C	北京	长沙市	预付	8		0	件	10	20
101020P3_00	环球物资	P3	2	[redacted]	1	C	北京	郑州市	到付	3		0	件	10	20
101020P3_00	环球物资	P3	2	[redacted]	1	C	北京	上海市	到付	7		0	件	10	20
101020P4_00	天地塑料	P4	1	[redacted]	1	C	北京	石家庄	回付	3		0	件	20	10
101020P4_00	天地塑料	P4	1	[redacted]	1	C	北京	天津市	回付	3		0	件	20	10
101020P4_00	天地塑料	P4	1	[redacted]	1	C	北京	太原市	预付	3		0	件	20	10
101020P4_00	天地塑料	P4	1	[redacted]	1	C	北京	郑州市	回付	8		0	件	20	10
101020P4_00	天地塑料	P4	2	[redacted]	1	C	北京	济南市	到付	7		0	件	40	20
101990P2_01	天地塑料	P2	3	[redacted]	1	C	北京	天津市	回付	4		0	件	30	15
101990P2_01	天地塑料	P2	3	[redacted]	1	C	北京	天津市	回付	4		0	件	30	15
101990P3_01	天地塑料	P3	2	[redacted]	1	C	北京	天津市	回付	4		0	件	10	20
101990P3_01	天地塑料	P3	2	[redacted]	1	C	北京	天津市	回付	4		0	件	10	20
101020P1_00	盈盛科技	P1	1	[redacted]	6	E	北京	广州市	到付	11		0	件	1	1
101020P1_00	盈盛科技	P1	1	[redacted]	7	E	北京	海口市	到付	10		0	件	1	1
101020P1_00	盈盛科技	P1	1	[redacted]	5	E	北京	成都市	到付	11		0	件	1	1

图 5-3-2　第一年第一季度“中标公示”

图 5-3-3 是第一年第二季度“中标公示”内的信息，可以发现，企业 A 开始行动，将市场定位在上海、广州、郑州三个城市；企业 C 与预想的相同，开始经营华北区市场。

年 度：第一年　　季 度：第二季度

订单号	托运公司	托运产品	数量	参考价	中标价	中标...	发货城市	到达城市	支付方式	限期	ISO认证	综合评价	计量单位	总体积	总重量
1020360P1_0	上海科技	P1	1	[redacted]	1	A	上海市	广州市	预付	10		0	件	1	1
1020360P1_0	上海科技	P1	1	[redacted]	7	A	上海市	拉萨市	预付	14		0	件	1	1
1020360P2_0	上海轻工	P2	2	[redacted]	1	A	上海市	广州市	到付	7		0	件	20	10
1020360P2_0	上海轻工	P2	2	[redacted]	1	A	上海市	郑州市	预付	8		0	件	20	10
1020360P3_0	上海物资	P3	2	[redacted]	1	A	上海市	广州市	到付	10		0	件	10	20
1020360P3_0	上海物资	P3	2	[redacted]	1	A	上海市	郑州市	回付	7		0	件	10	20
1020360P4_0	上海塑料	P4	2	[redacted]	1	A	上海市	广州市	回付	5		0	件	40	20
1020360P4_0	上海塑料	P4	2	15	1	A	上海市	福州市	预付	4		0	件	40	20
1020360P5_0	上海汽车	P5	2	[redacted]	1	A	上海市	广州市	预付	10		0	件	20	30
1020360P5_0	上海汽车	P5	2	[redacted]	1	A	上海市	福州市	回付	4		0	件	20	30
1020340P1_0	河南科技	P1	1	[redacted]	1	C	郑州市	天津市	回付	3		0	件	1	1
1020340P1_0	河南科技	P1	1	[redacted]	1	C	郑州市	上海市	到付	7		0	件	1	1
1020340P2_0	郑州轻工	P2	1	[redacted]	1	C	郑州市	北京	回付	3		0	件	10	5
1020340P2_0	郑州轻工	P2	1	[redacted]	1	C	郑州市	天津市	预付	4		0	件	10	5
1020340P2_0	郑州轻工	P2	1	[redacted]	1	C	郑州市	上海市	回付	7		0	件	10	5
1020340P3_0	郑州物资	P3	1	[redacted]	1	C	郑州市	北京	到付	8		0	件	5	10
1020340P3_0	郑州物资	P3	1	[redacted]	1	C	郑州市	天津市	回付	4		0	件	5	10
1020340P3_0	郑州物资	P3	1	[redacted]	1	C	郑州市	上海市	回付	7		0	件	5	10
1020340P4_0	郑州塑料	P4	1	[redacted]	1	C	郑州市	北京	预付	4		0	件	20	10
1020340P4_0	郑州塑料	P4	1	[redacted]	1	C	郑州市	天津市	预付	6		0	件	20	10
1020340P4_0	郑州塑料	P4	1	[redacted]	1	C	郑州市	上海市	回付	7		0	件	20	10
1020340P5_0	河南机械	P5	1	[redacted]	1	C	郑州市	北京	预付	8		0	件	10	15
1020340P5_0	河南机械	P5	1	[redacted]	1	C	郑州市	天津市	回付	8		0	件	10	15
1020360P1_0	上海科技	P1	2	[redacted]	10	G	上海市	乌鲁木齐市	到付	13		0	件	2	2

图 5-3-3　第一年第二季度“中标公示”内的信息

图 5-3-4 是第一年第三季度“中标公示”内的信息，可以看出，企业 B 将自己的市场定位在济南、北京、天津等城市，实际上是想抢夺北京和华北区的市场份额；同样在第一年第三季度的时候，G 企业仍然以低价策略来拼抢北京至郑州的订单，由此，容易猜想，G 企业想通过城市间的相互运输来降低运输成本；H 企业则开始避开北方的竞争，而专攻华东区的市场。

经过第一年前三个季度的分析，企业 A、B、C、G 的大部分资金已经投入到北京及华北区市场，而且采用的是低价竞标的策略，H 企业在华东地区可能已经占有市场。而企业 D、F、J、I 的发展战略还不明确。

图 5-3-5 是第一年第四季度“中标公示”内的信息，通过观察可知，E 企业避开了北京、华北地区的激烈竞争，而是采取低价策略进军长沙市场，同时试探性地投资太

年 度：第一年　　季 度：第三季度

订单号	托运公司	托运产品	数量	参考价	中标价	中标...	发货城市	到达城市	支付方式	限期	ISO认证	综合评价	计量单位	总体积	总重量
1030360P1_0	上海科技	P1	2		9	A	上海市	拉萨市	回付	10		0	件	2	2
1030350P1_0	济南科技	P1	2		1	B	济南市	北京	预付	4		0	件	2	2
1030350P1_0	济南科技	P1	1		1	B	济南市	天津市	预付	5		0	件	1	1
1030350P2_0	山东轻工	P2	1		1	B	济南市	北京	预付	3		0	件	10	5
1030350P2_0	山东轻工	P2	1		1	B	济南市	石家庄	预付	3		0	件	10	5
1030350P3_0	山东物资	P3	2		1	B	济南市	北京	到付	2		0	件	10	20
1030350P3_0	山东物资	P3	2		1	B	济南市	石家庄	到付	5		0	件	10	20
1030350P3_0	山东物资	P3	1		1	B	济南市	天津市	预付	2		0	件	5	10
1030350P4_0	山东塑料	P4	2		1	B	济南市	北京	到付	2		0	件	40	20
1030350P4_0	山东塑料	P4	2		1	B	济南市	石家庄	回付	6		0	件	40	20
1030350P4_0	山东塑料	P4	2		1	B	济南市	天津市	预付	6		0	件	40	20
1030350P5_0	山东重汽	P5	1		1	B	济南市	北京	到付	3		0	件	10	15
1030350P5_0	山东重汽	P5	1		1	B	济南市	石家庄	预付	1		0	件	10	15
1030350P5_0	山东重汽	P5	2		1	B	济南市	天津市	回付	6		0	件	20	30
1030360P1_0	上海科技	P1	1		6	B	上海市	乌鲁木齐市	到付	10		0	件	1	1
103020P2_00	北京轻工	P2	3		5	C	北京	济南市	预付	6		0	件	30	15
103020P1_00	盈盛科技	P1	1	4	5	E	北京	成都市	预付	10		0	件	1	1
103020P1_00	盈盛科技	P1	1		7	E	北京	乌鲁木齐市	回付	12		0	件	1	1
103020P1_00	盈盛科技	P1	1		5	E	北京	西宁市	到付	7		0	件	1	1
103020P2_00	北京轻工	P2	3		1	G	北京	郑州市	预付	4		0	件	30	15
103020P3_00	环球物资	P3	1		1	G	北京	郑州市	预付	7		0	件	5	10
103020P4_00	天地塑料	P4	2		1	G	北京	郑州市	到付	5		0	件	40	20
103020P3_00	环球物资	P3	3		10	H	北京	南昌市	预付	10		0	件	15	30
103020P4_00	天地塑料	P4	2		6	H	北京	济南市	回付	5		0	件	40	20
1030360P3_0	上海物资	P3	2		1	H	上海市	郑州市	回付	5		0	件	10	20
1030360P4_0	上海塑料	P4	2		1	H	上海市	杭州市	到付	4		0	件	40	20
1030360P5_0	上海汽车	P5	2		1	H	上海市	杭州市	回付	2		0	件	20	30

图 5-3-4　第一年第三季度“中标公示”内的信息

原、杭州两个新开放的城市，结果发现竞争不激烈。

合同续约公示　公开投标公示

年 度：第一年　　季 度：第四季度

订单号	托运公司	托运产品	数量	参考价	中标价	中标...	发货城市	到达城市	支付方式	限期	ISO认证	综合评价	计量单位	总体积	总重量
1040220P4_0	太原塑料	P4	2		6	E	太原市	石家庄	预付	2		0	件	40	20
1040220P4_0	太原塑料	P4	2		6	E	太原市	郑州市	回付	5		0	件	40	20
1040220P5_0	太原重工	P5	2		6	E	太原市	石家庄	回付	3		0	件	20	30
1040320P1_0	长沙科技	P1	1		1	E	长沙市	北京	预付	8		0	件	1	1
1040320P1_0	长沙科技	P1	1		1	E	长沙市	武汉市	预付	5		0	件	1	1
1040320P1_0	长沙科技	P1	1		1	E	长沙市	南昌市	预付	3		0	件	1	1
1040320P1_0	长沙科技	P1	1		1	E	长沙市	郑州市	到付	4		0	件	1	1
1040320P2_0	长沙轻工	P2	1		1	E	长沙市	北京	回付	11		0	件	10	5
1040320P2_0	长沙轻工	P2	1		1	E	长沙市	武汉市	预付	5		0	件	10	5
1040320P2_0	长沙轻工	P2	1		1	E	长沙市	南昌市	回付	3		0	件	10	5
1040320P2_0	长沙轻工	P2	2		1	E	长沙市	郑州市	到付	8		0	件	20	10
1040320P3_0	长沙物资	P3	1		1	E	长沙市	北京	到付	9		0	件	5	10
1040320P3_0	长沙物资	P3	1		1	E	长沙市	武汉市	到付	3		0	件	5	10
1040320P3_0	长沙物资	P3	1		1	E	长沙市	南昌市	到付	1		0	件	5	10
1040320P3_0	长沙物资	P3	2		1	E	长沙市	郑州市	到付	3		0	件	10	20
1040320P4_0	长沙塑料	P4	1		1	E	长沙市	北京	到付	7		0	件	20	10
1040320P4_0	长沙塑料	P4	1		1	E	长沙市	武汉市	到付	5		0	件	20	10
1040320P4_0	长沙塑料	P4	1		1	E	长沙市	南昌市	回付	4		0	件	20	10
1040320P4_0	长沙塑料	P4	1		1	E	长沙市	郑州市	到付	8		0	件	20	10
1040320P5_0	长沙机械	P5	1		1	E	长沙市	北京	回付	7		0	件	10	15
1040320P5_0	长沙机械	P5	1		1	E	长沙市	武汉市	到付	3		0	件	10	15
1040320P5_0	长沙机械	P5	1		1	E	长沙市	南昌市	预付	5		0	件	10	15
1040320P5_0	长沙机械	P5	1		1	E	长沙市	郑州市	到付	7		0	件	10	15
1040370P1_0	杭州科技	P1	2		2	E	杭州市	上海市	预付	5		0	件	2	2
1040370P1_0	杭州科技	P1	2	2	2	E	杭州市	南京市	回付	6		0	件	2	2
1040370P2_0	浙江轻工	P2	2		3	E	杭州市	上海市	回付	4		0	件	20	10
1040370P2_0	浙江轻工	P2	2		3	E	杭州市	南京市	回付	2		0	件	20	10
1040370P3_0	浙江物资	P3	1		2	E	杭州市	上海市	回付	3		0	件	5	10
1040370P3_0	浙江物资	P3	1		2	E	杭州市	南京市	回付	4		0	件	5	10

图 5-3-5　第一年第四季度“中标公示”内的信息

图 5-3-6 是第二年第一季度“中标公示”内的信息。A 企业进军长沙市场，B 企业进军广州市场；G 企业和 H 企业在专心经营华北及北京市场；E 企业开发新开发的城市——武汉的战略又一次成功了；I 企业和 F 企业很少出现在北京及华北市场，在新开放的城市又活动很少，则其有可能濒临破产，或者经主要精力放在了华东区。

图 5-3-7 是第二年第二季度“中标公示”内的信息。E 企业依然采取了投资新开放城市（重庆）的策略，由武汉的经验，他们在重庆的投标时采用了参考运价。同时，他在武汉市场也经营得很顺利。

合同续约公示 公开投标公示

年 度：第二年 季 度：第一季度

订单号	托运公司	托运产品	数量	参考价	中标价	中标帐户	发货城市	到达城市	支付方式	限期	ISO认证	综合评价	计量单位	总体积	总重量
2010320P3_0	长沙物资	P3	2	[redacted]	2	B	长沙市	南昌市	预付	1		0	件	10	20
2010320P4_0	长沙塑料	P4	2	[redacted]	3	B	长沙市	南昌市	预付	4		0	件	40	20
2010320P5_0	长沙机械	P5	1	[redacted]	1	B	长沙市	南昌市	回付	5		0	件	10	15
2010320P5_0	长沙机械	P5	1	[redacted]	3	B	长沙市	郑州市	回付	3		0	件	10	15
2010320P1_0	长沙科技	P1	2	[redacted]	2	B	长沙市	郑州市	到付	4		0	件	2	2
2010320P2_0	长沙轻工	P2	2	[redacted]	4	B	长沙市	郑州市	回付	5		0	件	20	10
2010270P5_0	广本汽车	P5	1	[redacted]	2	A	广州市	澳门	到付	5		0	件	10	15
2010270P5_0	广本汽车	P5	1	[redacted]	2	A	广州市	福州市	到付	6		0	件	10	15
2010270P5_0	广本汽车	P5	2	[redacted]	3	A	广州市	海口市	预付	5		0	件	20	30
2010270P5_0	广本汽车	P5	1	[redacted]	2	A	广州市	南宁市	回付	5		0	件	10	15
2010270P5_0	广本汽车	P5	1	[redacted]	2	A	广州市	香港	预付	4		0	件	10	15
2010370P2_0	浙江轻工	P2	3	[redacted]	3	E	杭州市	合肥市	预付	1		0	件	30	15
2010370P3_0	浙江物资	P3	1	[redacted]	2	E	杭州市	合肥市	预付	1		0	件	5	10
2010370P4_0	杭州塑料	P4	1	[redacted]	3	E	杭州市	合肥市	回付	5		0	件	20	10
2010210P5_0	天津重工	P5	1	[redacted]	13	G	天津市	福州市	到付	9	ISO 9000	0	件	10	15
2010210P5_0	天津重工	P5	2	15	12	H	天津市	上海市	到付	7		0	件	20	30
2010310P1_0	武汉科技	P1	2	[redacted]	2	E	武汉市	长沙市	预付	3		0	件	2	2
2010310P2_0	武汉轻工	P2	2	[redacted]	3	E	武汉市	长沙市	到付	2		0	件	20	10
2010310P3_0	武汉物资	P3	2	[redacted]	3	E	武汉市	长沙市	预付	4		0	件	10	20
2010310P4_0	武汉塑料	P4	1	[redacted]	3	E	武汉市	长沙市	预付	3		0	件	20	10
2010310P5_0	武汉机械	P5	1	[redacted]	3	E	武汉市	长沙市	预付	6	ISO 9000	0	件	10	15
2010310P4_0	武汉塑料	P4	1	[redacted]	3	E	武汉市	南昌市	回付	3		0	件	20	10
2010310P5_0	武汉机械	P5	1	[redacted]	3	E	武汉市	南昌市	到付	2		0	件	10	15
2010310P3_0	武汉物资	P3	2	[redacted]	3	E	武汉市	南昌市	预付	1		0	件	10	20
2010310P2_0	武汉轻工	P2	2	[redacted]	3	E	武汉市	南昌市	到付	5		0	件	20	10
2010310P1_0	武汉科技	P1	2	[redacted]	2	E	武汉市	南昌市	预付	5		0	件	2	2
2010310P1_0	武汉科技	P1	2	[redacted]	3	E	武汉市	郑州市	到付	5		0	件	2	2
2010310P3_0	武汉物资	P3	1	[redacted]	5	E	武汉市	郑州市	预付	2		0	件	5	10
2010310P2_0	武汉轻工	P2	1	[redacted]	5	E	武汉市	郑州市	回付	5	ISO 9000	0	件	10	5

图 5-3-6　第二年第一季度“中标公示”内的信息

合同续约公示 公开投标公示

年 度：第二年 季 度：第二季度

订单号	托运公司	托运产品	数量	参考价	中标价	中标帐户	发货城市	到达城市	支付方式	限期	ISO认证	综合评价	计量单位	总体积	总重量
2020320P2_0	长沙轻工	P2	4	[redacted]	4	E	长沙市	贵阳市	到付	5		0	件	40	20
2020320P3_0	长沙物资	P3	1	[redacted]	2	E	长沙市	贵阳市	回付	5		0	件	5	10
2020320P4_0	长沙塑料	P4	1	[redacted]	2	E	长沙市	合肥市	到付	4		0	件	20	10
2020320P5_0	长沙机械	P5	2	[redacted]	10	I	长沙市	南宁市	回付	2		0	件	20	30
2020320P1_0	长沙科技	P1	1	[redacted]	3	I	长沙市	上海市	到付	5		0	件	1	1
2020320P3_0	长沙物资	P3	1	[redacted]	3	E	长沙市	重庆市	预付	8		0	件	5	10
2020320P2_0	长沙轻工	P2	1	[redacted]	3	E	长沙市	重庆市	回付	6		0	件	10	5
2020320P4_0	长沙塑料	P4	1	[redacted]	3	E	长沙市	重庆市	到付	3		0	件	20	10
2020270P2_0	广州轻工	P2	1	[redacted]	1	A	广州市	海口市	回付	7		0	件	10	5
2020270P3_0	广州塑料	P3	3	[redacted]	1	A	广州市	海口市	到付	5		0	件	15	30
2020270P3_0	广州物资	P3	1	[redacted]	1	A	广州市	海口市	预付	6		0	件	5	10
2020270P3_0	广州物资	P3	3	[redacted]	1	A	广州市	西安市	到付	7		0	件	15	30
2020310P1_0	武汉科技	P1	2	[redacted]	2	E	武汉市	长沙市	回付	5		0	件	2	2
2020310P2_0	武汉轻工	P2	3	[redacted]	3	E	武汉市	贵阳市	预付	7		0	件	30	15
2020310P3_0	武汉物资	P3	3	[redacted]	2	E	武汉市	杭州市	到付	7		0	件	15	30
2020310P2_0	武汉轻工	P2	2	[redacted]	2	E	武汉市	杭州市	到付	2		0	件	20	10
2020310P4_0	武汉塑料	P4	2	[redacted]	3	E	武汉市	杭州市	到付	4		0	件	40	20
2020310P5_0	武汉机械	P5	2	[redacted]	3	E	武汉市	杭州市	到付	3		0	件	20	30
2020410P3_0	重庆物资	P3	1	[redacted]	2	E	重庆市	成都市	到付	2	ISO 9000	0	件	5	10
2020410P4_0	重庆塑料	P4	1	[redacted]	3	E	重庆市	成都市	回付	3		0	件	20	10
2020410P5_0	重庆机械	P5	1	[redacted]	3	E	重庆市	成都市	到付	3	ISO 9000	0	件	10	15
2020410P4_0	重庆塑料	P4	2	[redacted]	5	E	重庆市	贵阳市	预付	6		0	件	40	20
2020410P5_0	重庆机械	P5	2	[redacted]	5	E	重庆市	贵阳市	到付	6		0	件	20	30
2020410P3_0	重庆物资	P3	2	[redacted]	3	E	重庆市	贵阳市	预付	2		0	件	10	20
2020410P2_0	重庆轻工	P2	2	[redacted]	3	E	重庆市	贵阳市	预付	4		0	件	20	10
2020410P1_0	重庆科技	P1	2	[redacted]	2	E	重庆市	贵阳市	回付	5		0	件	2	2
2020410P1_0	重庆科技	P1	1	[redacted]	2	E	重庆市	昆明市	回付	3		0	件	1	1
2020410P2_0	重庆轻工	P2	1	[redacted]	4	E	重庆市	昆明市	到付	4		0	件	10	5
2020410P3_0	重庆物资	P3	1	[redacted]	4	E	重庆市	昆明市	回付	7		0	件	5	10

图 5-3-7　第二年第二季度“中标公示”内的信息

图 5-3-8 是第二年第三季度“中标公示”内的信息。E 企业第四次采用了投资新开放城市的策略，结果以失败而告终。但是这次失败也有收获，那就是“神秘”J 企业终于现身了，他的意图很明确——西南市场。

合同续约公示 公开投标公示

年 度：第二年 季 度：第三季度

订单号	托运公司	托运产品	数量	参考价	中标价	中标帐户	发货城市	到达城市	支付方式	限期	ISO认证	综合评价	计量单位	总体积	总重量
2030400P4_0	四川塑料	P4	2	[redacted]	10	J	成都市	贵阳市	回付	5		0	件	40	20
2030400P5_0	成都机械	P5	1	[redacted]	10	J	成都市	合肥市	回付	6		0	件	10	15
2030400P3_0	成都物资	P3	2	[redacted]	10	J	成都市	合肥市	预付	9		0	件	10	20
2030400P4_0	四川塑料	P4	1	[redacted]	4	J	成都市	合肥市	预付	7	ISO 9000	0	件	20	10
2030400P2_0	四川轻工	P2	2	[redacted]	4	J	成都市	合肥市	到付	7		0	件	20	10
2030400P2_0	四川轻工	P2	2	[redacted]	3	J	成都市	昆明市	预付	7		0	件	20	10
2030400P4_0	四川塑料	P4	1	[redacted]	3	J	成都市	昆明市	预付	6		0	件	20	10
2030400P3_0	成都物资	P3	2	[redacted]	2	J	成都市	昆明市	预付	5		0	件	10	20
2030280P4_0	福州塑料	P4	2	[redacted]	16	A	福州市	成都市	回付	10		0	件	40	20
2030280P2_0	福州轻工	P2	2	11	11	A	福州市	成都市	到付	9		0	件	20	10
2030280P3_0	福州物资	P3	2	[redacted]	5	A	福州市	广州市	预付	3		0	件	10	20
2030280P5_0	福州机械	P5	2	[redacted]	9	A	福州市	广州市	到付	2		0	件	20	30
2030280P5_0	福州机械	P5	2	[redacted]	13	A	福州市	海口市	到付	4		0	件	20	30
2030280P2_0	福州轻工	P2	1	[redacted]	5	A	福州市	海口市	预付	6		0	件	10	5
2030280P3_0	福州物资	P3	2	[redacted]	9	A	福州市	海口市	到付	9		0	件	10	20
2030280P4_0	福州塑料	P4	1	[redacted]	9	A	福州市	海口市	预付	8		0	件	20	10
2030280P4_0	福州塑料	P4	1	[redacted]	9	A	福州市	南宁市	预付	5		0	件	20	10
2030280P3_0	福州物资	P3	2	[redacted]	9	A	福州市	南宁市	到付	5		0	件	10	20
2030280P5_0	福州机械	P5	2	[redacted]	14	A	福州市	南宁市	到付	5		0	件	20	30
2030280P4_0	福州塑料	P4	1	[redacted]	9	A	福州市	上海市	预付	9		0	件	20	10
2030280P5_0	福州机械	P5	2	[redacted]	13	A	福州市	上海市	预付	4		0	件	20	30
2030280P3_0	福州物资	P3	2	[redacted]	9	A	福州市	上海市	回付	7		0	件	10	20

图 5-3-8　第二年第三季度“中标公示”内的信息

图 5-3-9 是第二年第四季度“中标公示”内的信息。E 企业放弃的原来的策略，他们将重点放在了武汉、长沙、重庆三座城市，结果出人意料地发现在这三个城市几乎没有竞争！

合同续约公示　公开投标公示

年　度：第二年　　季　度：第四季度

订单号	托运公司	托运产品	数量	参考价	中标价	中标	发货城市	到达城市	支付方式	限期	ISO认证	综合评价	计量单位	总体积	总重量
2040310P2_0(	武汉轻工	P2	4	[redacted]	10	E	武汉市	杭州市	预付	2		0	件	40	20
2040310P2_0(	武汉轻工	P2	2	[redacted]	10	E	武汉市	贵阳市	到付	5		0	件	20	10
2040310P4_0(	武汉塑料	P4	2	[redacted]	13	E	武汉市	杭州市	回付	6		0	件	40	20
2040310P5_0(	武汉机械	P5	2	[redacted]	13	E	武汉市	杭州市	回付	3		0	件	20	30
2040320P2_0(	长沙轻工	P2	3	[redacted]	10	E	长沙市	南京市	回付	6		0	件	30	15
2040320P2_0(	长沙轻工	P2	3	[redacted]	14	E	长沙市	成都市	预付	8		0	件	30	15
2040320P2_0(	长沙轻工	P2	3	[redacted]	10	E	长沙市	重庆市	预付	4		0	件	30	15
2040320P3_0(	长沙物资	P3	2	[redacted]	10	E	长沙市	重庆市	预付	6		0	件	10	20
2040320P4_0(	长沙塑料	P4	2	[redacted]	15	E	长沙市	重庆市	预付	6		0	件	40	20
2040320P4_0(	长沙塑料	P4	2	[redacted]	13	E	长沙市	贵阳市	到付	5	ISO 9000	0	件	40	20
2040320P5_0(	长沙机械	P5	4	[redacted]	15	E	长沙市	南宁市	预付	3		0	件	40	60
2040320P5_0(	长沙机械	P5	2	[redacted]	15	E	长沙市	郑州市	回付	6		0	件	20	30
2040410P2_0(	重庆轻工	P2	2	[redacted]	7	E	重庆市	昆明市	回付	5	ISO 9000	0	件	20	10
2040410P3_0(	重庆物资	P3	2	[redacted]	7	E	重庆市	昆明市	到付	4		0	件	10	20
2040410P4_0(	重庆塑料	P4	2	[redacted]	13	E	重庆市	昆明市	回付	5		0	件	40	20
2040410P5_0(	重庆机械	P5	2	10	13	E	重庆市	昆明市	到付	6	ISO 9000	0	件	20	30

图 5-3-9　第二年第四季度“中标公示”内的信息

介于这样的结果，企业 E 专心经营这三个城市，并最后拿到了小组第一名的成绩。

(2) 案例点评。

A 企业和原来的预测一样，一直在上海、广州、福州三座城市开展业务，但是由于不能从中标数据中分析对手的策略，导致在广州市场错误地采取低价竞标的策略，损失了大量的可能受益。名列小组第三。

B 企业一直在试图参与北京和上海两城市的竞争，在济南又采取了低价竞标的策略，虽然在长沙市场取得了一些收益，但是这些收益马上又投入到北京和上海的竞争中，此时济南仍然采用低价竞标的策略，结果在第二年第三季度破产。

C 企业从比赛开始就执著于北京和郑州两个市场，先后击败了 B 企业和 H 企业的竞争，最后形成两座城市的垄断经营者。名列小组第二。

D 企业在第一经营年度将资金平均投入到北京、上海、郑州、济南四座城市，结果分别被企业 A、企业 B 和企业 C 以低价策略挤走市场，几乎没有收益。第二年将投资方向指向了西北地区的兰州、西安、西宁三座城市，虽然几乎没有遇到竞争对手，可是只选择了一些易于运输的订单，可见该企业由于缺乏对其物流系统的管理能力，没有抓住机遇。名列小组第五。

E 企业，小组第一。第一年和第二年采取投资新开放城市的策略，得到了丰厚的收益，后来在投资受挫的时候，积极改变策略，将精力全部投入在有着稳定客户关系的长沙、武汉、重庆三座城市。既避开了激烈的竞争，又形成了区域垄断。

F 企业的前期经营与 B 企业类似，第一年度在北京被 C 组挫败；在石家庄被 G 组挫败；在郑州被 C 组和 H 组挫败；在长沙被 E 组挫败。到第二年第二季度才认识到天津市场竞争很少，于是专心经营天津的市场，虽然之后有进军西北地区的计划，但是又遇到了企业 D 的竞争，正常比赛只在天津市场有比较好的收益。名列小组第六。

G 企业，在第一年利用低价策略占领了天津和石家庄市场，虽然在第二年已经可以形成两座城市的垄断经营，但是因为没有合理地控制物流成本，以至于没有足够的资金能力承接运单，结果因无法偿还长期贷款而破产。

H企业，在第一年参与了争夺竞争最激烈的北京、上海、郑州三个城市的竞争，损失严重，第二年度不仅没有寻找新的投资机会，反而以低价策略继续抢夺北京、郑州、长沙、上海的市场，结果在第二年第三季度由于没能力偿还短期贷款而破产。

I企业的遭遇和G企业一样，并且没有夺到任何一个市场，第二年第二季度破产。

J企业在第一年采取十分低调的策略，并没有参与北方市场的争夺，而是等到第二年第三季度才开始投入资金经营争夺成都和昆明两个城市，几乎没有遇到竞争者，此策略属于典型的保守策略。名列小组第四。

5.3.3 任务实施说明

准确填写订单登记表、提货计划表、库存分拣明细表、配货计划表；准确编制资产负债表、损益表、费用明细表；准确编制车辆运输成本分析表；进行现金流量的管理与统计；分析出本公司的市场占有率、本年度公司的市场投入与收益比重；完成后按照顺序装订交给讲师。

讲师结合经营数据点评：经营战略的解析、产品市场细分、如何选址建仓、如何进行货物分拣、如何进行车辆的科学调度等。

任务5.4 运营第三年

5.4.1 任务描述

模拟企业第三年业务经营：全成本核算时代。

5.4.2 知识拓展

1. 成本分析方法

成本分析，是利用成本核算及其他有关资料，分析成本水平与构成的变动情况，研究影响成本升降的各种因素及其变动原因，寻找降低成本的途径与方法。成本分析是成本管理的重要组成部分，其作用是正确评价企业成本计划的执行结果，揭示成本升降变动的原因，为编制成本计划和制定经营决策提供重要依据。

在进行成本分析中可供选择的技术方法（又称数量分析方法）很多，企业应根据分析的目的，分析对象的特点，掌握的资料等情况确定应采用哪种方法进行成本分析。在实际工作中，通常采用的技术分析方法有对比分析法、因素分析法和相关分析法等三种。

1）对比分析法

对比分析法是根据实际成本指标与不同时期的指标进行对比，来揭示差异，分析差异产生原因的一种方法。在对比分析中，可采取实际指标与计划指标对比，本期实际与上期（或上年同期，历史最高水平）实际指标对比，本期实际指标与国内外同类型企业的先进指标对比等形式。通过对比分析，了解企业成本的升降情况及其发展趋势，查明原因，找出差距，提出进一步改进的措施。在采用对比分析时，应注意本期实际指标与对比指标的可比性，以使比较的结果更能说明问题，揭示的差异才能符合实际。若不可比，则可能使分析的结果不准确，甚至可能得出与实际情况完全不同的相反的结论。在采用对比分析法时，可采取绝对数对比、增减差额对比或相对数对比等多种形式。

比较分析法按比较内容（比什么）分为：①比较会计要素的总量；②比较结构百分比；③比较财务比率。

2）因素分析法

因素分析法是将某一综合性指标分解为各个相互关联的因素，通过测定这些因素对综合性指标差异额的影响程度的一种分析方法。在成本分析中采用因素分析法，就是将构成成本的各种因素进行分解，测定各个因素变动对成本计划完成情况的影响程度，并据此对企业的成本计划执行情况进行评价，并提出进一步的改进措施。

采用因素分析法的程序。

(1) 将要分析的某项经济指标分解为若干个因素的乘积。在分解时应注意经济指标的组成因素应能够反映形成该项指标差异的内在构成原因，否则，计算的结果就不准确。如材料费用指标可分解为产品产量、单位消耗量与单价的乘积。但它不能分解为生产该产品的天数，每天用料量与产品产量的乘积。因为这种构成方式不能全面反映产品材料费用的构成情况。

(2) 计算经济指标的实际数与基期数（如计划数、上期数等），从而形成两个指标体系。这两个指标的差额，即实际指标减基期指标的差额，就是所要分析的对象。各因素变动对所要分析的经济指标完成情况影响合计数，应与该分析对象相等。

(3) 确定各因素的替代顺序。在确定经济指标因素的组成时，其先后顺序就是分析时的替代顺序。在确定替代顺序时，应从各个因素相互依存的关系出发，使分析的结果有助于分清经济责任。替代的顺序一般是先替代数量指标，后替代质量指标；先替代实物量指标，后替代货币量指标；先替代主要指标，后替代次要指标。

(4) 计算替代指标。其方法是以基期数为基础，用实际指标体系中的各个因素，逐步顺序地替换。每次用实际数替换基数指标中的一个因素，就可以计算出一个指标。每次替换后，实际数保留下来，有几个因素就替换几次，就可以得出几个指标。在替换时要注意替换顺序，应采取连环的方式，不能间断，否则，计算出来的各因素的影响程度之和，就不能与经济指标实际数与基期数的差异额（即分析对象）相等。

(5) 计算各因素变动对经济指标的影响程度。其方法是将每次替代所得到的结果与这一因素替代前的结果进行比较，其差额就是这一因素变动对经济指标的影响程度。

(6) 将各因素变动对经济指标影响程度的数额相加，应与该项经济指标实际数与基期数的差额（即分析对象）相等。

3）相关分析法

相关分析法是指在分析某个指标时，将与该指标相关但又不同的指标加以对比，分析其相互关系的一种方法。企业的经济指标之间存在着相互联系的依存关系，在这些指标体系中，一个指标发生了变化，受其影响的相关指标也会发生变化。如将利润指标与产品销售成本相比较，计算出成本利润率指标，可以分析企业成本收益水平的高低。此外，产品产量的变化，会引起成本随之发生相应的变化，利用相关分析法找出相关指标之间规律性的联系，从而为企业成本管理服务。

4）差额计算法

差额计算法是因素分析法的一种简化形式，它利用各个因素的目标值与实际值的差额来计算其对成本的影响程度。

5）比率法

比率法是指用两个以上的指标的比例进行分析的方法。它的基本特点是：先把对比分析的数值变成相对数，再观察其相互之间的关系。常用的比率法有以下几种。

（1）相关比率法。由于项目经济活动的各个方面是相互联系，相互依存，又相互影响的，所以可以将两个性质不同而又相关的指标加以对比，求出比率，并以此来考察经营成果的好坏。例如，产值和工资是两个不同的概念，但它们的关系又是投入与产出的关系。在一般情况下，都希望以最少的工资支出完成最大的产值。因此，用产值工资率指标来考核人工费的支出水平，就很能说明问题。

（2）构成比率法。构成比率法又称比重分析法或结构对比分析法。通过构成比率，可以考察成本总量的构成情况及各成本项目占成本总量的比重，同时也可看出量、本、利的比例关系（即预算成本、实际成本和降低成本的比例关系），从而为寻求降低成本的途径指明方向。

（3）动态比率法。动态比率法就是将同类指标不同时期的数值进行对比，求出比率，以分析该项指标的发展方向和发展速度。动态比率的计算，通常采用基期指数和环比指数两种方法。

2. 产品成本分析的内容

1）仓储分析

在物流企业中，一项重要的成本支出就是仓储成本。在公司经营的初期，由于资金有限，需要决策者合理地分配资金，因此，如果可以降低仓储成本，将节省下来的资金投入到公司的主营业务上，是有利于公司的继续经营和业务扩展的。在公司的经营过程中，由于竞争对手之间的实力相当，所以在这个时候，谁可以有效地控制成本的支出，就能够在激烈的竞争中保持利润的增长。事实上，控制成本，精益化经营，正是现代物流管理的精神之一。

图 5-4-1 概括了在沙盘模拟经营中，物流仓储环节的决策流程、决策点以及相应的决策方法。下面将对其进行详细说明和解释。

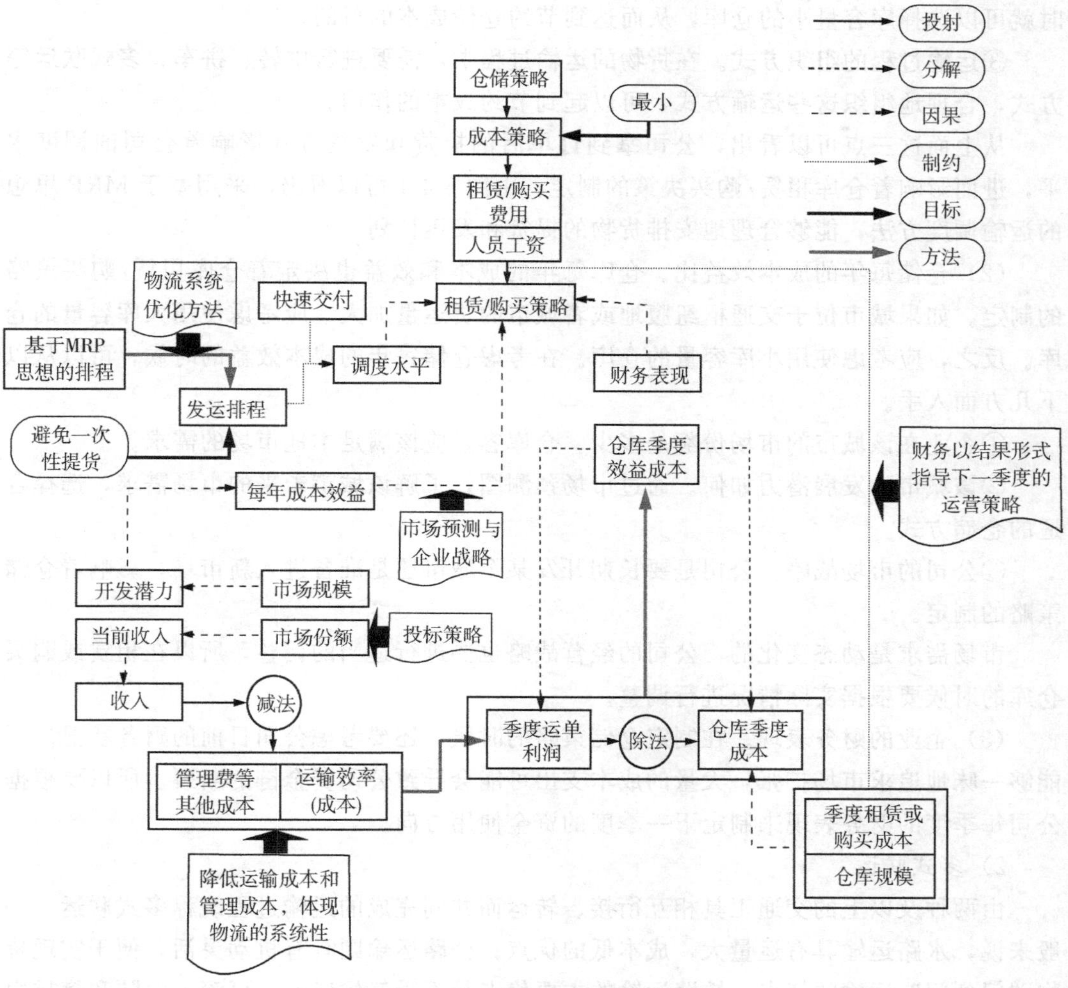

图 5-4-1　物流仓储流程图

在沙盘的模拟经营中，仓储管理的策略主要是以降低仓储成本为主的成本策略。因此，应首先明确仓储成本的构成，在物流电子沙盘中，仓储成本主要包括租赁/购买费用和人员工资。影响这两项成本支出的决策环节是租赁/购买策略。

现在继续分析制定租赁/购买策略的依据有哪些。在沙盘中，车辆的调度水平，仓储每年的成本效益比和企业的财务表现影响了租赁/购买策略的制定。

(1) 车辆的调度水平。物流沙盘可以从三个方面考查学生在经营物流公司时的调度能力，这三个方面如下。

①公司的经营网点如何布局。公司可以选择区域化经营的策略来避免长途运输，在区域内形成环形运输；也可以选择经营运输干线的策略，在网点之间实现对开运输。不同的网点布局，需要采用不同的运输调度方式。

②公司拿到订单后的提货和发货方式。如果决策者采用先将所有的货物提出，然后再组织发运的方式，那么对库容量的需求就大，相应地，仓储成本就高。如果企业可以根据货物的交付时间和运输目的地分批次地提货和发运，那么对库容量的需求就小，这

时就可以选择库容量小的仓库，从而达到节约仓储成本的目的。

③运输过程的组织方式。在货物的运输过程中，需要进行中转、拼车、多式联运等方式，合理地组织这些运输方式，可以起到节约成本的作用。

从上面这三点可以看出，公司拿到订单后的提货和发货方式影响着公司的调度水平，进而影响着仓库租赁/购买决策的制定。由图 5-4-1 可以看出，采用基于 MRP 思想的运输调度方法，能够合理地安排货物的提货和发运计划。

(2) 仓储每年的成本效益比。仓库每年的成本和效益也决定着仓库租赁/购买策略的制定。如果城市位于交通枢纽腹地或者城市的货运量加大，应考虑使用大库容量的仓库。反之，应考虑使用小库容量的仓库。在考虑仓储每年的成本效益的时候，可以从以下几方面入手。

①企业在该城市的市场份额是多少。仓库容量应该满足本地市场的需求。

②该城市的发展潜力如何。通过市场预测图，了解该城市未来的市场需求，选择合适的仓储方式。

③公司的市场战略。公司是要长期开发某个城市还是准备进入新市场，影响着仓储策略的制定。

市场需求是动态变化的，公司的经营战略也要进行适当的调整，所以在租赁或购买仓库的时候要根据实际情况进行调整。

(3) 企业的财务表现。在制定仓储策略的时候，还要考虑公司目前的财务状况。不能够一味地追求市场扩张，大量的成本支出可能会导致公司资金链的断裂。所以要根据公司每季度的财务表现来制定下一季度的资金使用方向。

2) 多式联运

由两种及以上的交通工具相互衔接、转运而共同完成的运输过程统称多式联运。一般来说，水路运输具有运量大，成本低的优点；公路运输则具有机动灵活，便于实现货物“门到门”运输的特点，铁路运输的主要优点是不受气候影响，可深入内陆和横贯内陆实现货物长距离的准时运输；而航空运输的主要优点是可实现货物的快速运输。因此，采用联运的方式可以综合利用各种运输方式的优点。

例如，北京到杭州，有一批货，总体积 70，总质量 50，不同的运输方式之间的比较如下。

(1) 公路运输。

路线：北京—石家庄—郑州—武汉—合肥—杭州；全程：12000 千米；耗时：7 周。

分析：大型汽车的载重 35，体积 80，中型汽车的载重 15，体积 50，需要一辆大型汽车和一辆中型汽车，耗时 7 周将货物运达杭州。

成本核算见表 5-4-1。

表 5-4-1 公路运输方式成本核算表

租赁费	5+3=8
装载费	1×2=2
燃油费	12
总成本	22M

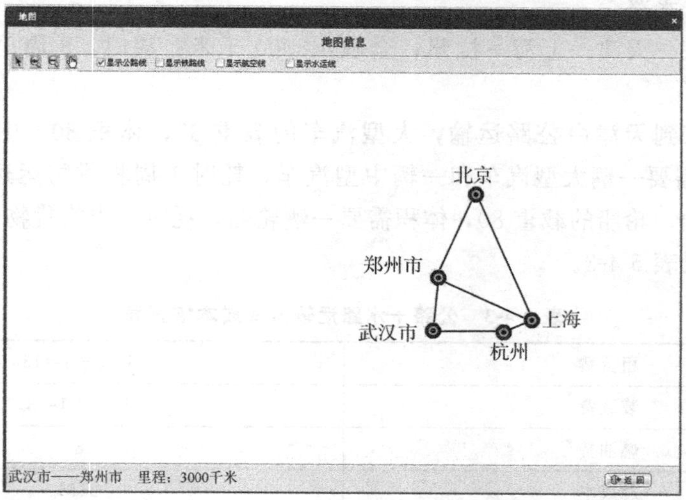

（2）铁路＋公路。

路线：北京—上海—杭州；全程：7000 千米；耗时：3 周；成本：8＋1＋7＋2＋10＝28。

分析：北京到上海由铁路运输，火车的载重 80，体积 80，需要一辆火车，耗时 2 周，上海到杭州转公路运输，大型汽车的载重 35，体积 80，中型汽车的载重 15，体积 50，需要一辆大型汽车和一辆中型汽车，耗时 1 周将货物运达杭州。

成本核算见表 5-4-2。

表 5-4-2　铁路＋公路运输方式成本核算表

租赁费	5＋3＋8＝16
装载费	1×2＋1＝3
燃油费	7
总成本	26M

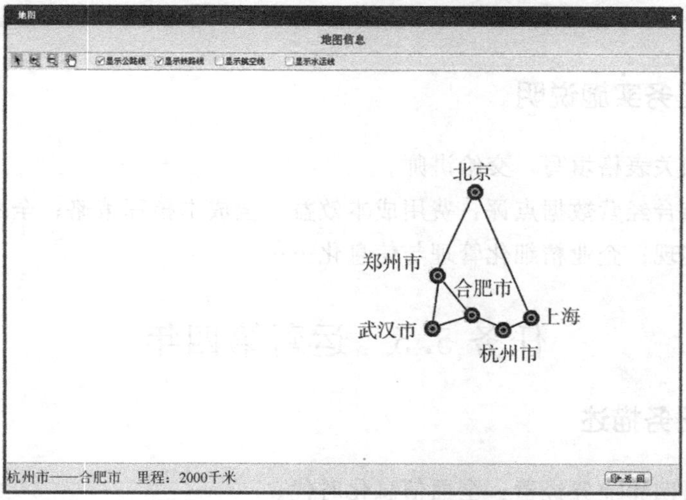

(3) 公路+水路。

路线：北京—天津—上海—杭州；全程：8000千米；耗时：8周；成本：2+5+1+8+10=26。

分析：北京到天津由公路运输，大型汽车的载重35，体积80，中型汽车的载重15，体积50，需要一辆大型汽车和一辆中型汽车，耗时1周将货物运达天津，天津到杭州由水路运输，轮船的载重80，体积需要一辆轮船，耗时7周将货物运达杭州。

成本核算见表5-4-3。

表5-4-3 公路+水路运输方式成本核算表

租赁费	5+3+5=13
装载费	1×2+1=3
燃油费	8
总成本	24M

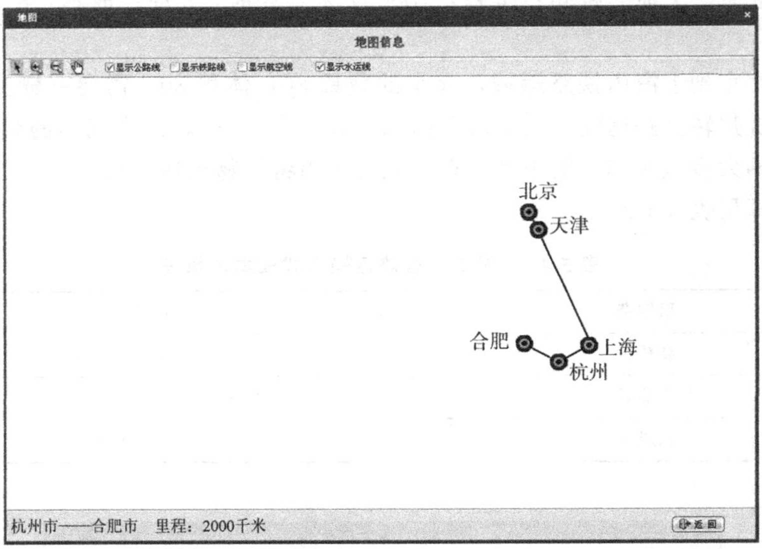

5.4.3 任务实施说明

(1) 完成相关表格填写，交给讲师。

(2) 讲师结合经营数据点评：费用成本效益、全成本核算策略；全面预算管理；管理改进的动态实现；企业精细化管理与信息化……

任务5.5 运营第四年

5.5.1 任务描述

模拟企业第四年业务经营：全面信息化时代。

5.5.2　相关知识

1．全面预算管理

常言道，凡事预则立，不预则废。全面预算管理已经成为现代化企业不可或缺的重要管理模式。它通过业务、资金、信息、人才的整合，明确适度的分权授权，战略驱动的业绩评价等，来实现企业的资源合理配置并真实地反映出企业的实际需要，进而对作业协同、战略贯彻、经营现状与价值增长等方面的最终决策提供支持。就像美国著名管理学家戴维·奥利所指出的那样：全面预算管理是为数不多的几个能把组织的所有关键问题融合于一个体系之中的管理控制方法之一。

全面预算管理是利用预算对企业内部各部门、各单位的各种财务及非财务资源进行分配、考核、控制，以便有效地组织和协调企业的生产经营活动，完成既定的经营目标。是企业全过程、全方位及全员参与的预算管理。全面预算管理的特点如下。

（1）对未来的精确规划。

（2）以提高企业整体经济效益为根本出发点。全面预算管理将企业管理的职能化整合为企业管理的整体化，讲究联合管理、联合行动，大大提高了管理效率，从而增进企业经济效益。

（3）以价值形式为主的定量描述。

（4）以市场为导向。在企业全面预算的编制、监督、控制与考核中必须始终牢牢树立以市场为导向的管理意识，注意把握市场的特点和变动，揣摩市场规律，并在实际工作中较好地运用规律为企业创造效益。

（5）以企业全员参与为保障。只有企业全体人员重视并积极参与预算编制工作，企业制定的预算才易于被员工接受，才能减少企业管理层和一般员工之间的信息不对称造成的负面影响，为顺利实现企业全面预算管理目标提供保障。

（6）以财务管理为核心。预算的编制、执行、控制和考评等一系列环节，以及众多信息的搜集、传递工作都离不开财务管理工作，财务管理部门是全面预算管理的中坚力量，具有不可替代的重要作用。

2．偿债能力分析

偿债能力分析是指企业偿还各种到期债务的能力。偿债能力是企业财务能力分析的重要内容，通过偿债能力的分析，可以揭示企业的财务风险。无论企业内部的管理者还是外部投资者、债权人，都十分关心企业的偿债能力。衡量指标主要有4个，分别是流动比率、速动比率、现金比率和资产负债率。

短期偿债能力是指企业对一年内到期债务的清偿能力，由于企业到期债务一般均应以现金清偿，所以，短期偿债能力本质上是一种资产变现能力。反映短期偿债能力的指标主要有流动比率、速动比率、现金比率等。

（1）流动比率。

该项比率从流动资产对流动负债的保障程度的角度说明企业的短期偿债能力，其比率值越高，表明企业流动资产对流动负债的保障程度越高，企业的短期偿债能力越强。但从优化资本结构和提高资本金利用效率方面考虑，该比率并非越高越好。因为比率值过高，可能表明企业的负债较少，没有充分发挥负债的财务杠杆效应；也可能是资产存量过大，资产利用效率不高。该指标的一般公认标准为 2.0，我国目前在 1.5 左右。流动比率的计算公式为

流动比率＝流动资产/流动负债

一般情况下，运营周期、流动资产中的应收账款数额和存货的周转速度是影响流动比率的主要因素。

（2）速动比率。

速动比率是从企业的速动资产对流动负债的保障程度的角度说明企业的短期偿债能力，其比率值越高，表明企业速动资产对流动负债的保障程度越高，企业的短期偿债能力越强。该指标的一般公认标准为 1.0，我国目前约为 0.8。在计算速动比率时，之所以将存货从流动资产中剔除，是因为存货不具备速动资产的性质。存货相对于其他流动资产项目来说，不仅变现速度慢，而且可能由于积压、变质以及抵押等原因，而使其变现金额具有不确定性，甚至无法变现。事实上，除存货项目外，还有一些流动资产项目的变现速度也比较慢，甚至不能变现，如预付账款、待摊费用等。因此，为使反映短期偿债能力的财务比率更为可信，这些项目也应从流动资产中扣除，即

速动资产＝流动资产－存货－预付账款－待摊费用

在企业经营模拟课程中，其公式为

速动比率＝速动资产/流动负债＝（流动资产－在制品－产成品－原材料）/流动负债

影响速动比率的可信性的重要因素是应收账款的变现能力，账面上的应收账款不一定都能变现，也不一定非常可靠。

（3）现金比率。

该比率是从静态现金支付能力的角度说明企业的短期偿债能力，其指标值越高，表明企业的短期偿债能力越强。与速动比率的道理一样，该比率值过高，可能表明企业的现金存量过大，资产利用有失充分。因此，对该比率的评价应结合企业的资产结构及其运用效率分析。其公式为

现金比率＝现金/流动负债

长期偿债能力，是指公司清偿长期债务(期限在一年或一个营业周期以上的债务)的能力。企业对长期债务的清偿义务，包括两个方面：一是债务本金的偿还，二是债务利息的支付。因此，用于评价长期偿债能力的基本财务指标主要有资产负债率和利息保障倍数两项。

（4）资产负债率。

资产负债率是指企业在一定时点(通常为期末)的负债总额对资产总额的比率，或者说负债总额占资产总额的百分比，其公式为

资产负债率＝负债/资产

该比率是从总资产对总负债的保障程度的角度来说明企业的长期偿债能力，相对而言，其比率值越低，表明企业资产对负债的保障程度越高，企业的长期偿债能力越强，

否则反之。

企业利益主体的身份不同，看待该项指标的立场也就不同，即：①从债权人的立场看，他们所关心的是贷款的安全程度，即能否按期足额地收回贷款本金和利息，至于其贷款能给企业股东带来多少利益，在他们看来则是无关紧要的。由于资产负债率与贷款安全程度具有反向线性关系，即资产负债率高，其贷款的安全程度低；反之，资产负债率低，则贷款的安全程度高。因此，作为企业债权人，他们总是希望企业的资产负债率越低越好。②从股东的立场看，他们所关心的主要是举债的财务杠杆效益，即总资本报酬率是否高于借入资本的利息率。若全部资本的报酬率高于借入资本利息率，则举债越多，企业收益也就越多，股东可望获得的利益相应也就越大；反之，若全部资本的报酬率低于借入资本利息率，则举债越多，企业损失就会越大，股东因此导致的损失也相应越大。可见，从股东方面看，当总资本报酬率高于借款利率时，资产负债率越大越好，否则反之。③从经营者的立场看，他们所关心的通常是如何实现收益与风险的最佳组合，即以适度的风险获取最大的收益。在他们看来，若负债规模过大，资产负债率过高，将会给人以财务状况不佳、融资空间和发展潜力有限的评价；反之，若负债规模过小，资产负债率过低，又会给人以经营者缺乏风险意识、对企业发展前途信心不足的感觉。因此，他们在利用资产负债率进行借入资本决策时，将会全面考虑和充分预计负债经营的收益和风险，并在二者之间权衡利弊得失，以求实现收益和风险的最佳组合。在对该比率进行计算和分析利用时，应当注意以下问题。一般企业资产负债率为60％～70％时，比较合理、稳健，当达到85％及以上时，企业应引起足够的注意，采取适当策略。但这一指标并不是绝对指标，需要根据企业本身的条件和市场情况判定。

3. 营运能力分析

(1) 应收账款周转率(周转次数)。

反映企业应收账款周转速度的指标是应收账款周转率或应收账款周转天数。应收账款周转率，又称应收账款周转次数，是企业赊销收入净额与应收账款平均余额的比值，反映企业一定时期内(通常为一年)应收账款转为现金的平均次数。其计算公式为

应收账款周转率(周转次数)＝当期赊销净额/当期平均应收账款
＝当期赊销净额/［(期初应收账款＋期末应收账款)/2］

用时间表示的应收账款周转速度是应收账款周转天数，又称平均应收账款回收期或平均收现期。应收账款周转天数表示企业从取得应收账款的权利到收回款项转换为现金所需要的时间。其计算公式为

应收账款周转率(周转天数)＝计算期天数/应收账款周转次数
＝(应收账款平均余额×计算期天数)/赊销收入净额

应收账款的周转率越高，说明应收账款收账速度越快，账龄越短，流动性越强，管理效率也越高，短期偿债能力也越强；提高应收账款周转率，可以减少收账费用和坏账损失，从而相对增加企业的流动资产的收益；借助应收账款周转期与企业信用期限的比

较，可以评价客户的信用程度及企业原定的信用政策的合理性。周转率可以以年为单位计算，也可以季、月、周计算。

(2) 固定资产周转速度分析。

反映企业固定资产周转速度的指标是固定资产的周转率或固定资产的周转天数。

固定资产周转率，又称固定资产周转次数，是企业销售收入与固定资产平均余额的比值，反映企业一定时期内(通常为一年)固定资产的周转次数。其计算公式为

固定资产周转率(次数)＝当期销售净额/固定资产平均值
＝当期销售净额/[(期初固定资产余额
＋期末固定资产余额)/2]

固定资产周转率(天数)＝计算期天数/固定资产周转次数
＝(固定资产平均值×计算期天数)
/销售收入净值

销售收入净值＝销售收入－销售折扣与折让

固定资产平均净值＝(期初固定资产净值＋期末固定资产净值)/2

固定资产周转率是反映企业固定资产周转状况和利用效率的指标。一般情况下，固定资产周转率越高，固定资产的使用效率越高，且投资得当、结构合理，则企业的营运能力越强，反之亦然。

4. 杜邦分析

杜邦财务分析体系最初是由美国杜邦公司的经理创造的，所以称为杜邦系统（the Du Pont system)。杜邦分析体系是利用各个主要财务比率之间的内在联系，综合地分析和评价企业财务状况和盈利能力的方法，它是以所有者权益报酬率为龙头，以总资产报酬率为核心的完整的财务指标分析体系。不同的财务比率之间存在各种各样的相互关联，揭示和发现这种关系，有利于人们更深入地分析不同企业间的财务比率为什么会有差异，造成企业某些财务比率不佳的直接原因是什么。杜邦财务分析体系就是通过几种主要的财务比率之间的相互关系，全面、系统、直观地反映出企业的财务状况和经营业绩，并揭示企业财务结构中所存在的问题和隐患，为内部管理者和外部投资者分析财务报表节省时间。

杜邦财务分析体系中的财务指标为

净利润＝销售收入－总成本

总资产＝流动资产＋固定资产

负债＝长期负债＋短期负债（流动负债）

销售净利率＝净利润/销售额×100％

资产周转率＝销售额/总资产×100％

资产负债率＝负债/总资产×100％

资产报酬率＝资产周转率×销售净利率×100％

权益乘子＝1/(1－资产负债率)

权益报酬率＝资产报酬率×权益乘子

所以有

$$所有者权益报酬率=销售净利率\times资产周转率\times权益乘数$$

这一关系式称为杜邦财务分析体系的核心。企业股东最关注的指标应该是所有者权益报酬率，而所有者权益报酬率又受到销售净利率、资产周转率和权益乘数三个因素的影响，它们分别代表了企业的盈利能力、营运能力和偿债能力。通过对这三个因素的进一步分解，可以把所有者权益报酬率这样一项综合型指标发生变化的原因具体化，分别考察和评价企业的盈利能力、营运能力和偿债能力，以及它们对企业利润目标的影响程度。

杜邦财务分析体系可以从以下几个方面进行分析。

(1) 所有者权益报酬率分析。

所有者权益报酬率是杜邦分析体系的核心，是反映企业为其所有者创造利润的能力大小的重要指标，是企业投资、筹资等各种经营活动效率的综合体现。所有者权益报酬率由总资产报酬率和权益乘数乘积决定，提高二者的数值都可以提高所有者权益报酬率。但是，提高总资产报酬率与提高权益乘数的意义却截然不同。总资产报酬率反映的是企业利用现有资产创造利润的能力，它的提高是企业经营效率和资金利用效率的提高，表明投资者的投入在企业中得到了更加有效的利用，是企业管理人员对股东的真正贡献。而权益乘数的提高虽然也可以提高所有者权益报酬率，但这却是以提高股东的财务风险为代价的，因此它对提高股东权益价值的贡献不大，甚至可能起到相反的作用。

(2) 权益乘数分析。

权益乘数表示企业的负债程度。权益乘数越大，企业的负债程度越高。权益乘数既能给企业带来较大的杠杆利益，同时也给企业带来较大的风险。当市场上的资金成本率低于企业的投资收益率的时候，企业应加大负债经营的比重，使企业获得较高的财务杠杆收益。但企业也因此承担了较高的财务风险，因为如果市场条件一旦恶化，即当市场上的资金成本率高于企业的投资收益率的时候，企业将会负担较重的利息和面临不能按期还债的危机。所以，权益乘数对企业来说是柄双刃剑。

(3) 总资产收益率分析。

总资产收益率是反映企业经营效率和盈利能力的最重要指标，它体现了企业全部资产的盈利能力和创新能力。总资产收益率由销售利润率和总资产周转率的乘积决定，它的大小取决于销售净利率和总资产周转率。因此，提高总资产收益率可从提高销售利润率和提高总资产周转率两方面入手。提高销售利润率又可从两方面入手：一是提高销售收入，二是降低销售成本和各种费用支出。提高总资产周转率实际上是要在资产总额不变的情况下，提高销售收入，这同样需要从两方面入手：一是降低单位产品成本，从而在资产周转期不变的情况下减少单位产品占用的资产，使同样的资产可以产生更多的销售收入；二是提高各类资产的周转率，缩短产品占用资产的时间，创造更多的销售收入。

(4) 销售净利率的分析。

销售净利率反映了企业净利润与销售收入之间的关系。一般来说，销售收入增加，企业的净利润也会随之增加，但要想提高销售净利率，必须一方面提高销售收入，另一方面降低各种成本费用，这样才能使净利润的增长高于销售收入的增长，从而使销售净利率得到提高。由此可见，提高销售净利率必须在以下两个方面下工夫。

①开拓市场，增加销售收入。在市场经济中，企业必须深入调查研究市场情况，了解市场的供需关系。在战略上，从长远的利益出发，尽力开发新产品；在策略上，保证产品的质量，加强营销手段，努力提高市场占有率。

②加强成本费用控制，降低耗费，增加利润。利用杜邦系统，可以分析企业的成本费用是否合理，以便发现企业在成本费用方面存在的问题，为加强成本费用管理提供依据。企业要想在激烈的市场竞争中立于不败之地，不仅要在营销与产品质量上下工夫，还要尽可能降低产品的成本，这样才能增强产品在市场上的竞争力。同时，要严格控制企业的管理费用、财务费用等各种期间费用，降低耗费，增加利润。如果企业所承担的利息费用过高，就应该进一步分析企业的资金结构是否合理，负债比率是否过高，因为不合理的资金结构也会影响到企业所有者权益。

（5）资产状况分析。

一是分析企业的资产结构是否合理，如流动资产与非流动资产的比例是否合理，它不仅关系到企业的偿债能力，还会影响企业的获利能力。一般来说，流动资产直接体现了企业的偿债能力和变现能力，而长期资产则体现了企业的经营规模、盈利潜力等。合理的资产结构表现为企业对流动性与盈利性的兼顾、不偏颇。企业资产一般要求保持一定的流动性，如果流动资产比例过高，表明企业的资产没有有效地使用，这种流动性的维持可能是以企业盈利能力的下降为代价而实现的。企业要及时发现流动资产中闲置资产的具体种类，到底是现金持有量过大，出现现金闲置的现象，还是流动资产中存货和应收账款过多，影响了企业的资金周转。另一方面，还应该分析企业固定资产中经营性固定资产与非经营性固定资产的比例。顾名思义，非经营性固定资产是指没有投入生产经营的固定资产，它必然也就不会给企业带来收益。如果在总资产中非经营性固定资产的比例过高，将会影响企业的盈利能力。所以，在总资产不变的情况下，要尽可能减少非经营性固定资产的比例和数额。

二是结合销售收入，分析企业的资产周转情况。资产周转速度直接影响企业的盈利能力，如果企业资产周转较慢，就会占用大量资金，减少企业的利润。资产周转情况的分析，不仅要分析企业总资产周转率，更要分析企业的存货周转率和应收账款周转率等有关各资产组成部分的使用效率，判断影响资产周转的主要问题出在哪里。杜邦财务分析体系如图 5-5-1 所示。

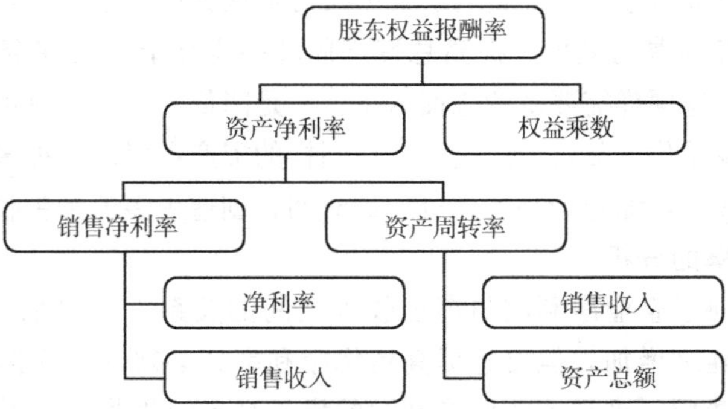

图 5-5-1　杜邦分析体系

杜邦分析体系的优点在于，能够解释诸多指标变动的原因和变动趋势，为采取措施指明了方向。假设有一家公司，其今年的股东权益报酬率较去年有所下降，有关数据为

股东权益报酬率＝资产净利率×权益乘数

去年：14.93％＝7.39％×2.02

今年：12.12％＝6％×2.02

从上面的数据可以看出，股东权益报酬率下降并不是由于资本结构的变化所引起的，而是资产净利率下降所产生的结果。对资产净利率下降的原因，可以进行进一步的分析：

资产净利率＝销售净利率×资产周转率

去年：7.39％＝4.53％×1.6304

今年：6％＝3％×2

从上面的数据可以看出，该公司今年的资产使用效率较去年有明显的提高，但销售净利率大幅下降，由4.53％降低为3％。所以，该公司如果要扼制股东权益报酬率下降的趋势，就应该在保证销售净利率上下工夫。

5. 应用杜邦财务分析体系决策

杜邦财务分析体系（the Du Pont system）就是以净资产收益率为龙头，以资产净利率和权益乘数为核心，重点揭示企业获利能力及权益乘数对净资产收益率的影响，以及各相关指标间的相互影响作用关系。该体系层层分解至企业最基本生产要素的使用、成本与费用的构成和企业风险，揭示指标变动的原因和趋势，为企业经营决策和投资决策指明方向。

可以把净资产收益率表示为

净资产收益率＝资产净利率×权益乘数

＝销售净利率×资产周转率×权益乘数

由公式可以看出：决定净资产收益率高低的因素有三个方面——权益乘数、销售净利率和资产周转率。

净资产收益率是一个综合性极强的投资报酬指标，净资产收益率反映所有者投入资金的获利能力，反映企业筹资、投资、资产运营等活动效率，提高权益利润率是所有者财富最大化的基本特征。决定因素主要是资产净利率和权益乘数。

资产净利率是影响净资产收益率的关键指标，把企业一定期间的净利润与企业的资产相比较，表明企业资产利用的综合效果。其本身也是一个综合性的指标，资产净利率同时受到销售净利率和资产周转率的影响。因此，要进一步从销售成果和资产运营两方面来分析：销售净利率高低的分析，需要从销售收入和销售成本两个方面进行。这个指标可以分解为销售成本率、销售其他利润率和销售税金率。销售成本率还可进一步分解为毛利率和销售期间费用率。深层次的指标分解可以将销售利润率变动的原因定量地揭示出来，如售价、成本或费用的高低等，进而分析投入付出和产出回报的关系，为企业决策服务。当然还可以根据企业的一系列内部报表和资料进行更详尽的分析。要想提高销售净利率，一方面要扩大销售收入，另一方面要降低成本费用。

资产周转率是反映企业通过资产运营实现销售收入能力的指标。影响资产周转率的一个重要因素是资产总额，还需要对影响资产周转的各因素进行分析。除了对资产的各构成部分从占用量上是否合理进行分析外，还可以通过对流动资产周转率、存货周转率、应收账款周转率等有关资产组成部分使用效率的分析，判明影响资产周转的问题出在哪里。

再次，权益乘数表示企业负债程度，受资产负债率影响。企业负债程度越高，负债比率越大，权益乘数越高，说明企业有较高的负债程度，给企业带来较多的杠杆利益，同时也给企业带来了较大的风险。

杜邦财务分析体系的作用是解释指标变动的原因和变动趋势，为采取措施指明方向。如何应用杜邦财务分析体系决策呢？首先结合实际，分析影响净资产收益率的最主要的财务指标，进而分析其产生的原因。例如，我国近来服装行业净资产收益率较低，究其原因销售净利率较低。销售净利率反映了企业利润总额与销售收入的关系，从这个意义上看提高销售净利率是提高企业盈利能力的关键所在。要提高企业销售净利率，一是要提高企业销售收入；二是降低成本费用。销售收入＝销售价格×销售数量。与国际品牌服装相比，主要差距在销售价格上，此外，由于缺少品牌，很难进入国际高档市场，无法提高在国际高档市场上的销售数量。结合我国实际，再靠“薄利多销”扩大低档服装数量很难大幅度提高销售收入，反而会降低总资产周转率、加大管理成本。因此，必须作出创造品牌的决策。下面以曾宪梓为例，看看他是如何打造领带名牌的。

曾宪梓先生认为，优良的产品品质、稳定的质量是创立名牌的基本条件，因此，他在领带制作全过程中，十分讲求质量。他特别注重科学管理、专业人才的培训、设备的不断更新。他十分注重市场调查，探索领带的用料、款式、设计的创新，研制出自己产品的独特风格。经营管理上，曾宪梓提出“三字方针”与“四快口号”。“三字方针”为：看、想、做。看，即多调查；想，即多思考；做，即多实践。“四快口号”，即“快设计、快制作、快投产、快上市”，当今世界的生活节奏、运转时效都极快、极短，这样对领带的更新换代提出了更高的要求。“金利来”每年推出 2 万个花色品种，保证了制作、投产、上市的快捷。

而一个品牌出名，除了高质量，也需要不断的、深入人心的宣传，才能走进每个普通人的心里。曾宪梓曾反问自己：为什么香港市面上充斥的都是外国的名牌产品；为什么港制产品与外国名牌不相上下却仍然不受消费者垂青。原因很简单，就是因为港制产品的牌子还没有成为出名的牌子、出名的产品。曾宪梓毅然决然地决定给自己、给金利来一次大胆的尝试——马上在报章上做广告。1970 年，一年一度的父亲节即将来到之际，曾宪梓抓住时机不惜花费近 3000 港元在报纸上刊登了大幅广告，广告的内容很简洁，内容是：向父亲致意，送金利来领带。1971 年中国政府开展乒乓外交，他用了 30000 港元赞助名将李富荣、庄则栋赴港表演，广告发挥威力，金利来价格倍增，每打售价由原来的 45 港元升至 100 港元。1972 年尼克松访问北京，曾宪梓又做了七万块广告，到年底总结了一下，竟赚了 100 万，金利来领带的名牌地位在香港确立起来后，曾宪梓又打算在 1986 年进入中国大陆市场，曾先生采取“引而后发”的策略，提早 3 年在中央电视台推出广告培养起大陆公众对金利来的名牌认知与消费意识。1984 年，曾宪梓将亲自设计、绣上了奥运会会徽的4000条金利来领带赠送给参加奥运会的中国健儿，使全世界都感染到了“金利来”的魅力。曾宪梓的实践再次验证了创建品牌的决策可以产生销售价格、销售量翻番的惊人效益。

应用杜邦财务分析体系出除了横向比较找出财务指标差距外，还可以时间为基轴进行纵向比较，PDCA循环是由美国统计学家戴明博士提出来的，它反映了管理活动的规律。PDCA循环改善企业经营管理的重要方法。我们制定了各种财务指标，就需要在执行中和执行后检查执行情况，看是否符合计划的预期结果。在处理阶段，主要是根据检查结果，采取相应的措施。巩固成绩，把成功的经验尽可能纳入标准，进行标准化，遗留问题则转入下一个PDCA循环去解决。它包括两个步骤：巩固措施和下一步的打算。每经过一个循环财务管理水平均提高一步。因此，动态监视各个时期财务指标的变化，分析财务指标的发展趋势，找出变化的原因，才能作出正确的决策，保证企业的持续发展。

5.5.3 任务实施说明

（1）完成相关表格填写，交给老师。

（2）老师结合经营数据点评：信息化整合企业的“全面计划预算”；信息化展现企业的经营全貌；信息化沟通企业部门之间的相互理解；信息化加快企业管理改进；信息化解放企业的“生产力”；企业管理驾驶舱介绍；企业经营绩效综合分析；企业的成功是各个业务系统综合业绩的体现……

（3）在老师组织下大家完成第一、二、三、四年的经营后，再联系项目1、2、3、4中所学知识，进行统一的全体队伍的PK比赛……在比赛中进一步体验物流运营管理中的知识和技术。

参考文献

黄辉．2009. 物流运营管理模拟实践教材［M］．北京：高等教育出版社．
兰洪杰．2006. 物流战略管理［M］．北京：清华大学出版社．
兰洪杰．2009. 物流企业运营管理［M］．北京：首都经济贸易大学出版社．
蓝仁昌．2011. 物流企业运行管理［M］．北京：中国物资出版社．
李枫林．2006. 企业业务流程管理［M］．武汉：武汉大学出版社．
李虹．2004. 物流企业业务流程重组［J］．中国物流与采购．(7)：48
刘雄．2010. 浅析第三方物流企业市场开发战略的选择［J］．中国校外教育（基教版）．(5)：150.
刘玉莹．2011. 客户导向下的第三方物流企业战略定位研究［J］．物流科技．34 (4)．
苏朝晖．2010. 客户关系管理——客户关系的建立与维护［M］．北京：清华大学出版社．
徐晓东，张显萍．2006. 第三方物流运作［M］．北京：经济管理出版社．
赵家俊，王淑华．2009. 物流企业管理［M］．北京：科学出版社．
钟生贵．2010. 物流企业经营管理基础［M］．北京：中国铁道出版社．

附　录

附录 A　学生工作页 1

班级：__________学号：__________姓名：__________

为新的物流公司取名称：

1. 中文名称：

含义：

2. 英文名词：

含义：

3. 公司徽标：

含义：

附录B　学生工作页2

班级：__________学号：__________姓名：__________

企业名称预先核准申请书

申请企业名称	
备选企业名称 （请选用不同的字号）	1. 2. 3.
经营范围	（只需填写与企业名称行业表述一致的主要业务项目）
注册资本（金）	（万元）
企业类型	
住所地	

投资人姓名或名称	证照号码	投资额/万元	投资比例/%	签字或盖章

投资人授权委托意见

兹授权委托　　　　　　　　作为代表或代理人办理企业名称预先核准事宜：

授权期限为：　　　年　　月　　日至　　年　　月　　日

授权权限如下：（请在以下选项后划“√”，不选或者涂改授权权限的，本授权委托意见无效）

（1）不得修改申报文件任何内容。（　　）

（2）授权修改申报文件出现的错误文字内容。（　　）

（3）如申请的企业名称未能核准，授权修改、增加或减少企业名称字词表述。（　　）

（4）其他有权更正的事项，请详细注明：

指定代表或者委托代理人	签　　字：
	固定电话：
	移动电话：

（指定代表或委托代理人
身份证明复印件粘贴处）

（投资人盖章或签字）

年　月　日

注：①手工填写表格和签字请使用钢笔、毛笔或签字笔。

②自然人投资人由本人签字，非自然人投资人加盖公章。

③指定代表或者委托代理人的权限，第②、③项需选择“同意”或者“不同意”，请在□中打√；第④项按授权内容自行填写。

④指定代表或者委托代理人可以是自然人，也可以是其他组织。指定代表或者委托代理人是其他组织的，应当另行提交其他组织证书复印件及其指派具体经办人的文件、具体经办人的的身份证件。

企业名称预先核准通知书

（ ）名预核内字［ ］第 号

根据《企业名称登记管理规定》、《企业名称登记管理实施办法》等规定，同意预先核准下列 个投资人出资，注册资本（金） 万元（人民币），住所设在 的企业名称为

投资人、投资额和投资比例：

以上预先核准的企业名称保留期至 年 月 日。在保留期内，企业名称不得用于经营活动，不得转让。经企业登记机关设立登记，颁发营业执照后企业名称正式生效。

核准日期： 年 月 日

注：①预先核准的企业名称未到企业登记机关完成设立登记的，通知书规定的有效期满后自动失效。有正当理由，需延长预先核准名称有效期的，申请人应在有效期满前1个月内申请延期。有效期延长时间不超过6个月。

②名称预先核准时不审查投资人资格和企业设立条件，投资人资格和企业设立条件在企业登记时审查。申请人不得以企业名称已核为由抗辩企业登记机关对投资人资格和企业设立条件的审查。企业登记机关也不得以企业名称已核为由不予审查就准予企业登记。

③企业登记机关应在企业设立登记之日起30日内，务必将加盖登记机关印章的企业营业执照复印件反馈给企业名称核准机关备案。未备案的，企业名称得不到有效保护。

④企业设立登记后，企业登记机关应将本通知书原件存入企业档案。

公司设立登记申请书

名　　称					
住　　所				邮政编码	
法定代表人姓名				职　务	
注册资本	（万元）	公司类型			
设立方式					
实收资本	（万元）	联系电话			
经营范围					
营业期限	长期/________年				

本公司依照《中华人民共和国公司法》、《中华人民共和国公司登记管理条例》设立，提交材料真实有效。谨此对真实性承担责任。

法定代表人签字：　　　　　　　　　　指定代表或委托代理人签字：

年　月　日　　　　　　　　　　　　　　年　月　日

注：①手工填写表格和签字请使用钢笔、毛笔或签字笔。

②公司类型应当填写“有限责任公司”或“股份有限公司”。其中，国有独资公司应当填写“有限责任公司（国有独资）”；一人有限责任公司应当注明“有限责任公司（自然人独资）”或“有限责任公司（法人独资）”。

③股份有限公司应在“设立方式”栏选择填写“发起设立”或者“募集设立”。

④营业期限：请选择“长期”或者“××年”。

企业法人法定代表人登记表

<table>
<tr><td>企业名称</td><td colspan="4"></td><td rowspan="3">免冠照片
粘贴处</td></tr>
<tr><td>法定代表人姓名</td><td></td><td>性别</td><td colspan="2"></td></tr>
<tr><td>出生年月</td><td></td><td>国籍</td><td colspan="2"></td></tr>
<tr><td>家庭住址</td><td></td><td>电话</td><td colspan="3"></td></tr>
<tr><td>人事关系所在单位</td><td colspan="5"></td></tr>
<tr><td>申请担任职务</td><td colspan="2"></td><td>电话</td><td colspan="2"></td></tr>
<tr><td colspan="6">个人简历</td></tr>
<tr><td>起止年月</td><td colspan="4">工作单位和部门</td><td>职务</td></tr>
<tr><td></td><td colspan="4"></td><td></td></tr>
<tr><td colspan="6">敬　告
根据国家有关规定，有下列情形之一的，不得担任企业法定代表人：
（一）无民事行为能力或者限制民事行为能力的。
（二）正在被执行刑罚或者正在被执行刑事强制措施的。
（三）正在被公安机关或者国家安全机关通缉的。
（四）罪犯有贪污贿赂罪、侵犯财产罪或者破坏社会主义市场经济秩序罪，被判处刑罚，执行期满未逾五年的；因犯有其他罪，被判处刑罚，执行期满未逾三年的；或者因犯罪被判处剥夺政治权利，执行期满未逾五年的。
（五）担任因经营不善破产清算的企业的法定代表人或者董事、经理，并对该企业的破产负有个人责任，自该企业破产清算完结之日起未逾三年。
（六）担任因违法被吊销营业执照的企业的法定代表人，并对该企业违法行为负有个人责任，自该企业被吊销营业执照之日起未逾三年的。
（七）个人负债数额较大，到期未清偿的。
（八）法律和国务院规定的其他不能担任企业法定代表人的</td></tr>
<tr><td colspan="6">本人及主管部门认定本表所填内容属实，该法定代表人不属党政机关干部和上述八类人员。
主管部门公章
法定代表人签名：　　　　（内资有限公司、股份有限公司
及境外人员不盖公章）

年　月　日</td></tr>
<tr><td colspan="6">法定代表人身份证复印件
粘　贴　处</td></tr>
</table>

企业出资人名录

（单位：万元）

企业名称	法人代码	成立日期	住址	注册资本	拟入股金额	占股本总额比例/%	资产负债比例/%	上两年度净利润	权益性投资余额（含本次）	银行贷款情况

附：①营业执照复印件；

②经中介机构审计的会计年度决算报告

自然人出资人名录

姓名	身份证号码	住所	拟入股金额/万元	占股本总额比例/%

附：身份证复印件

社会组织出资人名录

名称	法人代码	住所	注册证明	拟入股金额/万元	占股本总额比例/%

附：社会组织主管部门同意向小额贷款公司出资入股的决议

董事会成员任职证明

姓名（中文）	性别	国籍	职务	证件名称及号码	现居所（或户籍登记住址）

确认以上人员任职符合法律、法规及章程的规定。

中方投资者盖章：　　　　　　　　　　　　外方投资者盖章：

年　月　日　　　　　　　　　　　　　　　年　月　日

（投资者为自然人，由投资者本人签字）

注：①外籍人中需填写“姓名（中文）”栏，填写经本人确认的中文姓名或中文译名；

②“职务”指董事长、副董事长、董事；

③“现居住（或户籍登记住址）”，中方人员填写户籍登记住址，外方人员填写居住地址；

④请将本表所有人员的身份证件复印件粘贴在本页背面。

董事人员身份证件复印件粘贴处	董事人员身份证件复印件粘贴处	董事人员身份证件复印件粘贴处

单位性质证明

本单位经济性质为__________，更具现行《章程》，本单位股东组成及其性质如下：

序号	股东名称	经济性质（国有/集体/私有）
1		
2		
3		
4		
5		
6		

其他需要说明的事项：____。

以上证明如有不实，本单位愿负法律责任。

单位（盖章）

年　　月　　日

验资报告

××有限责任公司(筹):

我们接受委托,审验了贵公司(筹)截至　　年　月　日止申请设立登记的注册资本实收情况。按照相关法律、法规以及协议、章程的要求出资,提供真实、合法、完整的验资资料,保护资产的安全、完整是全体股东及贵公司(筹)的责任。我们的责任是对贵公司(筹)注册资本的实收情况发表审验意见。我们的审验是依据《中国注册会计师审计准则第1602号——验资》进行的。在审验过程中,我们结合贵公司(筹)的实际情况,实施了检查等必要的审验程序。

根据协议、章程的规定,贵公司(筹)申请登记的注册资本为人民币××元,全体股东于　　年　月　日之前一次缴足。经我们审验,截至　　年　月　日止,贵公司(筹)已收到全体股东缴纳的注册资本(实收资本)合计人民币××(大写)元。各股东以货币出资××元,实物出资××元。

[如果存在需要说明的重大事项增加说明段]

本验资报告仅供贵公司(筹)申请办理设立登记及据以向全体股东签发出资证明时使用,不应视为是对贵公司(筹)验资报告日后资本保全、偿债能力和持续经营能力等的保证。因使用不当造成的后果,与本所及执行本验资业务的注册会计师无关。

附件:①注册资本实收情况明细表;

②验资事项说明。

中国注册会计师:

(合伙人签名盖章)

××××事务所

中国注册会计师:

(签名盖章)

中国　　××　　年　月　日(报告日期)

注册资本实收情况明细表

截至　　年　月　日止　　　　　　　　　　货币单位：

被审验单位名称：

股东名称	认缴注册资本		本期实际出资情况										
	金额	出资比例	货币	实物	知识产权	土地使用权	其他	合计	实收资本				
									金额	占注册资本总额比例	其中：货币出资		
											金额	占注册资本总额比例	
合计													

验资事项说明

一、基本情况

××公司(筹)(以下简称贵公司)系由××(以下简称甲方和××(以下简称乙方)共同出资组建的有限责任公司，于××年××月××日，取得××[公司登记机关]核发的××号《企业名称预先核准通知书》，现正申请办理设立登记。(如果该公司在设立登记前须经审批，还需说明审批情况。)

二、申请的注册资本及出资规定

根据协议及章程的规定，贵公司申请登记的注册资本为人民币××元，由全体股东于　　年　月　日之前一次缴足。其中：甲方认缴人民币××元，占注册资本的××%，出资方式为货币资金××元，实物资产(机器设备)××元，无形资产××元；乙方认缴人民币××元，占注册资本××%，出资方式为货币。

三、审验结果

截至　　年　月　日止，贵公司已收到甲乙双方缴纳的注册资本(实收资本)合计人民币××元，实收资本占注册资本的100%。

(一)甲方实际缴纳出资额人民币××元。其中：货币出资人民币××元，于　　年　月　日缴存××公司(筹)在××银行开立的人民币临时存款账户(账号：××)内；于　　年　月　日投入机器设备××(具体名称、数量等)，评估价值为××元，全体股东确认的价值为××元。

××资产评估有限公司已对甲方出资的机器设备进行了评估，并出具了[文号]资产评估报告。

甲方已与贵公司于　　年　月　日就出资的机器设备办理了财产交接手续。

(二)乙方实际缴纳出资额人民币××元。其中：货币出资人民币××元，于　　年　月　日缴存××公司(筹)在××银行开立的人民币临时存款账户(账号：××)内。

[如果股东实际出资金额超过其认缴的注册资本额，应说明超过部分的处理情况。]

(三)全体股东的货币出资金额合计人民币××元，占注册资本的××%。

四、其他事项

______________________公司

股东（发起人）资格证明

（股东或发起人为企业法人的提交企业营业执照副本复印件；为事业法人的提交事业法人登记证书复印件；为社团法人的提交社团法人登记证复印件。上述复印件请使用A4纸另行复印并加盖法人单位公章）

（股东或发起人是自然人的提交身份证复印件，并粘贴在下方粘贴处，本页不够可复印）

（自然人股东身份证复印件粘贴处）

（自然人股东身份证复印件粘贴处）

（自然人股东身份证复印件粘贴处）

指定（委托）书

兹指定（委托）________________（代表或代理人姓名）向工商行政管理机关办理________________________________（名称）的登记注册（备案）手续。

委托期限自______年______月______日至______年______月______日。

委托事项：（请在以下选项□划“√”）

□报送登记文件□领取营业执照和有关文书□其他事项：________________

代表或代理人更正有关材料的权限：（请在以下选项前划“√”）

1. 同意□不同意□修改文件材料的文字错误；

2. 同意□不同意□修改有关表格的填写错误；

3. 其他有权更正的事项：____

指定(委托)人签字或加盖公章：____

____

代表或代理人签字：____________

年　　月　　日

填写本《指定(委托)书》，请仔细阅读背面注意事项。

代表或代理人身份证复印件粘贴处

注意事项：

(1) 代表或代理人是指受企业或者投资人委托到工商行政管理机关办理企业登记注册手续的自然人。

办理设立登记时，代表或代理人应是单位股东（或投资单位）的职工或自然人股东（自然人投资人、合伙人）之一，外国企业常驻代表机构应是机构代表或雇员。

办理变更、注销登记或备案时，代表或代理人应是本企业的职工，外国企业常驻代表机构应是机构代表或雇员。

(2)“指定（委托）人签字或加盖公章”处应按以下要求填写：

①办理内资企业设立登记的，由全体股东（投资人、合伙人）签字或盖章，其中自然人股东（自然人投资者、合伙人）由本人签字；法人股东（法人投资者）加盖本单位公章；股份有限公司由董事会成员签字。

②办理外商投资企业设立时，按以下要求填写：

办理合资、合作企业设立的，中方投资者加盖单位公章，外方法人投资者由其法定代表人签字，自然人投资者由本人签字。

办理独资企业设立的，自然人投资者由本人签字，法人投资者由其法定代表人签字。

③办理变更、注销登记或备案时，加盖本企业公章。

(3) 办理各类企业分支机构的设立时，代表或代理人应是拟设立机构的职工或隶属企业职工，加盖隶属企业公章。

(4) 身份证复印件正反面粘贴，办理外国企业常驻代表机构登记注册手续的代表或代理人，应粘贴本人代表证或雇员证复印件。

(5) 委托登记注册代理机构办理登记注册的，不使用本委托书，应提交专门的委托文件。

附录C 《物流企业分类与评估指标》

中华人民共和国国家标准

物流企业分类与评估指标

GB/T 19680—2005

---

1. 范围

本标准规定了物流企业的定义与分类原则、方法、明确了我国物流企业的类型与评估指标。本标准适用于我国各类物流企业的界定，物流市场对物流企业的评价与选择，也可作为对物流企业进行规范与管理的依据。

2. 规范性引用文件

下列文件中的条款通过本标准的引用而成为本标准的条款。凡是注日期的引用文件，其随后所有的修改单（不包括勘误的内容）或修订版均不适用于本标准，然而，鼓励根据本标准达成协议的各方研究是否可使用这些文件的最新版本。凡是不注日期的引用文件，其最新版本适用于本标准。

GB/T 18354 物流术语

3. 术语和定义

GB/T 18354 确立的以及下列术语和定义适用于本标准。

3.1 物流企业 logistics cnterprise

至少从事运输（含运输代理、货物快递）或仓储一种经营业务，并能够按照客户物流需求对运输、储存、装卸、包装、流通加工、配送等基本功能进行组织和管理，具有与自身业务相市适应的信息管理系统，实行独立核算、独立承担民事责任的经济组织，非法人物流经济组织可比照适用。

注：改写 GB/T 18354—2001，基本概念术语 3.12。

3.2 物流服务 logistics service

物流供应方通过对运输、储存、装卸、搬运、包装、流通加工、配送和信息管理等基本功能的组织与管理来满足其客户物流需求的行为。

3.3 综合物流服务 integtated logistics service

为客户制定整体性的物流方案，并对物流活动要素进行规划、组织、实施和系统化运作。

3.4 物流信息管理 logistics information management

应用现代信息技术和手段完成物流过程中信息的采集、处理、存储、传输和交换，实现物流信息电子化、数字化、网络化。

4. 分类原则、方法

4.1　分类原则

(1) 符合3.1的企业；

(2) 相近业务合并为同一类型；

(3) 应将传统单项服务功能与物流服务功能相结合。

4.2　分类方法

根据以物流服务某项功能为主要特征，并向物流服务其他功能延伸的不同状况，划分物流企业类型。

5. 物流企业类型

5.1　运输型物流企业

运输型物流企业应同时符合以下要求：

(1) 以从事货物运输服务为主，包括货物快递服务或运输代理服务，具备一定规模；

(2) 可以提供门到门运输、门到站运输、站到门运输、站到站运输服务和其他物流服务；

(3) 企业自有一定数量的运输设备；

(4) 具备网络化信息服务功能，应用信息系统可对运输货物进行状态查询、监控。

5.2　仓储型物流企业

仓储型物流企业应同时符合以下要求：

(1) 以从事仓储业务为主，为客户提供货物储存、保管、中转等仓储服务，具备一定规模；

(2) 企业能为客户提供配送服务以及商品经销、流通加工等其他服务；

(3) 企业自有一定规模的仓储设施、设备，自有或租用必要的货运车辆；

(4) 具备网络化信息服务功能，应用信息系统可对货物进行状态查询、监控。

5.3　综合服务型物流企业

综合服务型物流企业应同时符合以下要求：

(1) 从事多种物流服务业务，可以为客户提供运输、货运代理、仓储、配送等多种物流服务，具备一定规模；

(2) 根据客户的需求，为客户制定整合物流资源的运作方案，为客户提供契约性的综合物流服务；

(3) 按照业务要求，企业自有或租用必要的运输设备、仓储设施及设备；

(4) 企业具有一定运营范围的货物集散、分拨网络；

(5) 企业配置专门的机构和人员，建立完备的客户服务体系，能及时、有效地提供客户服务；

(6) 具备网络化信息服务功能，应用信息系统可对物流服务全过程进行状态查询和监控。

6. 物流企业评估指标

6.1　等级评估原则

能够全面、系统反映企业综合能力，对于具备一定综合水平的三种类型的物流企业，按照不同评估指标分为 AAAAA、AAAA、AAA、AA、A 五个等级。AAAAA 级最高，依次降低。

物流企业评估工作可由全国性物流企业组织设立评估机构具体实施。

6.2　评估指标

6.2.1　运输型物流企业

运输型物流企业评估指标见表 1

6.2.2　仓储型物流企业

仓储型物流企业评估指标见表 2

6.2.3　综合服务型物流企业

综合服务型物流企业评估指标见表 3

表 1　运输型物流企业评估指标

评估指标		级别				
		AAAAA 级	AAAA 级	AAA 级	AA 级	A 级
经营状况	1. 年货运总营业收入/元*	15 亿以上	3 亿以上	6000 万以上	1000 万以上	300 万以上
	2. 营业时间*	3 年以上	2 年以上		1 年以上	
资产	3. 资产总额/元*	10 亿以上	2 亿以上	4000 万以上	800 万以上	300 万以上
	4. 资产负债率*	不高于 70%				
设备设施	5. 自有运输车辆（辆）* （或总载重量/吨）*	1500 以上 （7500 以上）	400 以上 （2000 以上）	150 以上 （750 以上）	80 以上 （400 以上）	30 以上 （250 以上）
	6. 运营网点（个）	50 以上	30 以上	15 以上	10 以上	5 以上
管理及服务	7. 管理制度	有健全的经营、财务、统计、安全、技术等机构和相应的管理制度				
	8. 质量管理*	通过 ISO 9001—2000 质量管理体系认证				
	9. 业务辐射面*	国际范围	全国范围	跨省区	省内范围	
	10. 顾客投诉率 （或顾客满意度）	≤0.05% （≥98%）	≤0.1% （≥95%）		≤0.5% （≥90%）	
人员素质	11. 中高层管理人员*	80%以上具有大专以上学历或行业组织物流师认证	60%以上具有大专以上学历或行业组织物流师认证		30%以上具有大专以上学历或行业组织物流师认证	
	12. 业务人员	60%以上具有中等以上学历或专业资格	50%以上具有中等以上学历或专业资格		30%以上具有中等以上学历或专业资格	

续表

评估指标		级别				
		AAAAA 级	AAAA 级	AAA 级	AA 级	A 级
信息化水平	13. 网络系统*	货运经营业务信息全部网络化管理			物流经营业务信息部分网络化管理	
	14. 电子单证管理	90%以上	70%以上		50%以上	
	15. 货物跟踪*	90%以上	70%以上		50%以上	
	16 客户查询*	建立自动查询和人工查询系统			建立人工查询系统	

注：1. 标注*的指标为企业达到评估等级的必备指标项目，其他为参考指标项目。

2. 货运营业收入包括货物运输收入、运输代理收入、货物快递收入。

3. 运营网点是指在经营覆盖范围内，由本企业自行设立、可以承接并完成企业基本业务的分支机构。

4. 顾客投诉率是指在年度周期内客户对不满意业务的投诉总量与企业业务总量的比率。

5. 顾客满意度是指在年度周期内企业对顾客满意情况的调查统计。

表 2　仓储型物流企业评估指标

评估指标		级别				
		AAAAA 级	AAAA 级	AAA 级	AA 级	A 级
经营状况	1. 年仓储营业收入/元*	6 亿以上	1.2 亿以上	2500 万以上	500 万以上	200 万以上
	2. 营业时间*	3 年以上	2 年以上		1 年以上	
资产	3. 资产总额/元*	10 亿以上	2 亿以上	4000 万以上	800 万以上	200 万以上
	4. 资产负债率*	不高于 70%				
设备设施	5. 自有仓储面积/平方米*	20 万以上	8 万以上	3 万以上	1 万以上	4000 以上
	6. 自有(租用)货运车辆/辆	500 以上	200 以上	100 以上	50 以上	30 以上
	7. 配送客户点/个	400 以上	300 以上	200 以上	100 以上	50 以上
管理及服务	8. 管理制度	有健全的经营、财务、统计、安全、技术等机构和相应的管理制度				
	9. 质量管理*	通过 ISO 9001—2000 质量管理体系认证				
	10. 顾客投诉率 (或顾客满意度)	≤0.05% (≥98%)	≤0.1% (≥95%)		≤0.5% (≥90%)	
人员素质	11. 中高层管理人员*	80%以上具有大专以上学历或行业组织物流师认证	60%以上具有大专以上学历或行业组织物流师认证		30%以上具有大专以上学历或行业组织物流师认证	
	12. 业务人员	60%以上具有中等以上学历或专业资格	50%以上具有中等以上学历或专业资格		30%以上具有中等以上学历或专业资格	

续表

评估指标		级别				
		AAAAA 级	AAAA 级	AAA 级	AA 级	A 级
信息化水平	13. 网络系统*	仓储经营业务信息全部网络化管理			仓储经营业务信息部分网络化管理	
	14. 电子单证管理*	100%以上	80%以上		60%以上	
	15. 货物跟踪	90%以上	70%以上		50%以上	
	16 客户查询*	建立自动查询和人工查询系统			建立人工查询系统	

注 1. 标注*的指标为企业达到评估等级的必备指标项目，其他为参考指标项目。

2. 仓储营业收入指企业完成货物仓储业务、配送业务所取得的收入。

3. 顾客投诉率是指在年度周期内客户对不满意业务的投诉总量与企业业务总量的比率。

4. 顾客满意度是指在年度周期内企业对顾客满意情况的调查统计。

5. 配送客户点是指企业当前的、提供一定时期内配送服务的、具有一定业务规模的、客户所属的固定网点。

6. 租用货运车辆是指企业通过契约合同等方式可进行调配、利用的货运专用车辆。

表 3 综合服务型物流企业评估指标

评估指标		级别				
		AAAAA 级	AAAA 级	AAA 级	AA 级	A 级
经营状况	1. 年货运营业收入/元*	15 亿以上	3 亿以上	6000 万以上	1000 万以上	300 万以上
	2. 营业时间*	3 年以上	2 年以上		1 年以上	
资产	3. 资产总额/元*	10 亿以上	2 亿以上	4000 万以上	800 万以上	300 万以上
	4. 资产负债率*	不高于 70%				
设备设施	5. 自有货运车辆/辆* (或总载重量/t)*	1500 以上 (7500 以上)	400 以上 (2000 以上)	150 以上 (750 以上)	80 以上 (400 以上)	30 以上 (250 以上)
	6. 运营网点/个	50 以上	30 以上	15 以上	10 以上	5 以上
管理及服务	7. 管理制度	有健全的经营、财务、统计、安全、技术等机构和相应的管理制度				
	8. 质量管理*	通过 ISO 9001—2000 质量管理体系认证				
	9. 业务辐射面*	国际范围	全国范围	跨省区	省内范围	
	10. 顾客投诉率 (或顾客满意度)	≤0.05% (≥98%)	≤0.1% (≥95%)		≤0.5% (≥90%)	
人员素质	11. 中高层管理人员*	80%以上具有大专以上学历或行业组织物流师认证	60%以上具有大专以上学历或行业组织物流师认证		30%以上具有大专以上学历或行业组织物流师认证	
	12. 业务人员	60%以上具有中等以上学历或专业资格	50%以上具有中等以上学历或专业资格		30%以上具有中等以上学历或专业资格	

续表

<table>
<tr><th colspan="2" rowspan="2">评估指标</th><th colspan="5">级别</th></tr>
<tr><th>AAAAA 级</th><th>AAAA 级</th><th>AAA 级</th><th>AA 级</th><th>A 级</th></tr>
<tr><td rowspan="4">信息化水平</td><td>13. 网络系统*</td><td colspan="3">货运经营业务信息全部网络化管理</td><td colspan="2">物流经营业务信息部分网络化管理</td></tr>
<tr><td>14. 电子单证管理</td><td>100%以上</td><td colspan="2">80%以上</td><td colspan="2">60%以上</td></tr>
<tr><td>15. 货物跟踪*</td><td>90%以上</td><td colspan="2">70%以上</td><td colspan="2">50%以上</td></tr>
<tr><td>16. 客户查询*</td><td colspan="3">建立自动查询和人工查询系统</td><td colspan="2">建立人工查询系统</td></tr>
</table>

注 1. 标注*的指标为企业达到评价等级的必备指标项目，其他为参考指标项目。

2. 综合物流营业收入指企业通过物流业活动所取得的收入，包括运输、储存、装卸、搬运、包装、流通加工、配送等业务取得的收入总额。

3. 运营网点是指在经营覆盖范围内，由本企业自行设立、可以承接并完成企业基本业务的分支机构。

4. 顾客投诉率是指在年度周期内客户对不满意业务的投诉总量与企业业务总量的比率。

5. 顾客满意度是指在年度周期内企业对顾客满意情况的调查统计。

6. 租用货运车辆是指企业通过契约合同等方式可进行调配、利用的货运专用车辆。

7. 租用仓储面积是指企业通过契约合同等方式可进行调配、利用的仓储总面积。